MEET
SHENZHEN

遇见深圳

《遇见深圳》
编委会 / 编著

深圳出版社

CONTENTS

欢迎来深圳

住下来，推开窗，看见海

坐下来，深圳也有好滋味

目录

走起来，遇见千面深圳

Welcome to Shenzhen

Welcome to Shenzhen

Welcome to Shenzhen

Welcome to Shenzhen

Welcome to Shenzhen

Welcome to Shenzhen

Welcome to Shenzhen

欢迎来深圳

come to Shenzhen

Welcome tc

这里是深圳

深圳有一些标签：搞钱、加班、暴发户……它给外地人留下节奏快、忙碌、没有生活的印象。

深圳还有一些标签是生活在这座城市里的人知道的：深圳蓝、多元、朝气、包容，它有开放和自由的空气，形形色色的文化和生活在此扎根、交融。

上述所有标签都属于深圳，标签没有好坏对错，只是它真实面相中的一面而已，欢迎来深圳，你也可以给它贴上一个经由你的眼睛发现的标签。

无论如何，深圳欢迎你。

扫码观看深圳各区 720 度航拍全景

福田区　罗湖区　盐田区　南山区　宝安区　龙岗区

龙华区　坪山区　大鹏新区　光明区　深汕特别合作区（制作中）

01/

无处不在的生活

凌晨的科兴科学园，写字楼灯火通明，这里的上班时间分为上午、下午和夜间，园区外的马路上守候着许多卖炒粉、煎饼果子、臭豆腐、烧烤的小摊贩。梧桐山艺术小镇属于一群喜欢慢生活的人，这里有不少瑜伽馆、茶舍，素食餐馆林立，随便走进哪一家都有好看的摆盘和让人惊艳的味道。福田CBD的咖啡馆里常有人热火朝天地聊项目，途中回应一个又一个急促响起的电话，而此时此刻福田区的另一座高楼里，有一群人正闭着眼睛做正念冥想，将注意力从焦虑中释放出来。深圳这座城市包容着五花八门的生活，城中村里守着一家小店的外地人，白天上班赚钱夜晚搞创作的艺术家，开一间个性小店试图按自己的想法生活的年轻人……不同的人，不同的生活方式，在这座城市提供的空间里，独立、交融地存在，在深圳，观察生活比观赏景点要更有趣。

/02

亲海的城市

说到国内亲海的城市，你可能会脱口而出三亚，也会想到青岛、厦门、珠海，很少人知道，深圳也有很美的海景。深圳的海岸线绵延260多公里，市区内沿深圳湾修有10多公里的海滨绿道，你可以从福田红树林公园沿海湾一直走到位于南山的深圳人才公园。蛇口的海滨公园带有安静的氛围，傍晚时分出海的渔船回到蛇口渔港，一排排停定，与身后亮着灯火的高档住宅区像是来自两个不同的时代。沿盐田海滨栈道一路向东，海水越来越蓝，景色越发好看，经由栈道你可以一直走到大梅沙、小梅沙。继续向东去到大鹏半岛，站在鹿咀山庄的悬崖上，你可能会不自觉问，这里是深圳吗？如此的山海壮阔让你觉得好像第一次认识它。深圳有许多专业的海上运动中心，帆船、桨板、冲浪，甚至潜水，只要你想，都能办到。

03 /

逛绿道是正经事

当地媒体这样描述深圳的绿道，“深圳人的幸福日常就是骑行5分钟到社区绿道，15分钟到城市绿道，30—45分钟到省立绿道”。这个描述并无夸张，无论你居住在深圳的哪个区域，在你所住的地方周边一定有适合健走的绿道。许多绿道线路贯通，你可以顺着塘朗山登山径一路向东走到小梅沙揹仔角。出上围村沿樟坑径绿道穿山林可以去到龙岗区的甘坑客家小镇，惊喜地发现原来两座百年古村能够对穿。深圳的绿道串起这座城市的山、林、海、河，将自然与城市生活融为一体，周末去家附近的绿道健走对当地人来说是一件再自然不过的事。

04/

变换的深圳四季

深圳的四季并不单调，在四季常青的背景下依循时令有绚烂的色彩变化。深圳的初春很像北方的初秋，满城的树都在落叶，一年最先开起来的是火红的木棉花，早早在2月份就开始绽放，木棉树像白杨一样笔直高大，它的花朵一点都不轻巧，硕大一朵从枝头掉落。洋紫荆在春天也会迎来一个花期，白的、粉的、紫的，花瓣薄，纷纷落，负责这座城市的“落英缤纷”。同时，黄花、粉花风铃木盛开，满树黄灿灿、粉灼灼，先开花，不怎么长树叶，直勾勾地夺目耀眼，粤海街道有，滨河大道有，深圳的好些道路都有。它们都开过便是5月了，初夏至盛夏是属于凤凰花的，华侨城广场是欣赏凤凰花的好去处，站在二楼连廊俯瞰，红艳艳一片。簕杜鹃几乎常年都在开放，它们装点过街天桥，站在坡道两旁，人们经过有簕杜鹃装点的街道，不自觉也成了美景中的一分子。来深圳看平常里的四季吧，它本身就很好看。

05/

对儿童友好

深圳是一座适合亲子游的城市，因为它有山有海，有好的气候，更因为深圳在城市建设上将儿童的利益纳入整体考量。深圳是中国第一个提出建设儿童友好型城市的地方，这里建成的超千座公园，几乎每一座都有大面积的儿童游玩区，设有适合不同年龄层儿童玩耍的设施。位于南山的桂湾公园巧妙地将儿童游乐场设置在跨河大桥下，即便烈日炎炎，孩子们也可以在阴凉中自在玩耍。深圳多座郊野公园内设有手作步道和自然研习径，自然研习径沿途竖立着有趣的信息牌，详细介绍山林中的动植物，方便儿童探索山林。深圳还提出“LALA Village爱乐之村”的概念，通过在城中村装饰涂鸦，建设社区图书馆和儿童游乐场所，丰富城中村儿童的生活，将城中村的生长包容进来。

最佳旅行体验

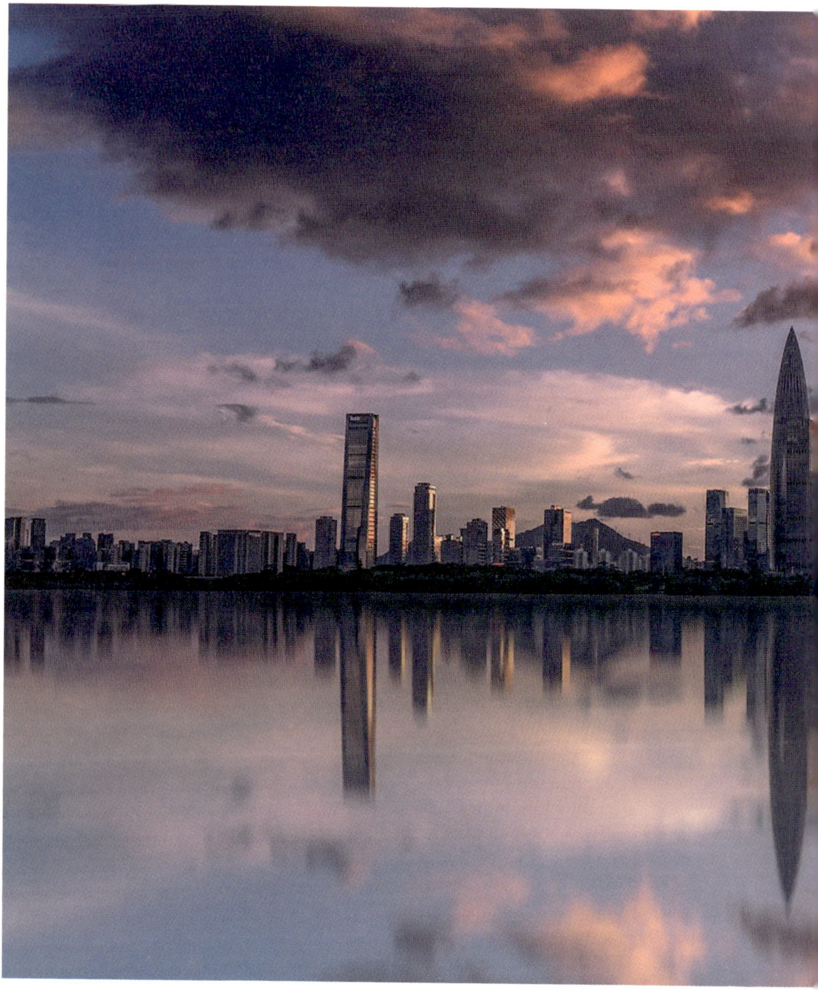

01/

深圳湾日落

深圳湾日落常常伴着绚烂的晚霞，深圳湾公园是市区内最方便观赏日落的场所，沿深圳湾修建的绿道从福田延伸至蛇口，你可以一路向西，一边散步一边看晚霞和日落。宝安区有更多适合看日落的地方，欢乐港湾悬浮在空中的高架桥“海上飞虹”，拥有无遮挡的日落视角；铁仔山上，绕山体修建的悬空栈道，将你送到山体之外，静观落日徐徐入海。

02 /

发现梧桐山

想要对深圳的户外运动条件作出更客观的评价，先去爬梧桐山吧。直达山门的便捷交通很容易让登山者低估运动强度，平坦爬升的景区公路又会让登山者错过那些走山道才能看见的风景，但这些都不是低估这座深圳第一高峰的理由。泰山涧内瀑布飞花碎玉，小气候滋养出葱郁雨林，凌云道如陡峭天梯般挑战腿脚和耐力，也提供了快捷登山的新路径。此外，还有盐田那边的几处小众山道，梧桐山值得你一再去发现。

03 /

绿道徒步

深圳建有超2000公里的城市绿道，徒步绿道是不少深圳人周末生活的打开方式，很有可能你居住的酒店周边就有不错的绿道。城区内的绿道可以选择塘朗山登山径，自然风光好，还能偶遇野生猕猴。如果你去往坪山、大鹏，不要错过马峦山郊野公园和七娘山登山径，前者有十分成熟的自然研习径，后者登顶可以俯瞰山海风光。

04/

图书馆与独立书店

深圳是一座名副其实的图书馆之城，大小图书馆、城市书房分布各处，不要错过你所在区域的区图书馆和书城，它们在建筑设计，内部装饰、陈设上独具巧思，有许多可看的细节。深圳也有多家陪伴这座城市多年的独立书店，物质生活书吧屹立在华强北商圈，持续20多年为这座城市提供精神食粮；我们书房位于东部悠闲安静的王桐山，满室书香；CLOSER附近开在城中村内，不仅是书房，也是一处社区文化活动空间。

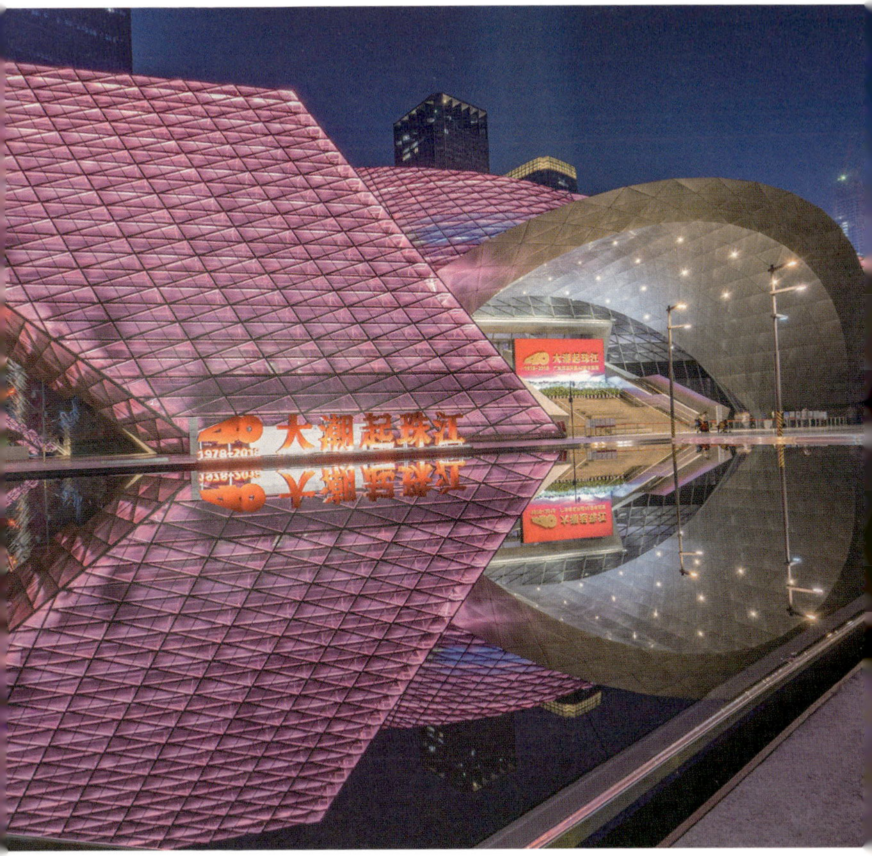

05/

泡在展览馆里

中轴线上的深圳市民中心如同大鹏展翅，可能会让每个新深圳人都找到饱含归属感的市民自豪。在深圳博物馆学习深圳古老的历史，感受乡土热络的岭南民俗；到当代艺术与城市规划馆漫步，体会大潮起珠江的蓬勃时代情怀；去工业展览馆欣赏和触碰近在眼前的未来科技感……市民中心的展览馆值得成为你日常探访的目的地。

06/

龙华的艺术村

龙华拥有鳌湖和上围两个纯粹的艺术村，既文艺又接地气。鳌湖村由艺术家自发聚集而形成，随性自然，街头巷尾的涂鸦，房屋院落的装置，充满耐人寻味的细节。三面环山，紧邻水库的上围村拥有朴素、亲切的邻里氛围，这里生活着许多和善有趣的手艺人，老房屋大多别有洞天，内设博物馆、书房和艺术空间。

/07

大芬村

从最初的流水线仿造到现在的文化艺术产业基地，一个城郊接合部的城中村，用30多年时间，完成了一场叫作“蜕变”的行为艺术——它就是大芬油画村。大芬村并不大，拥挤的小楼，交错的街巷，与任何一个城中村并无两样，但斑斓外墙、个性招牌和数不清的画廊、艺术空间，又昭示着它“中国油画第一村”的独特身份。这些年来，大芬油画村向全世界输出了超过100万件的莫奈、梵高和达·芬奇等人的复制作品，成为龙岗地区最引人瞩目的旅行目的地，无数人来到这里，在画廊中近距离欣赏“世界名画”，观摩画师们的日常创作，也有机会坐下来亲手画一幅属于自己的油画。看画、买画、画画，在大芬村消遣一天时间，其实非常容易。

08 /

华侨城创意文化园

2003年，一个大胆的“艺术中心”的想法，造就了华侨城创意文化园这张深圳创意名片。你可以在OCT当代艺术中心欣赏一场高雅的国际艺术展，也能够在深夜的酒吧中邂逅一场炫酷的先锋音乐演出。时至今日，华侨城创意文化园仍然是深圳人追逐时尚、消遣时光的好去处，更成为旅行者体验这座“创意之城”的首选地。

09/

东西涌穿越

走一遭这条经典的海岸线穿越，也许你就会抛弃“中国近海都不好看”的偏见。5公里的路途看似不远，但以礁石和崖壁为主的路况，会在很大程度上考验你的平衡性能和“续航”体力。好在这一路上都是远离人类污染的岬湾式海岸，蓝绿色的海水清澈见底，还有各种鬼斧神工的海蚀地貌点缀其间，如此美景绝不会让你感到枯燥。当你最终完成这段挑战，深圳最美海滩的西涌，将用柔软细腻的漫漫金沙，犒赏这精疲力竭的身心。

10/

盐田海滨栈道

盐田居民笑看大、小梅沙的汹涌游客潮，转身踏入了当地人深爱的滨海绿道。在这一带的礁石海岸线上，盐田海滨栈道洋洋洒洒铺展了18公里有余，向世人展示着“深圳是一座拥有蓝海的大都市”。浪漫的灯塔图书馆、壮观的盐田集装箱港、鲜香的盐田渔港都在栈道沿线，但风景最美的一段还要看大、小梅沙。山海蜿蜒处，海滨栈道随之高低起落，每一处转角都像开启了一段新的“面朝大海，春暖花开”，山海交界处，所见所爱皆为无边景致。

11/

大鹏所城

年轻的深圳也有货真价实的古城。这是一座走过了600余年沧桑岁月的明清古城，因守护祖国南疆的海防而建，曾在第一次鸦片战争有过短暂的亮相。如今，世袭的将军们退出了历史的舞台，小镇里的寻常百姓仍过着家长里短的生活，不算过度的旅游开发也在为这座古城赋予着新的生命力。一座座古民居被“活化”成了文化展馆，有趣的小店和原住民的住宅毗邻。只要避开周末和节假日的游客潮，你就能在这里感受到岭南古城镇的风韵。

边缘的“小镇氛围”

12/

深圳有一些地方极具小镇氛围，是这座城市“另类的存在”，带来在地旅行的新鲜感。其中一处是位于中英街附近的沙栏吓村，这座百年客家村落临海修建，像一座东南亚小城，闲适而讲究的生活细节自然生长在街头巷尾——水果铺与快餐店之间的植物角，绿植错落的居民楼，日光下装着斑斓干果的竹编簸箕。坪山的金龟村、罗湖的梧桐山艺术小镇亦有这样的氛围，自有与外界截然不同的生活节奏与气息。

13/

逛城中村

福田城中村，一只绚丽的魔方，灰暗斑驳只是其中的几块构件。狭窄的道路和局促的空间并不能代表城中村，物美价廉的各地美味以及家常放松的就餐环境也不是城中村的唯一吸引力。从福田到皇岗再到上、下沙，每个村中都有自己的祠堂在默默讲述历史，村口的大榕树也摇曳诉说着：深圳不是一座没有历史的边陲小镇。

行前了解

深圳气候

深圳在地理位置上处于北回归线以南，临近太阳直射地球的最北端，属于亚热带，全年夏季长，冬季短。每年夏季，由南向北的季候风带来丰沛的雨水。秋季是台风多发的季节，请留意当地天气预报，避免台风天出行。深圳的冬天十分舒适，降雨少，常常是蓝天白云的天气，气温不高不低，受北方冷空气的影响有时温度会降至5℃左右，但体感上并不会太寒冷。

深圳全年适合旅行，2月—4月天气还没有热起来，整座城市的木棉花、洋紫荆、簕杜鹃、黄花和粉花风铃木盛开，超千座城市公园，随便哪一座都很漂亮。5月—10月是亲海的季节，东部沿海一带以及大鹏半岛有太多值得探索的海滨栈道、山林绿道、海滩，你也可以尽情享受海上桨板、冲浪、帆船等活动，这段时间虽然雨水较多，但晴天也很常见。11月至次年1月是深圳一年之中最凉爽的时节，特别适合户外出行，全城超2000公里的绿道分布在深圳各区，无论你住在哪里，健走绿道都是一件容易的事。

深圳人

深圳人彼此头一回见面打招呼，最常问的话是，“你是哪里人？”这座移民城市拥有近1800万人，绝大部分来自外地，深圳也确实拥有移民城市的特质：接纳、开放、包容。在深圳，旅行者很容易融入当地。深圳全城通用带着各地口音的普通话，即便去到各区的“老城区”，店主习惯说粤语或客家话，听见你讲普通话也会即刻切换语言，与你聊到一块儿。

关于移民者，当地形成了一些特

定的称呼，其中最常听到的是“深一代”和“深二代”。“深一代”指20世纪80、90年代就来到深圳工作、生活的人，他们已经在这座城市扎下根来，后代在这里成长。“深二代”顾名思义是第一代移民者的后代，他们有些虽不在深圳出生，但在这里长大，有些则出生在深圳。对于“深二代”来说，深圳是他们的故乡，由于从小生活在“多语种”环境，“深二代”们大部分能听懂粤语，对潮汕、客家口音也很习惯，“深二代”身上也有一些专属特质，与上一代相比，他们似乎更清楚自己的喜好，也勇于表达不同的观点和立场。

深圳也有本地人，1980年建立经济特区前，整个宝安县有30多万人，主要靠捕鱼和种田为生。深圳有许多城中村，城中村房屋的产权大多属于本地原住民，村内有家族祠堂，有些村子里还建有北帝庙、天后宫等。

“深圳”地名由来

“圳”是田畔的水沟或河沟，“深圳”的意思就是一条深深的河沟。明朝中后期，在今天的深圳河以东地区，人们为了抵御倭寇以及应对自然灾害，建立起一个用于集体防卫和共同生活的“南塘围”。南塘围四周封闭，设有炮楼、水井等军事、生活设施，一旦有危险发生，周边的村民可以集中在此躲避。随着南塘围的不断发展，开始有人长期定居在围内，于是在南塘围以西至“深圳河”的空地上，出现了一些不定期的商品交换活动，并且逐渐发展成为固定的墟市。康熙《新安县志·地理志》中，对“深圳”这条河有十分形象的描述，“河沟深浚，凡遇雨潦、潮涨，往来维艰”，由此可见，最初是以“深圳河”来定墟市的名字，后来又以深圳墟来定周边村镇的名字，这样才有了“深圳镇”以及现在的深圳。

节日与庆祝

花展和花市

每年春季仙湖植物园会举办大型国际花展，这是一次规模庞大的展出，分为国际花园和湾区田园两部分，国际花园有来自全球各国的花艺机构和个人参展。洪湖公园每年6月举办荷花节。莲花山公园每年11月下旬至12月上旬有簕杜鹃花展。如果你新年期间在深圳，正值各区花鸟市场迎来一年最红火热闹的时候，值得一逛，南山区的荷兰花卉小镇就是不错的选择。

音乐节

深圳有两个极具特色的本土音乐节，每年5月的明天音乐节和10月的OCT-LOFT国际爵士音乐节，均在位于华侨城创意文化园区的B10现场举办。明天音乐节为国内独立乐队提供演出舞台，音乐节期间会有音乐交流讲座、音乐家纪录片放映等多个环节。OCT-LOFT国际爵士音乐节于2011年开始举办，每年都会有重量级的爵士乐表演。

端午龙舟赛

每年端午节，在南山区的大沙河生态长廊会举办声势浩大的龙舟赛，来自各区（新区）的20支队伍在大沙河进行500米直线距离竞技赛，届时锣鼓喧天，场面火爆。

展会

深港城市/建筑双城双年展每两年举办一次，通常12月中旬开始，直至次年3月中旬撤展，深港双年展属于“游牧式”展览，无固定展馆，每次都会选择深圳、香港两地有代表性的城市空间来布展，深圳部分曾在城中村、蛇口工业基地、华侨城创意文化园区等处设展。深港双年展并不只是建筑展，也关注以建筑为基点衍生的各种城市生态问题，探讨城市居民与城市空间的共生关系和发展，许多有趣的布展都被保留下来，供周边居民使用。每年5月份举办的深圳文博会以促进国内外文化交流为主，届时你会看到来自全国各地的文化创意摊位，售卖各种新奇有趣的科技和文化创意产品，集市期间还有艺术展览、音乐演出、微电影放映等活动，展会信息可登录文博会官网（www.cnicif.com）查询。

阅读深圳

深圳出版社和深圳报业集团出版社出版发行过多部有关深圳历史、自然、民俗、民间故事的书，方便旅行者了解深圳。另外，深圳也有不少享誉国内外的本土作家。

《深圳读本：感动一座城市的文字》（姜威编），这本书于2010年出版发行，收集了不同时代的作家、民间写手撰写的有关深圳的散文、小说、诗歌，让你得以从各个角度了解一个立体的、生动的深圳。

《街巷志：深圳已然是故乡》（王国华著），深圳报业集团出版社在深圳经济特区建立40周年时出版发行了“我们深圳”系列丛书，这是其中的一本，书中描述了一些容易引起集体共鸣的深圳生活片段。

《深圳自然博物百科》（南兆旭著），这本书是深圳也是国内第一部城市自然博物百科全书，缘起于作者在深圳城市山野超过10年的行走，书中以十几个章节讲述了深圳的自然、地理、生命物种。

《深圳新文学大系》（四卷）由北京大学中文系教授李杨、中国人民大学中文系副教授孙民乐主编，系为纪念改革开放和深圳经济特区建立40周年而编撰。该丛书共有“新都市文学”“打工文学”“底层文学”“非虚构写作”四卷，其宗旨是“以深圳文学讲中国故事”，从客观角度记录和呈现了深圳文学筚路蓝缕的踪迹，多镜像反映出深圳－中国改革开放的伟大成就。

《为什么是深圳》全景式记录深圳从1980年到2020年40年里波澜壮阔的发展历程。作者视角独特，选取四家企业：位列世界500强的科技企业华为和腾讯，21世纪强力崛起的创新企业大疆和云天励飞。从这四家企业的生动故事中我们可以窥斑见豹，国家实行改革开放的强国之路、深圳市政府的政策和制度支持、企业家追赶世界先进水平的历史使命感、“敢为天下先”的创新精神在深圳四十年腾飞中缺一不可，这是对“为什么是深圳”这一时代追问最好的回答。

《深圳风物志》是深圳第一部大型风物主题丛书，深圳本土研究学者廖虹雷、张一兵等掌舵编纂，资料翔实，以长辈日常闲谈之口吻，深入浅出地讲述深圳民俗、历史、美食、建筑等风情故事，结合手绘插图创新编排，生动再现了逐渐隐没于现代生活的传统文化风貌。

电话区号

0755

人口（万人）

1768.16（2021年末）

语言

粤语区里一座普通话通行的城市。

带什么

轻便的日间背包、防晒用品、驱蚊剂。

网络资源

微信公众号ShenzhenLOOK、深圳吃货小分队中有大量关于当地游玩的实用信息。

费用支付

全城通用微信、支付宝支付，几乎不用携带现金。

前往香港和澳门

各区出入境管理大厅设有24小时港澳签证自助办理机器，港澳通行证在有效期范围内，上缴相关费用后即刻给出电子签注。

关于深圳的电影和纪录片

《回南天》，导演高鸣深漂23年之后的创作，获得第21届韩国全州国际电影节国际竞赛首奖。影片讲述了一对深漂青年情侣的故事，他们被欲望裹挟，又想挣脱出去，却又总是感觉到自己“被摁住”，电影精准地捕捉到这座南方城市潮湿、黏稠的特质。

《过春天》，白雪导演这部排片寥寥的青春片虽票房惨淡，但却赢得了口碑，这部青春片实则是关于走私、深港关系、身份认同的社会纪实，故事由过境读书的16岁女孩佩佩串起，在深圳和香港两地轮番展开。

《奇迹·笨小孩》，文牧野导演讲述了一个只属于深圳的故事：没学历的景浩（易烊千玺饰）在华强北修手机，凭借自己的打拼和一群草根伙伴的帮助实现了商业上的逆袭，最终研发和推出自己的手机品牌。这部电影也展示了华强北、城中村等深圳标志性场地的生活场景。

《深圳口述史1992—2002》，越众文化制作的纪录片，分三集——《浪潮》《华强北》《我们的家》，通过各行各业来深圳奋斗，参与过城市重大历史事件和决策的“当事人”的口述，真实而具体地再现历史，展现深圳的“城市性格”。

《深圳自然笔记》，第一季包含《一片湿地的生存智慧》和《塘朗山里的设计师》两集，前者将视角对准冬季来深圳湿地过冬的上百种鸟类；后者观察塘朗山中的“昆虫艺术家”，你会了解到深圳不只有高楼，也有着多样生动的自然生态。

Stay down, open the window and see the sea

Stay down, oper

Stay down, open the window and see the sea

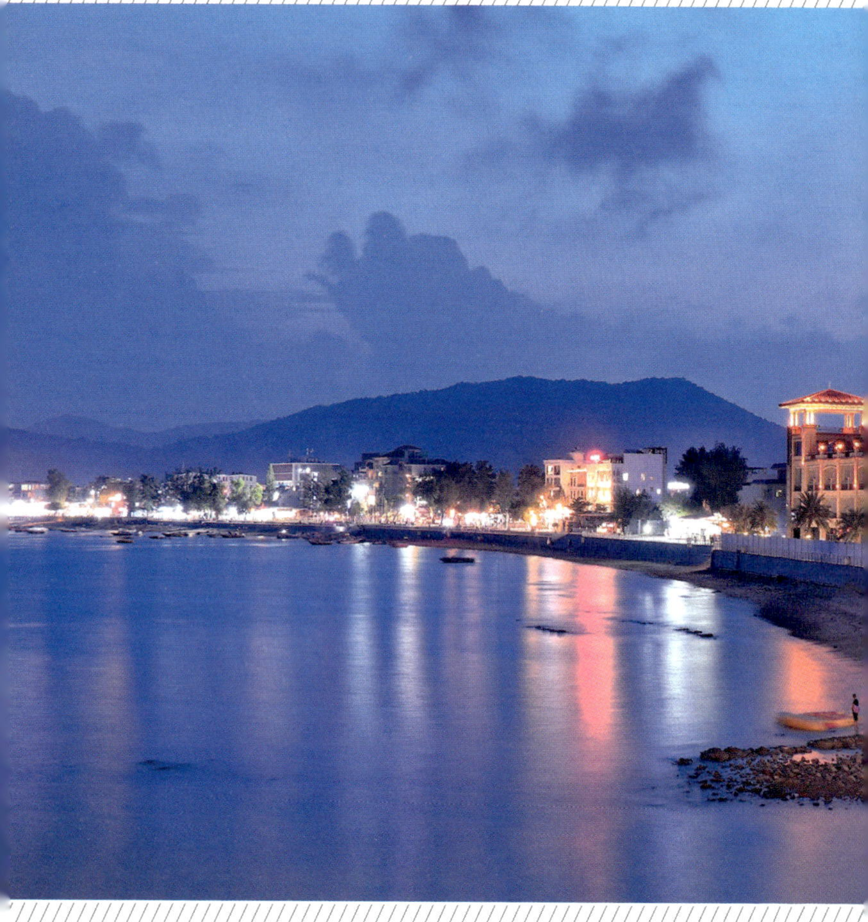

Stay down, open the window and see the sea

Stay down, op

Stay down, open the window and see the sea

dow and see the sea

住下来，推开窗，看见海

Stay down, open the window and

e window and see the sea

推开窗，看见海

深圳人如果不出市区度假，多会选择前往东部沿海，近一点就去盐田东部华侨城、大梅沙、小梅沙，或游人略少的沙涌海滩、揹仔角沙滩。远一些直奔大鹏半岛，较场尾民宿聚集，除了西涌、东涌、杨梅坑等知名度假地外，近些年，环境更加清幽的南澳一带也有越来越多的旅行者前往。

梅沙踏浪

如果不想离市区太远，大梅沙、小梅沙、盐田海滨栈道是非常好的亲海目的地。大梅沙海滩在2018年经过重新修整后更加整洁漂亮，碧海金沙依旧，椰林花草争艳。相较大梅沙，小梅沙虽然规格略小，沙滩长度仅有600米，但因为收取门票的原因，游客要比大梅沙少一些。

大梅沙、小梅沙附近有多家四星级、五星级酒店，你可以根据自己的状况和喜好自由选择。如果想要住得特别一些，可以试

试寸石汤屋民宿（环海路海阔凌海公寓，标间500元起），精致的日系风格，每间房屋的阳台处都设有榻榻米泡茶区，可以一边观海一边饮茶，所在小区直面大梅沙海滩，从小区步行至海滩约10分钟。

如果你是自驾出行，位于东部华侨城山顶的天麓秘野仙踪别墅（东部华侨城八区二号岗24栋，标间1200元起）是十分幽静的选择，整栋别墅背靠山林，面朝大海，占据绝佳地理优势，是市内为数不多可以在高空看海的住处。别墅有5个房间，每间房都有开阔的阳台、海景客厅，室内大大的玻璃窗将盐田的山海引入室内，如同挂在墙上的一幅画。

揹仔角往东约2公里的溪涌沙滩拥有不少闹中取静的民宿，巢里巢外民宿感海店（溪涌深葵路南侧海岸，标间830元起）位于溪涌沙滩和拍照胜地玫瑰海岸之间，民宿设计融入中国传统园林设计理念，1000平方米的度假屋高低错落，层层造景。民宿内有一条长长的白色阶梯通往海边，楼梯在蓝天白云大海的衬托下，本身也是一道风景。民宿一共有7个房间，全部面海，大部分带有露台和小院。

民宿村较场尾

较场尾是大鹏半岛最知名的海滩之一，过去曾是大鹏所城士兵们操练的地方，如今这段历史已经鲜有人提起。提起较场尾，深圳人的第一印象大都是“民宿村”。五颜六色的较场尾是广东最大的民宿村之一，正规经营的民宿、客栈和酒店有300多家。

这里的房屋外墙上大多涂着鲜艳的色彩，街道也打理得格外有度假氛围，漂亮的小花坛、路灯、座椅随处可见。

较场尾住宿选择虽多，但要找到住宿品质与房价相匹配的住处，确实需要提前做些功课。怡舍民宿（较场尾较三西七巷17号，标间870元起）在较场尾的位置十分特别，它位于临海民宿的第一排，但又不在C位，地理位置上能满足出门即是海滩，又能享有一丝幽静的需求。民宿由毕业于清华大学美术学院的邓承斌教授设计，室内装修成中式典雅风，复古沙发、木质吧台、红瓦墙……浓浓的古典气息弥漫整个空间。民宿的主理人是一位十分有情调、会生活的女士，院落绿植、鲜花点缀，充满生机；吧台上总有新鲜的花束；墙上挂着的每一幅画都来自朋友的创作，处处细节透露着温情。民宿目前一共开放8个房间，其中5间房直面大海，躺在床上就能看潮起潮落。民宿主理人曾在法国蓝带厨艺学院学习过烘焙，这里的下午茶几乎都出自她手。

另一座在居住细节上做到极致的民宿是间堂（较场尾较四西三巷7号，标间320元起），由一对情侣主理，男主人本身是一位建筑师，曾在清华规划院工作，工作多年后想尝试建造一座完全呈现自己的设计意图，不必服务于甲方的房子，于是在较场尾改造了间堂。间堂小院是一座汉唐风中式庭院，院落小巧别致、绿植错落，房屋借鉴了四合院的结构，加入一座中空天井，解决了房间采光的问题。间堂的女主人厨艺高超，较场尾有好几家餐馆的特色菜都出自她的创意。

2014年开业的大旅小舍（较场尾较四西五巷3号，标间517元起）位于民宿村临海第二排，离较场尾海边只有20米，又隔绝了临海的嘈杂。民宿主理人是一对夫妻，曾经在宜家工作，孩子出生后他们决定搬到较场尾开一家民宿，这样可以兼顾工作和家庭，小朋友也有更宽广的空间玩耍。民宿像一座泰国小院，店内装饰极具东南亚风情，分布各处的莲花、大象元素饰品均由老板娘从泰国带回，房间内的柚木家具、乳胶床垫、乳胶枕头也是从泰国进口的。

如果想要直面大海，辰礼（较场尾较三西七巷2号，标间950元起）是特别好的选择，这座位于海边的北欧风小屋由两位从瑞士归来的酒店管理专业高才生打造，5间客房全部拥有向外延伸的阳台和落地窗。民宿房屋原是主理人自家的住宅，在房屋改造上没有什么限制，几乎实现了两位主理人对理想民宿的全部设想。住在这里宛如置身北欧小城。

作为深圳最知名的海滩之一，每到节假日，较场尾海滩往往人潮涌动。如果你想寻找更加清静的景点，位于大鹏所城西9公里的金沙湾是个不错的选择，这里的沙滩长约2公里，沙质细腻柔软。由庄园洋楼改造的小半湾民宿（大鹏街道下沙大澳湾紫涛阁101号，标间1400元起）位于金沙湾畔，直面大海。民宿由高端民宿设计大咖操刀，五层白色小洋房，改造成十几间大客房，每一间都拥有无敌海景，室内素雅的侘寂风设计，营造出简单质朴的居住空间。民宿多位主理

人擅长烹饪，其中有一位是专业的调酒师，住在小半湾完全不用担心吃饭的问题。

更加安静的南澳

依山傍海的南澳，房屋高低错落，乍一看有几分香港赤柱的感觉。大鹏半岛虽是深圳的热门旅行地，但专程前往南澳的游客并不算多，如果你喜欢清静，可以选择南澳的民宿。南澳月亮湾广场有不俗的海景，靠近企沙下路的马尔代夫沙滩和蓝宝石沙滩，虽然都位于酒店院内，但也免费对外开放。水头沙（也称南澳第一沙滩）水清沙白，非常原生态，是玩海的好去处。

南澳的民宿里，深圳趣墅HAJANA海边民宿（南澳街道水头沙社区188号，标间380元起）最为抢眼，9栋平房建筑的外墙涂抹着鲜艳的色彩，配以绚烂的涂鸦，意图营造出与海滨小城哈瓦那类似的浪漫与奔放。为了高度还原哈瓦那风情，民宿主人还从各地淘来原版老爷车，安置在民宿所在的街头和海边。民宿占据得天独厚的一片优质沙滩，带娃玩沙玩水都很合适，海滩的最西端是观赏日落的绝佳地点。

一座顶部光秃秃、无草木生长的山峰坐落在南澳的南侧，它有一个有趣的名字：抛狗岭。这座山峰虽然海拔不高（428米），但因毗邻海岸，可以俯瞰无敌海景，鹅公湾和柚柑湾是抛狗岭山脚下两处璞玉般的海湾。半天云村位于抛狗岭半山腰，是深圳海拔最高的客家古村落，这里有不少可以看海的酒店，从酒店可以下到鹅公湾和柚柑湾玩耍。深圳半天云海岸度假村（南澳洋稠路1-3号，标间1300元起）建在临海的悬崖上，每个房间都直面海景，酒店脚下的沙滩十分原生态，有许多小螃蟹爬来爬去，适合遛娃。

前往杨梅坑

大鹏半岛东岸，从金沙湾至杨梅坑一带，海色妖娆，还因背倚七娘山而多了几分山野情趣。沿岸两座小渔村秀丽可嘉，聚集了不少客栈、民宿，高档度假酒店和游艇会镶嵌其间，又为这里的旅游体验提供了度假型、奢华档次的升级选择。

沿海岸线一路向南，你会先经过七星湾。七星湾是一个纯天然半内凹式浅水湾，靠山面海的阿普萨拉斯酒店（东山社区大碓路七星湾游艇会，标间750元起）坐拥七星湾游艇会海域，80间客房全部面向大海，每个房间都拥有海景大阳台。七星湾没有沙滩，但在其东侧的小山背后隐藏着一处东家湾沙滩。前往这里路程不远，但需沿海岸线徒步，中间有一些路段需要简单攀岩或在礁石上跳跃，平时缺乏锻炼者慎行。

继续向南可到桔钓沙，桔钓沙享有“深圳银滩”的美誉，沙滩绵长，沙质细腻，海色变幻无穷，这片沙滩的绝大部分被桔钓沙莱华度假酒店（南澳街道新东路28号，标间2110元起）占据，供酒店的客人专享。如果你是自驾出行，可以驶入度假酒店隔壁的新体育海洋运动中心，停车场旁的沙滩和桔钓沙酒店的沙滩连为一片。

杨梅坑与深圳其他海滨村镇一样，变身为民宿客栈和旅游项目的大本营，大多数住处的住宿品质与其昂贵价格并不匹配，需慎重选择。位于杨梅坑村的未名海度假海景民宿（杨梅坑村新东路33号3栋，标间1790元起）是一家品质较高的民宿，一栋独具异域风情的砖红色房子临海而建，内部装饰素雅、有质感，色调多以亚麻色、石青色、檀木色等自然色为主，营造着安静质朴的氛围。民宿主理人是一位设计师，民宿内的许多装饰品都是他的私人收藏。民宿分为上下两层，有山景房和海景房，大部分房间带有阳台和庭院。如果住在朝向东边的房间，走出阳台即可观赏海上日出。

实用信息 »

房间预订

深圳几乎所有的星级酒店、连锁酒店都可以通过携程、Booking、Agoda等平台预订。爱彼迎退出中国后，大部分民宿可以通过途家民宿、美团民宿预订，部分民宿拥有自己的小红书账号和微信公众号，在这两个平台输入民宿的名字便可以搜索到相关信息。深圳本土旅行平台“寻路记”“我在IAM”等提供部分本地民宿的预订，你可以在微信小程序里搜索它们。

高峰期

节假日期间，住宿费用会比平时高出不少，大鹏新区的酒店、民宿常常一房难求，需要提前预订。另外，作为会展之城，各种展会期间，罗湖、福田、南山三区的住宿会比较紧张，最好提前关注酒店信息。

房费

普通的经济型商务连锁酒店通常比传统的二星级或三星级酒店更值得选择，设施不错，性价比也更高，这类酒店的房费大约在180—350元，汉庭、7天、如家、锦江之星等分布在深圳的各个区域。

东部沿海一带民宿的房费比城区民宿的房费要高，同样条件的民宿，价格往往要高出100—200元，城区内比较注重装饰细节的民宿价格在350—550元，同等条件的东部沿海一带民宿价格为450—750元。节假日期间东部沿海一带的民宿房价要比平时高出一倍。

角落里的小确幸

深圳有一些地方是有小镇氛围的，闲适安逸，自有节奏，适合度假，在梧桐山艺术小镇住上一天，跟村民一起练习瑜伽、爬山、品茗，不失为一种悠闲度假的选择。位于马峦山的金龟村，有远离城市的幽静，不少精致的民宿藏身在此。深圳市区内亦有许多格调独特的民宿和短租公寓，民宿主理人中有瑜伽师、音乐人、资深旅行者、作家、退休人员……他们将自己的品位、情调融入有形的居住空间里，提供住所的同时，也分享着自己的生活方式。

住在梧桐山下

梧桐山艺术小镇在深圳最高峰梧桐山山脚，山清水秀的环境吸引了许多艺术家、文艺青年、修行者来此居住。离梧桐山国家森林公园最近的村落叫茂仔村，这是艺术小镇最初开始发展的地方，如今镇上面向游人的商业已经从茂仔村往西发展到了坑背村和赤水

洞村，以及东北角靠近山脚的横排岭村，这些村子都很有格调，精致的咖啡馆、餐厅、文艺小店聚集，适合度假小住。

四月街缝纫生活馆（坑背村105号，标间210元起）是一间让女性去了便不愿离开的小店，它既是一家布艺工作室，也是民宿。主理人邱淑红生长于裁缝世家，从小父母给客人做衣服时，她便在一旁帮着缝扣子、挑裤脚。邱淑红很小的时候就展现出缝纫天赋，给布娃娃做的衣服简单漂亮，长大后缝制的包包、抱枕也深受朋友的喜爱。多年前，邱淑红在一个展览上偶然接触到拼布画，惊讶于原来用布可以作画，于是开始关注相关信息，专门去学习，渐渐地有了开一家布艺工作室的想法。机缘巧合，邱淑红来到梧桐山下，找到一幢三层楼的房屋，一楼开辟为布艺工作室，展示各种布艺作品，也作为服装、拼布、刺绣、毛线等手艺的教学场所；二楼和三楼为客房，每间房屋内的装饰画、纸巾盒、座垫、床品和抱枕上的刺绣都出自邱淑红之手。

植弄草木染手工坊（横排岭山边12号，客房250元起）与四月街很像，这里也是工作室兼民宿，小院门前流水潺潺，庭院内绿意盎然，各类热带植物展示着旺盛的生命力，让人恍惚觉得像是穿越到泰国的乡下小院。院内有4间客房接待客人小住，每一间都有温馨的布置，很有居家氛围。店内提供专业的染布课程，在此可以学习用板蓝根或茜草等草木染料染布。

梧桐山艺术小镇有不少咖啡馆和茶室，提供少量的房间供游人居住，这些住处大多并没有在网络上大肆宣传，你在村子里闲逛时不妨询问一下店主是否有客房提供。位于梧桐河畔的悠然见（坑背村40号一楼，客房650元起），既是一家精致的茶舍，也有两间客房“卧云”和“枕月”供旅行者居住。梧桐后院咖啡馆（坑背村81号，标间420元起）也是如此，这家小店不仅咖啡出名，也有客房提供。

在马峦山里享悠闲

位于马峦山山脚的金龟村是一座有500多年历史的客家古村，山林青翠，溪水潺潺，十分幽静，斑驳的老房子被许多艺术工作者或喜欢山野生活的都市人租住，经过几年的积淀已经生长出自然、文艺、闲适的生活气息。

金龟村内散落着4栋由传统客家民居改建的日式民宿，皆出自设计师勇平之手，“清溪乡舍·山丘”（金龟村靠近露营小镇，房间1500元起）是最早着手改建以及面世的一栋，民宿前身是一座双层独栋老房子，室内带一层阁楼，整栋房子背靠青山。改造后的房屋拥有纯白与原木相融的门脸，简洁别致，门口设置小景，十分有日式氛围。室内质朴、雅致，是当下非常流行的侘寂风，一楼设茶室，留一扇宽阔的推拉门，小院的绿意在门框中自然成画。整栋民宿只有2间客房，提供极其私密的度假氛围。二层阁楼处有一道小门（躏口）通往屋顶平台，平台处设几张躺椅，周边山景环绕，在此闲坐十分惬意。除山丘外，另外三座民宿——清风、蜗牛、

朴树，也是精致的日系风格，又各有特色，提供私密、静谧的度假空间。

另一处私密性很好的民宿是位于金龟村村尾的金龟村森林民宿（房间620元起），独栋小楼三面被老树环抱，纯白色的楼宇掩映其中，室内装饰以木色和白色为主，有粉紫色的布艺地毯、挂毯作为装饰，增添了些许异域风情。民宿一共有5个房间，每一间房都有巨大的落地窗，窗外的山林、绿野尽收眼底。

金龟村近几年逐渐成为深圳的旅行热门地，节假日期间往往一房难求，金龟村往南约30分钟车程的官湖村有更多住宿选择。与较场尾一样，官湖村也是一座民宿村，挨着风景秀丽的官湖沙滩，沙滩旁还有一座人称望鱼岭的小山头，沿石梯爬十余分钟就能登顶望远。

官湖村内有不少设计独特的民宿，艺栈ARTINN（葵涌街道官湖村湖园路20号，标间450元起）外形格外引人注目，楼身被无数个通体透亮的白色格子包围，民宿设计曾获得2018年中国建筑设计奖提名。民宿在室内设计上有许多巧妙的细节，每个房间的窗户都被当成一个连接性的媒介，将窗外的景与室内的景融合在一起，恰似一幅浑然天成的挂画。民宿内设有画廊，定期展示国内外不同画家的作品。另一个注重细节的民宿是Hanvalley涵谷（官湖村湖龙北路19号101，标间540元起），由一对设计师夫妇打造，注重屋舍与自然的融合，以及居住细节的实用与美观。

两位老人的民宿故事

深圳有两处特别的民宿，主理人均是年过六旬的老人，称她们为老人，纯粹是因为年龄，她们的精神气就是年轻人。就旅行而言，深圳是一座能给人惊喜的城市。在别的城市，遇见的人，面目会比较单一化，但深圳作为一座移民城市，它包容各种各

样的人，展现着多元化的生活方式，比如两位开民宿的老人。

在绿树成荫的华侨城，在一座老居民楼的顶层，有一套带屋顶花园的复式公寓，属于“菜园姐”严求真。今年60岁的严奶奶在这栋房子里住了10年，退休后决定将它改造为民宿。严奶奶曾经在光明区经营过农场，2018年农场被政府收购后，她开始将屋顶天台打造为小农场，如今小农场已经颇具规模，种着桂花、柠檬、鸡蛋花等多种景观树，还有韭菜、鸡毛菜等七八种蔬菜。屋顶花园经由一段旋转楼梯与室内相连，绿意也由屋顶蔓延至室内，房屋内公共区域及房间摆放着多种多样的小盆绿植，也有不少干花作为装饰，严奶奶管她的民宿叫“甜蜜的森林”（华侨城春桃阁，标间320元起），希望它成为一个有温情的住处。

严奶奶自己的故事，可以说是深圳这座城市的发展在个体身上的生动呈现，机遇、变革、创新是这座城市的浪潮，也影响着个人的选择。严奶奶毕业于浙江大学光学专业，在南京工作10年后，企望通过托福考试出国深造，最终因为没有获得全额奖学金而选择放弃，于1991年辞职来到深圳打拼。严奶奶来到深圳后，进入大亚湾核电站担任计算工程师。工作3年后，她决定辞职创业，开了一家“求真眼镜店”，短短几年时间先后拥有了10多家连锁眼镜店，其间还涉足珠宝、文化用品超市等行业，都做得风生水起。多年高强度的工作给严奶奶的健康带来了一定的影响，她的身体开始出现各种问题，常常失眠。2012年，严奶奶开始重整企业，转去光明区承包了一片农场，当起了农场主，过上与农作物打交道的生活，6年后农场被政府收购，严奶奶回到市区做起了民宿。严奶奶年轻时也曾是一位背包客，每次出门旅行都爱住民宿，觉得民宿有家的氛围，民宿的性格就是民宿主人的性格。如今，她兴致勃勃地布置民宿，继续在屋顶当个农妇，工程师出身的她还动手给屋顶花园设计了一套自动灌溉系统，每天上午7点和下午3点，灌溉系统便会自动开启给植物浇水。

离开华侨城，一路向东去往大鹏半岛的七娘山下，有一座门前种着各类月季的民宿——玫瑰小院（南澳街道新大社区新屋仔18号），主人是年近70岁的玫瑰姐。满头银发的玫瑰姐是一位户外探险爱好者，去过数不清的城市，曾在许多国家的无人区探险。有一年自驾去老挝旅行，在琅勃拉邦住进了一位老人开的民宿，听他讲自己的故事，特别受触动，便播下了“开一家民宿”的种子。退休后，玫瑰姐在七娘山下找到一处合心意的老房子，将它布置为民宿兼农家乐。老屋建于20世纪80年代，外墙上的瓷砖画，二楼栏杆用的罗马柱，都很有时代气息。玫瑰姐淘来一些喜爱的老物件——用一整块荔枝木做的茶台，清代的洗脸架，一个具有100年历史的老石磨，放在院子里，觉得和老屋很搭。院子里有一些树桩，玫瑰姐在树桩里头种上绿植，她觉得这样有趣，老树桩一下就有了新生命。民宿一共有两间客房，二楼公共区域的墙面上挂着不少玫瑰姐过去旅行时拍摄的照片，她笑称拍照的技术不好，但里头的故事好玩儿。玫瑰姐的民宿有不少熟客，他们常常自带美酒驱车来到小院，听玫瑰姐聊聊旅行的故事。

深圳民宿品牌猫筑 AirCat

猫筑AirCat是诞生于深圳的本土民宿品牌，因为住宿品质高，在本地拥有不错的口碑，如今在罗湖、福田、南山有20多套房源。

叶景愉是猫筑AirCat的创始人，毕业于深圳大学传媒专业，2017年他租下大冲的一座二居室公寓，将空余的一间房放在Airbnb上出租，反响强烈，租客不断。除了清新舒适的日系风格吸引租客外，家中有猫也是关键原因，很多人因为“有猫可撸”，直接选择下单。短暂的Airbnb房东经历，给了叶景愉灵感，想在深圳打造精致的短租空间。长期租房居住的他，十分清楚一间美观、实用、不将就的屋子对旅行者的意义。

猫筑AirCat旗下的所有房源都经历过“打回毛坯，重新装修”的过程，叶景愉明白，很多短租房如果不打回原形重新装修，那些影响居住体验的问题根本无法彻底获得解决。民宿内使用的所有电器，叶景愉也会在家试用。大多数民宿选择购买低清投影仪以节约成本，猫筑AirCat旗下的所有房间配置高清投影仪，保证客人的观影体验。民宿内张贴的画作也非批量采购，而是让艺术家用猫元素创作出来的，房间内有猫版《呐喊》、猫版《星空》等多种类型的创意画。

酒店的选择，暴露了你的个性

外出旅行，对味的酒店必不可少，毕竟一家合心意的酒店就像一个衬你的发型一样，会莫明其妙地让你感到将有好事降临，诸事顺利。

文艺青年

文艺青年偏爱小众、有个性的景点，在住宿的选择上，设计师酒店，有情调、有个性的民宿往往更受他们的青睐。作为设计之城，深圳聚集着不少别致的设计师酒店和民宿供你选择。

位于深圳老城区罗湖的INNOGO楹诺酒店（建设路1008号大中华汇展阁2—5层，标间314元起）不介意被当成网红酒店，许多人前往INNOGO拍照打卡，纯粹因为它太好拍，太好看了。INNOGO大胆邀请大湾区的青年艺术家们、设计师们，包括景观设计师、空间设计师、茶艺师、墙绘师、涂鸦师甚至文身师，让他们聚集在一起尽显才华，碰撞出大量新鲜的想法，给酒店留下了许多饶有趣味的痕迹。无处不在的画作“8”是酒店的标志，出自加拿大籍艺术家Peter Yuill之手，融合了几何数学和中国风水两大元素，与老罗湖这个讲究风水的地方十分契合，又含有“无穷”的可能。

近些年，出现了一个新的旅行现象：很多人专门为了拍照而去住一家酒店，并不是奔赴酒店周边的风景。INNOGO在它的94间客房中，选出两间，打造成“旧物不旧”和“Today”两大摄影主题的拍摄空间。“旧物不旧”主题空间结合了老罗湖的在地文化，走复古港风，里头的物件极具怀旧气息。“Today”则走简约冷淡风，主打黑白色调，呈现出一种矛盾的美感。酒店房间是当下广受年轻人喜爱的复古冷调，干净、简单，不给眼睛增添额外的负担。除此之外，每个房间都有一个细节上的小惊喜，在客房镜子的背面写有不同的晚安语。

与大多数酒店不同，后海木棉花酒店（*岸湾三街5号，标间846元起*）的大堂是一个书吧，气势上更像一座复古的图书馆，原木及大理石元素让整个书吧充盈着沉静、质朴的气场，顶部悬挂的千盏马灯又为书吧增添了一份古朴、怀旧的气息。书柜挑高8米，一直延伸到走廊尽头，藏书6000余册。除了书籍，酒店也有不少艺术品展示，二楼展出抽象派画作鼻祖、法国建筑师弗朗西斯·德朗洛的真迹，楼梯转角处有一幅高大的粉笔墙画，由两位现代艺术家共同创作完成。

近年来，南头古城成为新晋的文艺景点，这处昔日新安县城的中心区保留了上百座清代至民国时期的老建筑，这些建筑在设计师的创造下被活化为一个个艺术空间、一家家个性小店，极具探寻的趣味。如果你想在南头古城停留一晚，岩也的窄酒店（中山南街91号，标间800元起）会带来比较特别的入住体验，它是爆改城市的设计师青山周平在深圳的又一力作，将夹在两栋楼宇间的握手楼改造为日系民宿，有简洁清新的氛围，沿木梯而上，推开房间门，榻榻米式的休憩空间映入眼帘。因为楼宇窄小，除一楼辟为便利店外，二至五楼各设一个房间，被称为深圳最窄酒店。

如果你是音乐发烧友，不妨试试由音乐人孟瑞雪打造的M HOTEL（软件产业基地2栋A座19—20层，标间470元起），这是一家藏身于科技大厦群里的音乐精品酒店，59间客房按照古典、摇滚、爵士、电子、流行音乐、电影原声分为六类主题客房，你可以根据自己喜欢的音乐类型选择房间，每个房间内都有一台黑胶唱片机以及六张与房型音乐属性相符的唱片。字母“M”不仅代表Music，也是Museum，酒店的每一层走廊都是一个主题类艺廊，19楼悬挂着经典黑胶唱片的翻拍封面；20楼则是中国音乐现场的摄影师李乐拍摄的音乐现场照片，你会在此看到麦当娜、小红莓、

Taylor Swift等巨星的演唱会现场照。每个房间除了有音乐听，还设有一个小小的吧台，多款酒水加一份贴心的“鸡尾酒制作指南”，让你不用出门就能享用一杯自调的鸡尾酒。

出差狂人

也许你是一位出差狂人，常常来深圳，但都是因为商务，并没有旅行计划，而且你每天的工作行程也安排得十分紧凑，回到酒店才有片刻的放松。如果一家酒店本身就能让你与这座城市有所连接，可能会给这趟商务之旅带来不一样的回忆。

可以将面朝深圳湾畔，背靠大南山的蛇口希尔顿酒店（望海路1177号，标间956元起）作为首选，酒店分为主楼和南海翼，其中南海翼的前身是深圳第一家五星级酒店“南海酒店”，邓小平南方视察至深圳时曾在此居住，2018年南海翼入选“第三批中国20世纪建筑遗产”。重新装修后的南海翼仍然保留了建筑原本的外立面，凸起的半弧形阳台，勾勒出老式建筑独有的形态。南海翼内的客房空间宽敞，拥有两个阳台，近处的海景与远处的城市景观一览无遗。

深圳文华东方酒店（深业上城T1塔楼67—79层，房间2458元起）坐落于福田中心区商务楼高层，可以从高

空俯瞰莲花山公园与笔架山公园以及福田CBD（中央商务区）城景，一面高楼林立，一面青山连绵。酒店顶层平台设有一个酒吧——MO BAR，步入露天的挑高空间，夜幕下灯火璀璨的福田CBD尽收眼底。

同样位于深业上城的MUJI HOTEL（深业上城B座A11号，标间765元起）是全球首家无印良品酒店，地理位置上同样拥有俯瞰莲花山公园和笔架山公园的优势，“木”元素的广泛使用让整座酒店有一种自然、质朴的氛围。房间内配备的壁挂式CD播放器、超声波香薰机又营造出特别的放松感。

加班汪

在城市里辛苦工作的你，不知道多久没有放松过，要不要犒赏自己一个说走就走的“周末”？钢筋水泥的深圳其实有不少远离喧嚣的酒店，有些可观海，有些可坐在庭院赏景，在这些地方度假，所有与都市生活有关的负能量都将清零。

想去椰林瑟瑟、面朝大海的三亚度假，却又不想跑远折腾？你可以去位于大鹏半岛金沙湾畔的深圳佳兆业万豪酒店（大鹏新区棕榈大道33号，房间1488元起），走出客房，穿过酒店前坪，5分钟即可抵达海滩，连日工作的苦闷被海风一扫而空，在一天中的任意时刻，看游艇来去，云卷云舒，没有什么比海浪声更能治愈人的了。酒店露天泳池位于椰树林中，让你在畅游的同时免受暴晒之苦。酒店还有一座萌宠乐园，羊驼Andy是这里的明星，宠物天然自带的憨萌气质，能让人类即刻放下防御，进入放松状态。

坐落于高尔夫球会内，私密性极强的隐秀山居（龙岗街道宝荷路88号，标间873元起）也是不错的选择，酒店融入了日本景观大师大桥镐志打造的艺术园林，禅意十足，有不受打扰的清幽。酒店房间一半以果岭湖为朝向，一半面向山林，每个房间望出去都有极好的自然风光。客房内配备露天豪华浴缸，躺在浴池中看看云，吹吹风，连日在城里工作的疲乏不知不觉已被驱散。

遛娃一族

娃玩好了，才不会跑来折腾大人。如果你是带娃旅行，又不想全程只是换了个地方带娃，根本没有在度假，选对酒店非常关键。作为亲子出游的刚需，“酒店+景点+主题活动”的打包产品是首选，连椰子鸡都能混搭出来的深圳，有各种酒店加活动的混搭供你选择。

位于大鹏半岛桔钓沙的深圳浪骑瞻云酒店（南澳街道东山社区新东路88号，标间997元起）是一间宠物友好型酒店，如果能将你家的汪星人带上，就等于给孩子带上了一位全天玩伴。家里没有汪星人也没关系，酒店有专门的宠物游乐区，在那里可以遇见别人家带来的猫猫狗狗。酒店除了配套设施完备的儿童乐园外，还有室外沙池。入住酒店额外赠送游艇出海、皮划艇等项目也是十分贴心，毕竟两个项目加起来能消耗掉娃娃们半天的时间。

位于甘坑客家小镇的小凉帽之家酒店（龙岗区甘李路18号甘坑客家小镇14号楼，房间600元起）也是不错的选择，到处都能看到可爱的“凉帽宝宝”卡通形象，房间里有滑梯，卫浴设施也照顾到小朋友的使用需求，出门就是小凉帽农场。

时间充裕的话，一定要前往东部华侨城，这片建在山巅的欧式古堡建筑群，是国内顶级的大型旅游度假区，包含了主题乐园、体育公园、精品酒店和高端住宅等多个区域，毫无疑问，充盈着欢声笑语和刺激尖叫的两座主题乐园，是这里的王牌项目。靠近景点“茶溪谷”的黑森林酒店（房间705元起）和茵特拉根酒店（房间1047元起）都非常适合亲子家庭入住，前者有宽阔的户外游泳池，后者有令小朋友欢呼连连的小木屋别墅房。

背包客的选择

青年旅社在深圳不是主流，但深圳侨城旅友国际青年旅舍（华侨城香山东街7号，铺/标双/家庭房80/168/238元起）值得一去。这家YHA青旅在华侨城创意文化园内，本身曾是三层厂区宿舍，现在一楼为公共区域，有舒适的阅读位，提供咖啡简餐。旅舍干净整洁，住在这里，可以好好享受华侨城创意文化园的悠闲生活。

另一个有规格的青旅类住处是位于福田区的登巴客栈（滨河大道6007号庆典大厦，铺/标间75/220元起），客栈设施比较新，上下铺位配有床帘、阅读灯和电源接口，客栈有一个不小的咖啡区，氛围很好。

旅行者
带你住

生活在别处

旅行中那些让人难忘的住处，似乎都有一个共同点：它会让你觉得你在那里生活过，而不仅仅是住过。

植物无限蔓延

去深圳出差，让一位常年给旅行杂志撰稿的当地朋友推荐住处，她毫不犹豫地说出“6号花园”，“那里有欧洲小镇的感觉”，这是她给出的评价。我这位朋友早年在英国留学时几乎走遍了欧洲的大小城市，能让她下如此判断，我对此行的住处充满好奇。

我在一个傍晚抵达蛇口太子路，深秋的北方已经需要薄羽绒来御寒了，深圳还是夏天的样子，哪里都郁郁葱葱，可以穿轻便的夏装。6号花园位于深圳最早建设的一片别墅小区“碧涛苑”内，著名的时间广场离它很近，步行不过5分钟的距离，“时间就是金钱，效率就是生命”这句具有划时代意义的标语矗立在广场最醒目的位置，见证着这座城市的改革开放史。

别墅区有三排独栋房屋，都是两层楼高的房子带一座不小的花园，房屋外墙由麻石垒建，双坡屋顶铺或蓝或红的瓦片，当地人形象地称它们为“石头房子”。石头房子建成于1984年，作为深圳最早的豪宅，购买者的经济实力不容小觑，“碧涛苑”建成之初原是临海

的，40年间深圳经历着沧海桑田般的变化，填海工程一直在进行，如今碧涛苑早已远离海边，看不到海景了。同样变化的还有房屋的用途，如今的石头房子，少有原主人居住，多为商用，被改造成有格调的小店、艺术空间、咖啡馆，甚至有几栋小楼被围圈起来成为一所蒙特梭利幼儿园。也有几处房屋因为户主失联而彻底荒废，庭前屋后杂草丛生，这几栋屋子都保留着建成之初的模样，二楼的镂空花纹栏杆很有时代感。

6号花园在面南的第一排，小区巷道两旁都是装修风格各具特色的小店，以餐厅和咖啡馆居多，其中一家咖啡馆门口几乎坐满了人，连马路牙子上都坐着人，互识的人热闹地聊着天。另有一家店虽然顾客不多，但客人与店主的互动十分熟络自然。我一下明白了朋友推荐这里的理由，这份闲适与热络感，不在乎地域，它与人的感受层面直接连接，让人有一种亲切感。一些过去旅行中的画面自动浮现，我想到了Lofou Village，那座位于塞浦路斯特罗多斯山区的小村，村子里的房屋也是一幢幢独栋的石头房子，依山坡层叠而建，石板路两旁绿植、鲜花生动可爱，小店里有着同样的家常与明媚。

6号花园挺好找的，白色大门外，蕨类、观叶类、草花类植物高高低低、错错落落挤在一起，像一群边看热闹边迎客的小孩。庭院内一棵粗壮高大的小叶榕揽楼身于枝下，院落围栏前并排立着两株凤凰木，树木年轻，羽毛状的叶片有十分好看的嫩绿色，五月天满树花红时，这两株凤凰木一定很夺目。

6号花园一共拥有6栋别墅楼，其中一栋用作大堂和餐厅，其余5栋为住宿区。植物从庭外蔓延至室内，是绝对的主角，庭前屋内，高处悬挂着各种蕨类植物，角落里琴叶榕、龟背竹等观叶植物随处可见，餐桌上摆放着或大或小的花瓶，插种类丰富的当季花卉，室内墙壁全部刷白，给植物展现提供充分的留白。植物之外，另一个主角当属木头，室内桌子、家具都用上了年头的老木头制作，有些并未刷漆，保留着木头的原色和粗糙的纹理。原木与植物带来沉稳又松弛的质感。

为保证居住私密感，大堂和餐厅所在的楼宇与住宿楼栋之间用小门隔开，住宿区需刷房卡才能进入。一位女服务生带我穿过一扇三角梅压顶的小门，沿石板路向前，途中她弯腰捡起一个掉落在地上的芒果，转身对我说：“这个芒果您想要吗？放在屋里，满屋都会有一股清香。”我连忙接过并道谢，心里愈加确信这里会是我喜欢的地方。

抵达最靠里的一栋小楼，楼身上写着数字5，我的房间在一楼，门口有一处小巧的户外平台，一棵高大的玉兰树为它提供阴凉，树下放置着露台用桌椅。房间内一以贯之有原木与植物带来的质朴和清新，如果这家酒店在造一个生活在别处的梦，那么细节处无疑做到了满分。我知道住在这里的两天内，我定会常常将食物端到户外，坐在玉兰树下吃，生活常有相似却又有不同，多年前在Lofou Village，坐在民宿庭院内的石榴树下吃饭，曾想此景何日重现，没想到答案是在深圳蛇口的6号花园。

老宅里的烟火气

在蛇口待了两天后，一路向北去龙华区的鳌湖艺术村。鳌湖艺术村在观澜湖附近，是一个拥有数百年历史的客家古村，保留着多座清代至民国时期的传统民居建筑，数座民国时期修建的碉楼立于村中。2013年左右陆续有一些当地艺术家搬迁至村中居住，给古村注入新的生活。

村子不大，有几十户人家，与国内其他名声在外的艺术村不同，这里几乎没什么游客，巷道安安静静的，有些艺术空间和工作室开着门，可以进去参观，街头巷尾处处是涂鸦、雕塑、装置艺术作品，整个村子像一座鲜活的美术馆。古村的范围并不止于鳌湖艺术村，隔着兴业路，马路对面还有一处老二村，亦有不少老建筑。老二村比艺术村还要清净，除了一两间餐厅便没有什么商业设施了，不少老房子在建筑外形上保留着传统建筑的特色，但庭院、屋内装饰一新，十分有生活气息。

我在这里意外走进了一家民宿，之所以说意外，是因为房屋外并无招牌，全然一副普通民居的样子。我被这间老屋的门脸吸引，停下脚步细看，古旧的门楣上留有“福庆门”三个大字，门口挂一对大红灯笼，屋外墙角处种一株扶桑，枝条野性十足、张牙舞爪地盖住一整面围墙不说，还要往巷道探去，全树挂火红色的灯笼状花朵。我正伸手够花枝想近看花朵，有人推门从屋里走了出来，是一位辫子长至小腿肚的女性。打过招呼后闲聊，才知道这里居然是一处民宿，里头的厢房全部为客房。得知我有意在村里找住处，对方邀我进屋细看。

这是一幢建于民国时期的客家老屋，建筑外墙上保留着壁画和灰塑，内有一座小庭院，屋开三间，中间为大堂，两侧各设厢房，厢房分为两层，楼上楼下都有客房，其中楼上屋内有一道小门（蹣口）通往屋顶露台，露台上放置桌椅，可以在此吃饭或闲坐。

邀请我进屋的女士就是民宿的主理人，村里人叫她惑仙，两年前从城市里搬来鳌湖居

住，她在鳌湖艺术村和老二村分别租下三栋老屋，老二村的这栋“福庆门”用作民宿，接待朋友以及朋友推荐过来的客人，民宿虽然挂在部分网络平台上接受预订，但并没有多做宣传。另外两栋老宅都在艺术村内，一栋面积小一些的用来自住，另一栋带有碉楼的大宅院作工作室使用，常常举办艺术沙龙及开设课程。

我选了北厢房二楼的榻榻米房入住。回原酒店取完行李彻底安顿好时，天已入夜，整栋房屋只有我一个客人，四下皆静，心血来潮去到露台，只见一轮明月挂在东面的山林上方。有三两声虫鸣入耳，细听不止，分明是一场“音乐会”。

听见大门响，惑仙拎着一大袋食材进门，我下楼接她，她一脸笑，说想做顿晚饭与我共享。我们一起进到厨房，白天没看仔细，这间厨房可不是摆设，锅碗瓢盆、油盐酱醋，一应俱全，显然常常有人使用。我们分工合作，一边闲聊一边备餐，在洗菜的流水声和油锅的刺啦声中，我知道了原来惑仙曾做到商界顶流，在深圳、北京、上海分别工作多年，两年前回到深圳，想找一处老房子过不一样的生活，朋友推荐她来了鳌湖。谈到过去的生活以及现在的日子，惑仙说，在鳌湖，龙眼季来了摘龙眼酿酒；去菜地里种韭菜，韭菜好活，长成了割下来包饺子；村里艺术家多，每周一次跟着老师学古琴，觉得日子里的这些细碎挺有趣，不需要有多大成就。“我拼过，也拥有过很多钱，现在不想那样活了，想过点喜欢的日子。”她说话的语气慢悠悠的，一边细细想一边说出来。

我们在露台上布置好餐桌，月光如炬，把盏共饮，想着这场意外的遇见，以及接下来能在这里做几天村民，对生活的琐碎升起无限感激，有时候没什么目的去行走时，反而会看到旅行的惊喜无处不在。

Sit down,

Sit down, Shenzhen also has a good taste

Sit down, Shenzhen also has a good taste

Sit down, Shenzhen also has a good taste

Sit down, Shenzh

Sit down, Shenzhen also has a good taste

en also has a good taste

Sit down, Shenzhen also has a good taste

Sit down, Shenzhen also has a good taste

坐下来，深圳也有好滋味

o has a good taste

Sit down, Shenzhen also has a good ta

地道家乡味

深圳是一座好吃好喝的城市！这座城市里，生活着许多努力工作的人，献给工作的时间拿什么来平衡？自然是美食啊。有需求必有供应，来自五湖四海，甚至五洲四洋的“乡味”在这座城市遍地开花，凭借“味道正宗”便能牢牢抓住同乡的胃，将一间餐厅开成神话。

来了就是深圳菜

7—8月的云南，连绵雨水降落山林，催生了一茬又一茬的野生菌。云南人刚进山里采集好菌子，新鲜的松茸和干巴菌便被装进冷链冰箱空运到深圳，经过一番精心烹饪，被端上华侨城云南风味餐厅的餐桌。

深二代的麦当劳情结

作为香港和内地沟通的桥头堡，深圳是许多国际和港台品牌进入内地市场的第一站。1990年10月8日，内地第一家麦当劳餐厅——罗湖东门的深圳光华餐厅盛大开业，开业当天还创下了彼时全球麦当劳单店的单日营业额、顾客光临数的新纪录。

对于深圳第二代，也就是80后、90后而言，麦当劳在童年生活中占据着相当的地位。那时候麦当劳的价格对于深圳普通家庭而言并不算便宜，吃一次是值得炫耀好久的事情。许多深二代还都有过在麦当劳过生日的经历，小伙伴们也会因为被邀请参加“麦当劳生日派对”而欣喜不已。当时的餐厅总有工作人员打扮成麦当劳叔叔迎接客人、活跃氛围，学说绕口令赢汉堡之类的活动搞得也很热烈——这些都给深二代留下了美好的回忆。

在蛇口海上世界附近的一家西餐厅，凭借全黑牛肉汉堡和青酱虾仁粗管意面，赢得了在深圳的外国人的青睐。夜色中的露台位座无虚席，不少吃货也将这里列入清单，趁着周末来蛇口游玩顺道品尝。

从五湖四海（甚至是五洲四洋）来到深圳的人群，也将家乡美味捎带至此。在这座“没有方言的城市”，新移民的乡愁寄托在舌尖之上；各色各样的地方美食相继登场，深圳人的味蕾履历也被滋养得格外精彩。深圳虽然年轻，但餐饮界各领风骚三五年的风云往事，已足以书写一部有滋有味的“美食编年史”。

进入21世纪的最初几年，深圳的天空流传着北京烤鸭的食坛神话。2007年盱眙小龙虾进驻深圳，让大家呼朋唤友、争相品尝。2009年海南风情浓郁的椰子鸡大受欢迎，直到今天这口鲜甜味仍余热未尽。2011年深圳人迎来了第一家海底捞，生意火爆到要排队好几个小时才能吃上。2013年让大家一时间欲罢不能的口碑美食，是能做

出18种口味的重庆烤鱼。2015年风靡Instagram的韩国软雪糕，也在深圳成功地刷爆了一波朋友圈。2017年异军突起的酸菜鱼，全深圳似乎一夜之间冒出了数不清的酸菜鱼店。

近两年，深圳的互联网发展引擎轰鸣加速，不少传统行业洗牌剧烈。但是“民以食为天”，深圳的餐饮界仍然像雨后春笋一样茁壮成长。那未大叔是大厨X喜鼎、Tomacado花厨、Westwood Fire&Smoke等相继落户在大型商场，为深圳的中高档美食领域锦上添花。东门老街不再是市民购物的首选目的地，但大家还是喜欢来这里一边逛街，一边在五花八门的小吃摊前品尝全国各地的特色美味。

无论是湘菜、川菜、火锅，还是日本料理、越南河粉、比萨，这些异乡美食都已经在深圳扎下根来，甚至可以被称作“深圳味道”了。这座多元化的年轻都市，只有你想不到的，没有吃不到的。

食物里的乡愁

对于这座移民城市而言，如果一家餐馆口味地道，像是从老家搬过来的，即使路再远，同乡也会从四面八方寻来品尝。一旦口味获得认可，餐馆便能在深圳扎下根来，屹立不倒。蛇口大榕树下的李宜恒面馆就是如此，凭借原汁原味的藕汤、热干面、蒜蓉菜薹在蛇口老街开了20多年。

深圳人不仅捧场自己家乡的美食，对于别人家乡的美食，只要听闻味道正宗，便生起怜惜之心，会用实际行动将它们留在深圳。来看看深圳人民用实际行动为这座城市留下的美食，当然这些只是零光片羽，更多好吃的等你来发现。

嗦粉>> 根据官方人口数据调查统计，深圳的外来人口中湖南人占比近30%，也就是说在深圳每10个外地人里就有3个湖南人。湖南粉店在深圳餐饮界也有一席之地，扁粉安抚长沙人的心，圆粉满足常德人的胃。老长沙手工米粉铺开在福田区景田布尾村，现磨米粉加上8款正宗码子，小小粉铺一天能卖600碗粉。进哥湖南常德津市牛肉粉馆在下沙村的小巷子里开了快10年，专做像火锅一样慢炖慢吃的津市炖粉。位于蛇口街道海湾社区的老何卤粉店是儿子给“每天都想吃一口家乡粉”的爸爸老何开的店，专门制作永州卤粉。

新疆烤包子>> 深圳各区都有地道的新疆餐厅，其中罗湖区春风路更是新疆餐馆聚集地。烤包子是最常见的新疆小吃之一，看似简单，其实有很多讲究，包好的生包子贴在馕坑里，需不时往坑里洒些盐水，以防包子脱落。新粤塔里木河餐厅在深圳开了近30年，店里的烤包子采用传统手法现包现烤。开在北斗小学旁的雪莲美食是一家老字号新疆餐厅，烤包子每天下午5时出炉，常常刚出炉便卖光。位于罗湖区春风路的亚克西餐厅，从老板到店员都是喀什人，烤包子以皮薄馅满，吃完口齿间留有浓郁的羊油香闻名。

苏杭面馆>> 深圳不仅有地道的江浙餐馆，近几年来也出现了正宗的苏杭小面馆。杭州人都知道“片儿川”，肉片、笋片、雪菜，加上有嚼劲的碱水面，添一大勺浓汤，滴几滴酱油端出，一下就解了乡愁。开在八卦一路美食街的西湖面馆，老板来自杭州，将正宗的片儿川和拌川带到了深圳。汤是苏州面的灵魂，虞城苏式面馆每日用土鸡、鳝骨、猪大骨等食材，花七八个小时去吊高汤，只为在异乡重现一口原汁原味的家乡味。

意大利菜>> 深圳的许多意大利餐厅，不仅口味地道，也有意大利街头随意、放松、散漫的氛围。开在购物公园的Azzurro是意大利老人Diego主理的店，这位来自意大利南部那不勒斯附

近海岛的主厨擅长做意大利传统菜，店内每天制作新鲜水牛芝士和各种类型的手工意面。藏在水围村巷子里的Cyclus Craft Kitchen经营多年，凭借正宗的意大利风味拥有不少熟客，提供传统意餐，也有一些创意菜。

潮汕美味在深圳

与华强北相对应的华强南，自1988年赛格电子市场启用以来，便成为众多潮汕商人及其家眷的居住区。家乡口味催生出了爱华市场（福田区爱华路47号）里的潮汕特产摊档，从巴浪鱼、牛肉丸到金不换，生熟荤素一应俱全。

在爱华市场周围，自然能找到不少潮汕乡土口味的街头食肆。这些小店并不讲究店面环境，从早到晚只经营一类餐食，老板兼大厨双手不停歇地烹出家常美味，食客坐在店里或者路边的简易餐桌前，不超过30元就能吃得又饱又好。

许多食肆以店主家乡的名字来命名，而且大多是“胶己人”才知道的乡镇。里湖肠粉店制作普宁里湖镇风味的肠粉，除了常见的肉、蛋和青菜，还能往粉皮里包腊肠、面、油条和腐竹。街角处的潮膳阁峡山酥面主营潮南峡山镇的汤面和炒面。所谓“酥面”，意即手工揉制的面条，有劲道、有嚼头，配上海鲜猪杂的汤面味道很鲜美。酥面对面的老翁猪脚店主打的自然是惠来隆江镇著名的猪脚饭，除了软糯肥嫩的猪脚，不妨再加份弹滑的肉卷一起吃。

意犹未尽的话，步行5分钟到市场另一侧的潮汕小吃棉湖春卷尝尝来自揭西棉湖镇的小吃。店面不大，但餐盘里的丰富品类几乎是“油炸万物”的架势。除了春卷，还可以试试芋泥油果、腐竹结、豆干和粉粿。

与福田华强南的爱华市场类似，藏在楼内的荷花市场（罗湖区黄贝路1008-13号；7:00—19:00）也由内到外散发出潮汕的乡土风物气息。略加留意，你会发现市场门前的送货摩托都挂着渔家常用的竹筐，停靠的车辆也以揭阳车牌为多。

乍看之下这个市场与普通肉菜市场无异，躲在“手工水饺”招牌下的红桃粿却是别处难寻。鱼摊的各种生猛海鱼按照渔家歌仔的时令轮流登场，日常的巴浪鱼被装在竹筐中作鱼饭出售；咸杂档的澄海酸菜是制作猪脚饭不可少的配料，旁边还摆放着每日现做的生腌血蚶；传统糕点店里，绿豆饼、猪油糖和米润仍保留着老字号作坊的简朴包装；熟食摊上不仅有经典的粿条和粿肉，虾枣、卷章和海丰小米……说出一个“胶己人”暗号，摊主就会向你介绍更多的潮汕美味。

福田潮汕夜市

牛巷坊

（福田区福兴路牛巷坊）深圳有名的“潮汕夜市”一条街，其中牛巷番薯粥是一家经营了10多年的老店，提供生腌、鱼饭、炸果肉等30多种潮汕小吃，番薯粥搭配红肉和麻叶是地道的潮汕风味。只有6张餐桌的夫妻店回味澄海鹅肠火锅，鹅肠每天从澄海新鲜运到店里，现点现切。

赤尾村

（福田区华强南路赤尾村）从村头的赤尾一街到村尾的赤尾四街，很多人气小店藏在这里。位于村口的军记小吃店是赤尾的口碑炸串店，店内有30多种炸串可选，其中包着韭菜的炸粿条和鸡锁骨是招牌。悦宾潮州番薯粥人气很旺，每天晚上都坐满来喝粥的街坊，店里能吃到各种潮州打冷。正宗洪阳鱼粥的炒饭被评为“深圳炒饭界顶流”，每天要卖近180份，炒饭搭配鱼汤是店里的标配。

本土亦有好滋味

深圳原住民源自广府与客家，在粤菜与客家菜上，既有传承也有创新。二十世纪八九十年代，深圳受香港影响颇深，茶餐厅处处开花亦有融入当地的改良。而这座多元的移民城市向来海纳、包容，这一特点也体现在饮食上，别处的食材、吃法，在这座城市里经过创新、组合，诞生出不少新菜式，比如“椰子鸡”！

“市菜”椰子鸡

虽然椰子鸡所有的食材（椰子、文昌鸡、调味料）都来自海南，但海南人说：“我们不吃这个。”这道菜诞生于深圳，并被深圳人戏称为“市菜”。一个在深圳待了多年的人，如果要请外地朋友吃饭，心里头冒出来的首选十有八九是椰子鸡，觉得它似乎最能代表深圳美食。

椰子鸡有广东特色，能喝到鲜甜香浓的椰子鸡汤，涮菜和主食又特别包容，能满足食客不同口味的需求。和朋友一起走进东南亚氛围十足的椰子鸡餐厅，闲适的感受即刻出来。服务员端上一口大锅，将两到三个椰子现开，椰汁倒入锅中，加入姜片，锅底就有了。待椰汁水煮开后下切好的鸡块煮熟，别着急开吃，先盛一碗汤入肚，椰汁的清甜与鸡肉的鲜香自然相融，口感妥帖，多一分少一分都不合适。调味料有酱油、沙姜、小米椒、香醋等，可以根据自己的口味调制，调好后捏一只小青橘挤出汁水滴入，捞出鲜嫩的鸡肉放入酱汁中一滚，送入口中。趁着肉嫩，先吃完鸡肉再涮其他肉类、配菜。肉类的选择没有规则，凡是你想吃的都可以入锅涮，牛羊肉片、潮汕肉丸、海鲜均可，蔬菜可搭配竹笙、马蹄、菌类提香，但也没有规则，也是想吃什么涮什么。主食的供应同样多元，广式煲仔饭、印度飞饼、菠萝饭、扬州炒饭，不局限地域。

椰子鸡这道菜就其特质而言和深圳这座城市很像，多元杂糅，没有太多条条框框，也没有“正宗不正宗”的压力，正如“黑猫白猫抓到老鼠就是好猫”，甭管怎么组合，食客喜欢和满意就足够了。

椰子鸡的发明过程也颇具深圳特色。深圳这座城市做来料加工起步，之后改良创新，设计出新产品面世。椰子鸡的出现亦是如此，深圳并不以吃鸡出名，也不盛产椰子，更不是火锅起源地，但恰恰是在深圳，这些看似全然不搭的元素组合在一起，创造出了普罗大众都能接受的新菜椰子鸡。而且椰子鸡的做法十分简单，不需要特别的技巧，出品稳定，适合

“工业化量产”，这也是它能在深圳长盛不衰的原因之一。据《新周刊》和大众点评网的不完全统计，深圳市目前有超过1200家椰子鸡火锅店，也就是说在深圳，平均大约每1.7平方公里就有一家椰子鸡餐厅。

对于其他地方的人来说，椰子鸡可能平平无奇，并无特别，但它与深圳有一些微妙的连接。在深圳吃椰子鸡时，服务员根据客人配菜和调味料的选择，很容易看出对方是哪里人，这对在外打拼多年的深圳人来说是一种莫大的情感共情。有时候一起去吃椰子鸡，吃的不只是椰子鸡，背后有许多细微的情绪，可能它意味着“一种接纳感与归属感”，可能只是“今晚终于不用加班了”，也可能想告诉外地的朋友“这就是深圳”……

粤菜与客家菜

深圳本地1980年以前的原有居民主要是广府人和客家人，其中客家人约占60%。粤菜和客家菜在深圳有很深的传承。

深圳的粤菜馆大多源自广州老字号连锁，水准可靠，老派餐馆有凤凰楼和唐宫，广式点心种类丰富。蘩楼是新派的粤餐厅，既有传统的经典粤菜，也有一些融合菜式。客家菜的主要特色是酿菜和盐焗。酿就是“包”的意思，其中酿豆腐最常见，四四方方的豆腐里面塞入猪肉末，在浓汁里煨制而成。深圳部分客家餐馆有创新的做法，将酿豆腐小火慢煎再加入汤汁翻炒出锅，豆腐皮儿脆，肉末鲜嫩，有特别的口感，观澜老街的万兴菜馆就是用煎制的方法来做酿豆腐，这家开了几十年的老字号专做家常客家菜。另一道传统的客家菜是盐焗鸡，盐焗得用大锅，锅内倒入粗盐，将一只只土鸡埋入其中，中小火慢慢焗，待鸡肉熟透，香气四溢。位于宝安区的黑猪小食馆出品的盐焗鸡极具传统客家风味，鸡皮焦焦脆脆，肉嫩咸香，汁水丰富，胸肉也不柴。因为店址在宝安区82区，街坊邻里习惯叫它“82区盐焗鸡”。

茶餐厅

深圳受香港影响颇深，带有庸常、温暖、闲散气息的茶餐厅随处可见。深圳的茶餐厅充盈着家常气，尤其是一些老牌茶餐厅，卡座上老人们慢悠悠地聊天，中学生模样的小孩吃着冻柠茶和菠萝包嘻嘻哈哈。茶餐厅永远提供中西合璧的餐品选择，猪扒、牛扒、鸡扒，搭配米饭还是面条，任君挑选，也可以简单点一份三明治、火腿蛋做午餐。深圳几乎所有的茶餐厅都提供丰富的热菜供客人选择，甚至包含鱼香肉丝、宫保鸡丁等川菜，在行为上传承着香港茶餐厅“灵活变通”的精神。

福田区从皇岗三街起，经皇岗二街、水围二街，横跨皇岗和水围两地，全长约1.5公里的地界，拥有20多家老牌茶餐厅，是附近居民的日常饭堂。滑蛋炒牛河是金龙茶餐厅的招牌菜，这份看似好做的简餐有多家餐馆想要模仿，却从未做出一样的口感。巷子里头的璟华茶餐厅保留着古旧的装饰风格，让人有走进港剧现场的错觉。新发和大有利在本地很有名气，前者叉烧出名，后者菠萝油赚足口碑。源记的第一家店于1989年在香港开业，深圳店也开了快20年，招牌是卤牛杂，厨师每天凌晨5点开始准备卤菜，至少要卤够4小时才能出锅售卖。

传统特色菜

深圳有专属自己的原乡美味。在一些原住民的村落，一种叫作大盆菜的菜品正是最地道的本地菜。过去，每逢祠堂开光、新年点灯等重要节庆，又或是某位老人百岁寿诞等喜庆场合，便会在村子祠堂前的小广场上支起几十张大桌子。村民们开怀相聚，桌上的菜肴只有一道却相当丰盛——在一个巨大的盆子里，猪、鸡、鸭、鲍、参、翅、肚、鱼、虾、冬菇、鱼球等食材层层堆叠，烹调得汁液交融、馥郁香浓。

相传大盆菜已有800年历史，其中以福田下沙村的最负盛名。从20世纪90年代开始，聚族吃盆菜就成了下沙村民庆祝元宵节的必备环节，2002年还曾创下3800席大盆菜的吉尼斯纪录。下沙大盆菜已成为广东省非物质文化遗产，在《舌尖上的中国》第二季有过亮相。大盆菜如今也出现在深圳的各大粤菜馆中——当然，为了适应食客的需求，酒楼中供应的大盆菜已是改良版或迷你版，木盆也换成了普通的餐盘，也有把盆菜放在砂锅中的，加热当作火锅来吃。

除了下沙大盆菜，大鹏的将军宴、濑粉，以及光明乳鸽也相当有特色。将军宴是大鹏所城特有的宴席，明清时期大鹏所城为边防要塞，所城将军打仗凯旋时，会设宴款待全城将士与乡邻，故称将军宴。如今所城逢年过节，村委都会组织村民一起操办将军宴同聚共享。将军宴菜品既有大鹏海产东涌鲍鱼、南澳海胆、龙岐花

蟹、西涌海参，也有寻常客家菜焖鸭、烧鹅、冬菇焖鸡脚、炸猪肉，等等。在大鹏所城的鹏城饭店可以吃到正宗的将军宴。

光明和大鹏都有濑粉，濑粉是一种劲道有嚼头的米粉。之所以称为“濑”，是一种动作性的形象说法，制作濑粉时有水流、流动之意——米浆通过有孔眼的容器漏进汤锅里的过程，被当地人形象地称为“濑”。光明濑粉是细条状，煮熟捞出后加入浓汤，在粉面上码上烧鹅、叉烧或排骨。大鹏濑粉是粗短条状，用猪肉和各种海产品熬成汤底，将煮熟的米粉加入汤料即可食用。

深圳市光明区原来有一座国有农场，光明乳鸽是农场招待所的招牌菜。光明乳鸽的做法与粤菜红烧乳鸽类似，将乳鸽放入各种香料调制的卤水中浸熟，捞起后用麦芽糖水涂抹并吊挂晾干，食用时再放入滚油淋炸。

这些本地美食也正和深圳一起，在时代发展的浪潮中历经着变革和创新。深圳的未来一定会出现更加丰富的美食大餐，犒赏着红尘中的芸芸众生，但这些从原乡故土延续至今的美妙味道，才是最令人难忘的口齿之香。

这些也是深圳制造

木屋烧烤

深圳拥有漫长的酷夏，传统的露天烧烤难以普及。这种去油烟并在酒水产品做出突破的室内烧烤，开发理念借鉴日式居酒屋。如今木屋烧烤在全国铺开了近百家连锁店，构成了中国烧烤界“北冰城，南木屋”的半壁江山。

幸福西饼

“新鲜现做，就是幸福西饼！”这个国内知名的O2O蛋糕品牌同样源自深圳，何炅和刘昊然是他们最新的广告代言人。从“互联网蛋糕王国”到“烘焙新零售”，自成立以来，幸福西饼一直在市场浪潮中领航，目前已覆盖200多座城市。

胡桃里

遍布国内大中城市，并已进军悉尼和米兰等国际都市的胡桃里音乐酒馆，从华侨城创意文化园开启了成长历程。它的骨子里拥有深圳的创新基因，文艺范儿+音乐现场+红酒馆+川菜馆子，宛如四重奏般的立体定位是最早的“网红”范儿。

夜市抚人心

深圳有多条餐馆、小食档聚集的夜市街，也有散落在科兴科学园、粤海街道写字楼周边各个角落的流动小摊铺。夜间，小食档灯光亮起，炒粉、炒饭、煎饼果子、卤牛杂、烤生蚝……每个摊位都冒着热气，摊主手不停忙活，还不忘招呼来往路人，给加班至深夜的人带去不可名状的慰藉。

三条“老字号”夜市街

深圳夜市的特点是汇集各地美食，不仅有广东、湖南、湖北、陕西、河南及东北等地的常见小吃，也有寿司、饭团、提拉米苏等。摊主拥有营业执照和卫生许可证，每晚出现在夜市街的固定位置，许多摊档已经在夜市街经营了十多年，拥有大批熟客。

深圳有三条名声在外的夜市街，其中宝安区盐田街夜市小吃

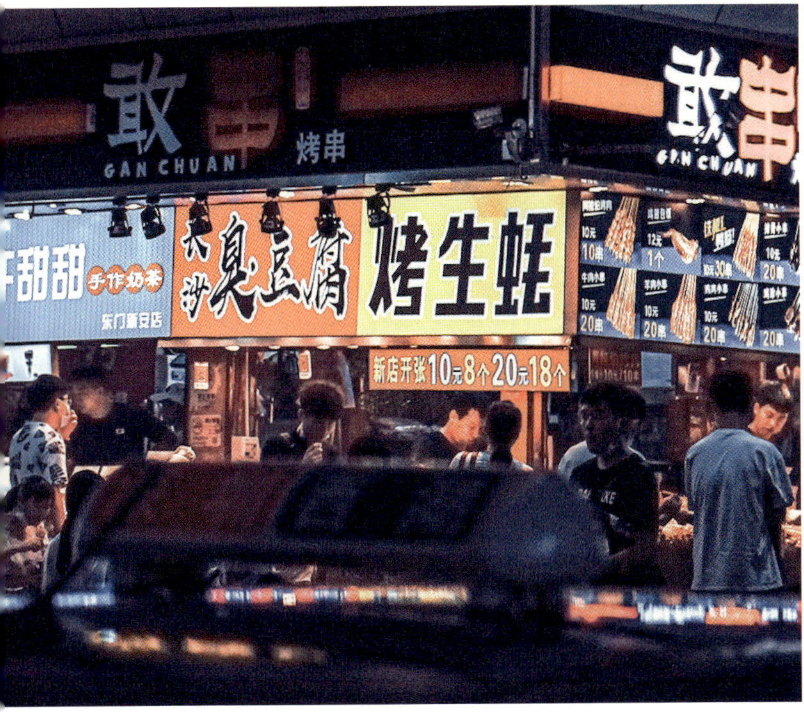

种类最为丰富。傍晚，站在宝安区盐田街与金海路路口，远远看去，夜市街上小摊档的灯光连在一起，组成一条灯河，穿过卖衣服、手机壳、鲜花等物品的蓝色小棚子，便是一家家食品档了。锅盔刚用火钳子从圆筒烤炉里取出来；现烤的馍馍挂着酥脆的壳，一刀剌开，往里头塞满剁碎的肥瘦相间的五花肉；煎饼果子脆脆的，内包丰富的料，一个就能吃饱……还有三鲜豆皮、热干面、凉皮、一元一串的钵钵鸡、牛杂及烤生蚝烤鱿鱼烤肥肠烤鸡翅……想来一份饮品？鲜榨果汁、烧仙草、清补凉、豆腐花、各类糖水，随便挑。夜市街上的小吃不仅味道正宗，而且量大实惠，十块钱管饱，二十块吃撑，比起中午在办公室里吃的动辄一份三四十元的套餐，钱花得舒坦。

盐田街夜市由盐田社区统一管理，每天下午4时开档，开档前摊主会将油毡布铺在地面上，防止油污污染道路，每家档口放置多个垃圾桶，方便及时清理垃圾，接近夜间12时档铺收摊，油毡布卷起带走，街道恢复出档前的干净。

另外两条夜市街都在龙岗，分别是罗瑞合夜市街和布吉长龙夜市。罗

Shopping Mall 里的临时夜市街

深圳有许多大型购物中心不定期举办主题夜市，除了美食摊档外，还有一些文创小店。

“荡失路”夏夜集市

每年8月中旬至下旬，后海汇都会举办多期Dohng Sat Road（荡失路）夏夜集市，你可以在此偶遇不少个性小店，比如立足于标志性明黄小三轮车的伊古街头酒馆，售卖多款经典酒水和自创特调鸡尾酒。

天台夜市

福田COCO Park三楼的露天平台有一条长100米的夜间集市，在这里能吃到很多经典的台式小吃，比如大肠包小肠、红糖挫冰、咸酥鸡、蚵仔煎、甘草水果……每到周末还会有文创集市和驻场乐队演出。

BAY MARKET

这条“海边夜市”位于深圳湾万象城，就在深圳著名地标建筑“春笋”的下面，你完全可以拿着小吃步行至深圳湾畔，一边吹海风一边享用美食。

瑞合夜市街从瑞合西巷罗瑞合南街入口进，在深圳开了20多年，最早为“瑞合客家民俗街”，经过几年沉浮摇身变为夜市街。苏记牛杂是罗瑞合夜市街的口碑店，店内所有牛杂一元一串，熟客大多直接在档前坐下，围着牛杂锅边吃边同老板娘聊天。附近居民消夜首选串烧糖水铺，60多款糖水和50多种串烧，随意组合出想要的口味。卖萝卜丝肉末和韭菜肉末两种口味的水煎包摊铺由一对湖南夫妇经营，他们的摊档自2008年起营业至今，拥有众多熟客。从地铁5号线长龙站C2口出来，步行至长盛路与长青路路口，抬眼便是布吉长龙夜市，道路两旁分布着超过50家小店，每天下午6时，各种小吃摊档也纷纷出现。肥姨番薯粥在长龙夜市开了20多年，有种类丰富的卤水、生腌、鱼饭、热菜。营业近30年的浪记面店专卖腌面和客家小吃，腌面是梅州大埔风味，用香喷喷的肉末和猪油腌拌。

从早吃到晚的水围街市

“走啊，去水围吃饭”，深圳人都知道“水围”两个字代表“美食”。水围村是一座拥有600多年历史的客家村，一直都有热闹的烟火气，从水围街到水围九街，餐厅、菜肉市场、水果档、便利店、药材铺聚集，夜晚更是热闹，一家家流动摊档准时出现在街巷中，售卖各种美食。几年前水围村经过改造，摇身变为广府风情十足的1368大街，中西合璧的骑楼建筑群仿佛带你穿越至民国时代。外表变化的同时，水围“吃货街”的本质并未改变，在这里，你可以从早吃到晚，越晚越热闹。

水围的餐饮选择非常丰富，中外美食皆有，大餐馆、小餐厅、流动摊铺并存，提供各具特色的就餐环境和餐品，这里也是咖啡馆聚集地，另有一条酒吧街，不少当地颇有名气的鸡尾酒吧藏身在此。

多年老店阿叟粥馆在“网红”这个词还没有出现的年代，就已经很红了，被当地媒体争相报道，老饕、明星前来探访，品尝店内鲜香料足的招牌砂锅粥。虽然店铺有些名气，但店老板——土生土长的水围人阿谋知道，唯有把粥做好，获得街坊邻里的认可和捧场，粥馆才能走得长远。店内粥品确实可以闭着眼睛点单，绝不会“踩雷”。虾肠也是店铺的招牌菜，每条蒸得略带透明的肠粉中包裹一只柔嫩弹牙的大虾，粉皮不软塌，胶感十足。

每天傍晚5点，来自四川的冷叔会推着卖串串的小车出现在水围二街，他在水围卖串串已经有20多年了，往往一出摊就会被熟客团团围住，他

的摊铺没有名字，大家都管它叫“冷叔串串”。有一家同样没有招牌的炒饭档也开在水围二街，由夫妻二人经营，每天傍晚开始营业，炒饭的配菜有20多种，是很多水围人的消夜根据地。水围菜市场旁的佰千红肠粉王开业已有30年，米浆每日现磨，肠粉酱香浓，老板娘的记忆力好到惊人，客人的每项需求都能记得分毫不差。

水围也有一些外国人开的小店，提供正宗的意大利菜、西班牙菜、法餐……氛围轻松，适合小聚。位于水围七街的MAMBO经营传统墨西哥菜，能吃到未经改良的Taco，晚上9点后餐厅变身为闲适的小酒馆，偶尔有现场音乐演出和脱口秀表演。

饮品里有情怀

深圳的速度有时候过于残酷，单单是工作已经让人筋疲力尽，而短暂的放松往往来自一杯奶茶、咖啡或酒的间隙。越来越多带有邻里气息的咖啡馆、酒吧出现在社区，Chill 的氛围一下就能让人放松下来。

无处不在的咖啡馆

深圳很多地方拥有小而美的咖啡馆，它们藏在城中村里，坐落于年代感强的居民小区中，也有的夹在洗车店和五金店中间。从咖啡店的招牌到店内装饰，油然而生一种舒适、放松的气场，店内充满细节，展示着店主喜爱的生活方式。

园岭新村是咖啡馆聚集地，这片深圳最早的公务员小区停留在慢节奏里。走进园岭，仿佛穿越至二十世纪八九十年代，房屋的样式，粗壮高大的树木，屋门口的小花园、小菜园，聚在一起闲聊的老人，所有的场景都让你觉得怀旧、熟悉，又带着新鲜感。园岭新村内的各栋楼宇在二楼由通廊连接，四通八达，你完全可以漫无目的地在这里闲逛，遇见可爱的小店便去探个究竟。拥有低饱和度绿色门脸的普通咖啡店简洁舒适，店主老杜是一位学画画的艺术生，门口的招牌“普通”二字就出自他手，临窗的吧台座位十分惬意，望向门外的小庭院以及小区内更广阔的绿意。JuenHo豪先生不开在路边，需要穿过迷宫般的空中花园才能找到，是一家姐弟合开的小店，姐姐负责咖啡，弟弟负责甜品，每一款甜品入口都能将味蕾最细腻的感受释放出来，搭配一杯手冲咖啡再合适

园岭新村和八卦岭：老社区里的小生活

园岭新村是深圳最早的生活社区之一，初代居民以特区建立时的公务员为主。小区内建有4至7层的住宅楼共112栋，建成之初就成为当时的深圳一景：楼宇之间用通廊连接，住户可以串着楼走，廊上有平台可以闲坐，廊下可以避雨和乘凉。

2004年深圳市政府迁往福田中心区，“谢幕”后的园岭新村似乎停在了时间里，也彻底浸泡到了生活中。如果有人想在深圳寻找小生活的好滋味，就带他去园岭新村走一走吧。

一树Arbre

（福田区园岭新村74栋103，近园岭六街；周一至周四10:00—19:00，周五至周日12:00—21:00）

从事策展与艺术空间运营的主理人提供了一个艺术分享平台，这里既是咖啡馆也是艺术空间。半透光的天井房平时是咖啡室，也可以变身为艺术展区，为艺术家举办画展和摄影展。

Swing Vintage

（福田区园岭新村32栋101，近园岭一街；周一至周五14:00—20:00，周六至周日14:00—20:30）

居民楼下的复古集合店，从爵士乐黑胶唱片到巴伐利亚刺绣裙，在这里能淘到不少稀奇漂亮的小玩意儿。店铺深处还藏着一个皮具工作室，除了定制产品也开设DIY课程。

527 Cake & Coffee

（福田区园岭新村90栋103，近园岭五街；11:00—19:00，周三店休）

园岭新村是深圳有名的“咖啡村”，不过在这家店里蛋糕才是主角：榴莲巴斯克、杏仁榛子塔、焦糖香草拿破仑……各种蛋糕混搭出甜蜜的香气。户外树下的桌椅很抢手，特别是周末时。

跨过笋岗西路往北，一路之隔的八卦岭已然形成了老工业区里的咖啡店聚落。1987年，园岭北面建起了八卦岭工业区，工业区最初也以电子产业为主，其后一度成为深圳印刷企业的基地，继而发展成为聚集了书籍、服装文具和建材等众多货物的批发市场。

如今的八卦岭以鲜花批发市场而闻名，很适合逛完花市再在周边找家小咖啡店，吃喝小憩享受慢节奏生活。

Woody Cafe

（福田区八卦岭工业区515栋128号，近八卦二路；周一至周五8:00—19:00，周六至周日8:00—20:00）

从园岭开到八卦岭，这家社区咖啡店现在有了独栋空间和小院子，在简洁明快的环境中提供出品稳定的咖啡，手冲选豆精良。小店宠物友好，客人可以把狗带到院子里玩。

集福咖啡

（福田区八卦岭工业区541栋A106号，近八卦六路；9:00—20:00）

从名字到环境都轻松活泼，这家咖啡店也靠实力说话，主理人经常参加咖啡师比赛并获奖，喝手冲咖啡会提供不同的杯子让客人品尝微妙的滋味变化。

不过。园岭社区开业时间最久的曦Xi Cafe拥有宽敞的室内空间，外加一座满眼是绿植的小院子，店主老彭收养了十多只流浪猫，这家小小的咖啡馆，已经成为园岭人心照不宣的“流浪猫救助站”，附近的居民常常来此喂猫。咖啡馆晚上供应精酿啤酒，偶尔有吉他弹唱，店门外的营业时间虽然写着“至22:00”，但常常开到凌晨，被周围居民戏称为“社区深夜咖啡馆”。

除了园岭，深圳还有许多咖啡馆聚集地，比如八卦岭、景田北一街、南油、梅林……无论你行走在深圳的哪个区，遇见一家Chill氛围的咖啡馆并非难事。南油一带的咖啡馆卧虎藏龙，如果你是资深咖啡爱好者，不要错过CoffeLiz和小熊咖啡，前者的主理人盔姐是中国咖啡联盟CCL冲煮大赛裁判，拿过不少国际奖项，喜欢搜罗一些特别的豆子，后者的店长小熊是SCA国际咖啡师，喜欢将常规咖啡做得有意思，他常常挂在嘴边的一句话是“没有不好的豆子，只是处理方法不对而已”。

还有一些特立独行的咖啡馆，窝在一个你完全想象不到的角落里，咖啡馆冷僻的选址让外人不免操心它们该如何存活下去，可它们活得格外有自己的样子，生机勃勃。位于新安街道的洪浪咖啡就是这样的存在，小小一间屋子工作台占去三分之二的空间，剩余的地盘只够摆放五六张吧台椅，可是店主树哥独创的“鬼佬豆浆”在其他任何咖啡馆都喝不到，店内街坊气十足的氛围让人觉得格外亲切，即便第一次造访也像去到老地方一样轻松、踏实。开在城中村里的2/3 Cafe Studio也是如此，淡绿色的小清新店面夹在五金店和文具店中间并不显突兀，街坊邻里都爱来此话家常，每日一款与昨日不同的手冲，像是在用咖啡告诉人们“日日是好日”。

总有一款小酒馆适合你

在深圳酒吧的发源地——蛇口酒吧街，吹吹海风喝点小酒，可是这座城市最浪漫的体验，但这条街道已随着填海造陆而彻底消失。如今在海上世界商业广场，一间间异国情调的酒吧夜夜笙歌，伴随着璀璨的夜光，仍在续写“深圳兰桂坊”的传奇。对于福田和罗湖的市民而言，坐落在深圳中心区的COCO Park酒吧街是更受追捧的劈酒胜地。大大小小几十家酒吧

有现场音乐的酒吧

红糖罐

深圳最有年头的酒吧之一，有多家分店，其中福田区东园路111号负一楼的“罐子”音乐氛围最好，每个月都有多场乐队演出。

MPK

如果你是黑胶发烧友，那么去这里就对了，老板将他的黑胶珍藏用整面墙展示出来，客人可以播放自己喜欢的唱片。

黑胶房子

店家除了能调制美味的鸡尾酒，还会把国内外的DJ轮番邀请过来，为大家奉上各种类型的音乐。

OIL Club

业内公认最有“地下”感觉、最纯粹的电音现场，就算一个人去OIL也不会觉得尴尬，因为你会很快在这里遇到志同道合的人，聊起你们喜欢的电音玩家。

Superface

深圳首屈一指的EDM夜店，这里有“世界百大DJ”坐镇。

露台餐吧

2005年就开业的露台餐吧是蛇口的老字号，驻店乐队每晚10:00准点开唱。

聚集于此，夏夜坐在露天吧位，享受着迷幻的音乐和冰爽的啤酒，一线城市夜生活的繁华环绕左右。

2010年前后，上海和北京两地率先在中国掀起了精酿啤酒革命，这股风气近年来也蔓延到深圳。2014年北京大跃啤酒的一名前雇员到深圳创立了百优精酿啤酒，主要出产淡色的艾尔啤酒、小麦啤酒和黑啤酒，多年来积攒了相当不错的口碑，城中不少酒吧都能找到散装手打的百优精酿，此外也能买到来自上海和北京的精酿啤酒，比如拳击猫和京A等。藏在城中村里的CRAFT HEAD佳卡哈精酿啤酒馆值得专程造访，店内能喝到不少没有做成罐装的新品精酿，红苹果和

桃醉是经典款。蛇口的TAPS精酿啤酒屋也是一家有口皆碑的酒馆，一排大型酿酒装置公开陈列店内，来此喝酒就像踏入啤酒工厂一般。TAPS的老板Daniel是在加拿大长大的英国籍酿酒师，在深圳多年的经历让他能熟练地用中文介绍各种酒。这里的6小杯品鉴套装口感依次递增，最适合初次到访的顾客。TAPS正在积极扩充自己的版图，新开业的一家家MINI便利店，方便精酿爱好者将酒水带回家品鉴。

鸡尾酒吧在深圳十分普遍，并且“卷”出新高度，几乎每家酒馆都有味道和品相堪称一流的招牌鸡尾酒。资深“酒徒”会告诉你，想喝莫吉托要去南山软件园的RMK，长岛冰茶属福田会展中心的Mokihi最带劲，鸡尾酒最全最正宗的Providence藏在下沙城中村，威士忌爱好者可以去华侨城创意文化园区的Rosebank，不要错过南头古城的陈厚酒吧，调酒师擅用白酒、米酒、黄酒等国潮酒水搭配本土食材进行鸡尾酒创作。

舌尖上的奶茶

从深圳走出的茶饮品牌着实不少，2020年，喜茶成为第一个估值超百亿元的茶饮品牌，全球门店总数超500家，但喜茶并非一枝独秀。同样发迹于深圳的奈雪的茶，在市场融资和门店扩张等方面表现得毫不落后；凭借着霸气芝士水晶草莓、冻顶乌龙鲜牛乳等王牌产品，奈雪的茶也有一批铁杆粉丝。

对于大众消费者而言，喜茶和奈雪的茶还有一个标签：价格较贵。谁给了他们将一杯茶卖到20—30多元的勇气？众所周知，消费人群决定了消费市场的调性，而深圳正是一个年轻化的城市。据统计，18至35岁

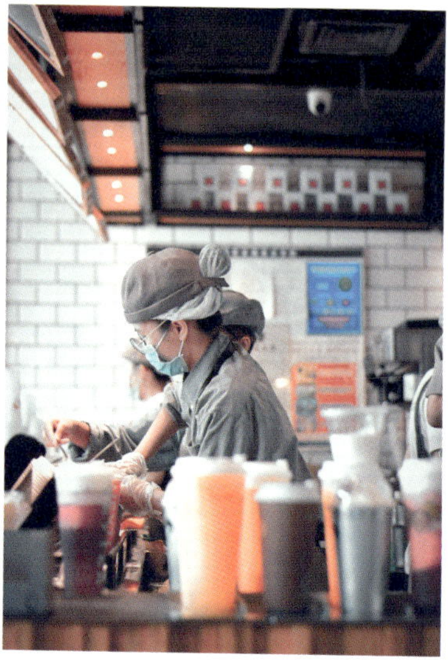

的餐饮消费群体在深圳的占比高达八成，这些年轻人的消费热情高、舍得花钱，也更容易接受和追随新奇、有趣的事物。

有了这样的市场，喜茶和奈雪的茶在深圳的发家也就不足为奇了。有分析者甚至认为这两大新茶饮品牌之间的竞争，重新定义了中国茶饮，并助推行业发展，催生出更多极具潜力的新茶饮品牌。其实广东本就拥有饮茶传统，这里一年四季的天气大都很闷热潮湿，因此人们本就对饮茶、吃水果有着生理方面的一定需求。如今新茶饮在深圳的蓬勃发展，正是传统和时尚的又一次合流。

“几点几分在gaga鲜语见！”这是时下深圳年轻人相约见面的另一种流行。gaga鲜语也是深圳本土的一家餐饮品牌，和喜茶、奈雪的茶同样供应好喝的鲜果茶，同时又主打“轻食主义”和“社交空间”。在都市生活的快节奏和大压力之下，茶饮、轻食和社交的结合赢得了商务白领、都市丽人的喜爱——这里有沙拉、三明治、意粉等低盐少油、不用花太多时间就能吃饱的轻餐饮，也有散发着艺术调性和生活美学，又兼顾了咖啡、烘焙、阅读、休闲等功能的社交空间。近年来外卖在中国城市大行其道，追求效率已到极致。gaga鲜语之类的餐厅能够在“效率之都”深圳有所流行，年轻人的消费观念功不可没。

凉茶与糖水

深圳可是带着广东基因的，怎么可能没有凉茶和糖水。

广东糖水界的江山主要被广式糖水和潮汕糖水瓜分，对广府派来说，有五种糖水堪称四季经典款——红豆沙、绿豆沙、芝麻糊、杏仁糊和核桃糊，潮汕糖水的种类非常多，常见的有甜番薯芋、甜姜薯汤。深圳的糖水界呈现出没有任何派系、百花齐放的姿态，常见的广式糖水、潮汕糖水可以吃到，不常见的化州糖水、客家糖水，在这座城市也很常见。位于南头古城的九街糖水铺开了20多年，老板娘华阿姨出手的各类糖水是好几代南头中学学生共同的青春记忆。

在广东，谁能逃得过凉茶呢？尤其是夏季，它简直是降暑法宝，深圳的街头巷尾有不少凉茶铺。让外地人喝不惯的凉茶，并不是一种茶，而是草药煮出的汤，大多时候也不能放凉了再喝，凉茶铺里的凉茶多是装在一个个保温瓶里，随买随倒。在凉茶界，首屈一指的是癍痧，由淡竹叶、金钱草等中草药熬成，味道苦，但对于缓解鼻塞、肚痛很有效果，被称为“广东凉茶界中的王者”。凉茶也并非全都是苦的，也有一些甜茶，比如茅根甘蔗水，有时会加入胡萝卜、马蹄一起熬，味道清甜爽口，更加适合外地旅行者。

在深圳吃海鲜

蛇口海鲜市场周边有不少老字号大排档，是周边居民的日常食堂，也可以前往罗湖乐园路，这条平价海鲜街是一代深圳人的集体回忆。往东部沿海一带走，在盐田海鲜街大快朵颐，或到南澳在四面环海的渔排餐厅就餐，都是非常不错的旅行体验。

蛇口渔港

傍晚时分，在蛇口望海路，沿海滨绿道步行至蛇口渔港，你会看到一艘艘渔船入港停靠，出海一天的渔民在船上用餐、休息，也有一些依然在忙碌，这幅画面与渔港身后整洁的绿化带和高档的居民小区形成鲜明的对比。蛇口城区的华丽转型，给“国家一级渔港”蛇口港带来巨大的变化，如今的渔人码头虽然还有渔船停泊，

罗湖有条海鲜街

20世纪90年代，在深圳，无人不知乐园路，这条海鲜街因为平价货好，成为当地人品尝海鲜的必去之地。乐园路风头最盛时，整条街有近20家海鲜店，24小时营业，每家餐厅门口都有气派的海产挑选区，各类生猛海鲜，即点即煮。如今的乐园路已被纳入城市旧改，虽然没了以前的热闹，但一些老字号海鲜酒楼依然在营业。华城渔港过去是乐园路上生意最火爆的一家，如今也有不错的人气，保持着海鲜大排档的气势，每道菜量都很足。宝发食馆与华城渔港的年头差不多，开业近30年，老深圳人几乎都知道它，除了海鲜，这里的乳鸽出品也相当不错。

不过未来随着城市旧改的推进，渔船入港的画面很有可能将不复存在。

继续行走至蛇口老街和海昌街一带，你会惊讶地发现蛇口的老灵魂仍旧存在，并没有因为渔人码头的淡漠而消失。一定要去位于渔村路的蛇口海鲜市场逛一逛，临海而渔的老蛇口人，在这里留下了人间烟火气。毗邻蛇口渔港的优势，让它足以撑起深圳海鲜市场的半边天，也弥补了再也无法去蛇口渔人码头挑选海产的遗憾。不少原本在码头的流动海鲜摊贩搬迁至蛇口海鲜市场继续做起生意，海鲜区的摊位整齐排开，花甲、蛏子、螃蟹、皮皮虾、基围虾、鲍鱼、生蚝、扇贝和各种不知名的海鱼盛在塑料箱里，水灵灵地待人选购，琳琅满目的海

产干货让人应接不暇。

围绕着蛇口海鲜市场，周围几公里内有不少海鲜大排档让人吃到无法挪步，你会怀疑，那些说深圳是“美食洼地”的人是不是从来没有去过蛇口。老字号德记烧腊饭店能吃到种类丰富的海鲜，招牌菜椒盐基围虾已被周边居民封神，百吃不厌。位于海鲜市场旁的蛇口康乐快餐鱼仔档，从1997年开业至今，当地居民常来此聚餐，不知道吃什么时干脆交由服务员点餐安排，完全不会有不放心和不满意。

南澳的渔排餐厅

远在大鹏半岛的南澳渔港，依旧维持着渔业小镇的风情，新鲜的水产吸引了资深吃货从市区远道赶来——而每次不吃个大腹便便，似乎就对不起路上耗费的工夫。

夏季是广东海域的禁渔期，开海节通常安排在8月下旬至9月之间。这一天清晨，南澳渔港一派桅樯如林的景象，只待一声令下，万船齐发，奔向大海。之后每天天尚未破晓，码头已然喧嚣开来：海胆、红虾仔、马友鱼、小虱目鱼……一箱箱渔货刚从归航的渔船抬到岸边，即刻进入称重环节。随即，这些新鲜的海产装上货车，引擎发动，送往深圳各个水产市场和酒楼饭店。而这些收鱼的人正是深圳鱼市的“晴雨表”，鱼多鱼少、价高价低……他们都了如指掌。

南澳水头海鲜街到处都有饭馆等你落座，去市场采购食材，再交由店家加工的吃法也很流行。南澳海胆尤其肥美，可不要错过这里的海胆炒饭和蒸蛋。注意：位于上企沙的南澳新市场已于2019年冬季投入运营，双拥码头旁的老市场如今主要出售各种干货。你也可以从码头再向南行1公里，这里的斜吓村有几家渔排餐厅，可以一边漂浮在海面上，一边享用美味的鱼虾蟹贝。小镇南澳的整体氛围很休闲，游客不多，如果要在大鹏半岛过夜，这里不失为一个选择。南澳双拥码头还有客船往返盐田金色海岸码头，这是深圳市内仅存的公交航线。

这条航线另一端码头“金色海岸”，便是老牌的盐田海鲜街。盐田渔港和蛇口、南澳一起，是老渔民口中的深圳三大渔港，虽然盐田渔港在都市变迁的浪潮中已不见踪影，但盐田海鲜市场依旧鲜活。在海鲜街就着一线海景吃海鲜，在避风塘打望五颜六色的小船，在小花园看疍家文化的雕塑，你还是能找到盐田与渔民生活温情细腻的连接。

甲岸村，名副其实的美食村

甲岸村是一座真实的美食村，它的名头不来源于媒体的创造，也没有政府操作，它的出现和演变与龙岗的大芬村类似，是市场里头长出来的，活生生，接地气。

原名隔岸村

甲岸村是一座拥有600多年历史的村落，原名“隔岸村”，村子主入口立有一座牌坊，上书“隔岸村”三个字。明朝时，隔岸村的黄氏祖先从珠江西岸的香山府（今中山）东岸村，迁至珠江东岸的新安县开基立村，新村与故地隔江相望，为了让后人记住村子的来处，黄氏祖先将新的落脚地取名为“隔岸”。后来因为粤语里“隔”与“甲”音近，慢慢变成了甲岸村，沿用至今。

甲岸村位于新安片区的中心地段，是宝安区最早开始进行城市化建设的区域，有十分成熟的商业积累。深圳建市之初，宝安县委、县政府从现在地王大厦北侧的旧址迁至宝安县新安镇，县政府分三次征收甲岸村土地6000多亩用于城市建设，甲岸村村民洗脚上岸，不再从事渔业和农业生产，开启了村子的城市化进程。

如今的甲岸村拥有约10万平方米自留地，村内建有300多栋房屋，村里有不少原居民，也有很多在这里做了十多年生意的外来人，以及因房租不贵、地段好暂且安顿在此的打工一族。当地人说甲岸村“入则廉价，出则繁华”，是十分贴切的形容，甲岸村东临新安人气最旺的商场——海雅缤纷城，搭乘公共交通30分钟内就可抵达南山中心区域。

主打“家常风”

甲岸村地段好，房租相对便宜，人口聚集，吸引了许多外地人来此开店，村内餐馆遍地开花。有些小馆子兢兢业业做出口碑，不仅附近的人来光顾，也有住得远的人专程找来。慢慢地，甲岸村这方土地出现了不少老字号、招牌店，人气的聚集吸引越来越多餐馆汇聚在此，甲岸村自然形成一派蓬勃的食街氛围，并且自带“内卷”气息，在这里开餐馆如果没有一点看家本领，很难长久。

甲岸村提供的餐饮选择非常丰富，在村子里你可以从祖国南部吃到北部，先从粤地美食吃起：煲仔饭、糖水、牛杂、潮汕牛肉丸、客家

三及第、腌面、捆粄、湛江生蚝等应有尽有。之后开始跨省：南京鸭血汤、武汉热干面、上海生煎包、荆州锅盔、长沙臭豆腐、江西米粉、东北饺子……凭君喜好，自在选择。假装出趟国也是行的，韩式烤肉、居酒屋、冬阴功，出品也十分地道。

甲岸村美食最大的特点应该是“家常”，来照顾生意的多是住在附近的街坊，并非节假日才出现的游客，要想让街坊邻里称好，味道不一定需要惊艳，但用料得实诚，料理用心，怎么说也得拿出招待半个亲戚的心思，可不能随便对付。在甲岸村里头吃，一碗碗吃食端上来，“料多”“量大”是实实在在的，另外，再寻常的小吃烹饪起来也十分讲究：汤汁要浓香烫口，煎饼皮儿得酥脆，饺子使劲往大了包……

老字号与特色店

我们制作了一份“甲岸村美食地图”，虽说在甲岸村里随意走进一家餐馆，“踩雷”的概率都不大，但那些出品稳定的老店和有特色的新店，还是值得专门标记出来。

巷子里饺子李

（144栋；11:00—15:00，17:00—22:00）

“饺子李”是甲岸村的金字招牌，这家开了15年的夫妻水饺店被当地众多媒体采访过，多年来兢兢业业、出品稳定。小店2019年翻新过，小巧整洁，放6张餐桌供堂食。水饺完全现包现做，饺子个头大，用料足，17元的小份水饺已经够填饱肚皮。

董记化州糖水

（179栋3号铺；11:00—次日2:00）

“便宜又好喝”，“用料好、分量大，一碗顶饭饱”，是大多数食客对董记的评价。董记与开在它对门的“老字号正宗化州糖水店”，两家之间似乎有一些明争暗斗。两家都将媒体对店铺的报道张贴在店内最显眼的地方，董记店铺内甚至专门贴有一张字条，上书“对面开的糖水店不是我们的”。二者的纠葛不是外人能弄得清楚和随意说道的，不过两家相争，倒真是便宜了路过的吃客，糊里糊涂随便进哪家，出品都不差。

荣基四海一家

（179栋；0:00—24:00；人均70元）

村子里的“大餐馆”，老板是土生土长的甲岸村村民，小店做烧腊起家，慢慢发展成村内小有规模的粤菜馆。街坊邻里家里有贵客要请或家逢喜事，都会选择来这里大吃一顿，食材、味道让人放心。

烧肉一番

（兴华二路60号；10:30—23:00；人均80元）

餐馆开在新安中学对面，老板笑称见证了20多届新安中学毕业生，有些后生仔读书的时候来吃，长大成家后也带老婆、孩子回来吃。烤鳗鱼是招牌菜，现点现杀，烤熟后取一片海苔，放入鳗鱼，加上紫苏叶和泡蒜包在一起吃，鲜香不腻。

柠檬树吃饭公司

（125栋；11:00—22:00）

1999年就出现的甲岸村的茶餐厅，门面换了三处，但招牌菠萝包的口味一直没变，生活在附近的学生们几乎都光顾过它，一杯冻柠茶，一份西多士，不出20块钱就能和朋友坐在这里吹水一个下午。

台湾茶餐厅

（125栋；11:00—22:00）

同样也是甲岸村里的一家老店，曾被多家当

地媒体报道，封为深圳最地道的台湾小馆之一。除了招牌卤肉饭、三杯鸡之外，塔香茄子也是一绝，添加九层塔秘制的茄子煲咸香不腻，能下一锅米饭。

早晨店

（建安一路229号；10:00—22:00）

一家在村里开了20多年的老店，店名听起来像是卖早餐的，实际主打广式煲仔饭，广式小吃、牛杂。店里的煲仔饭坚持用最传统的做法，将生米直接放入煲锅里煲，所以每一锅吃到最后都有嚼着嘎嘣脆的锅巴。

小罗长沙臭豆腐

（新圳西路15号；11:00—次日2:00）

在“有炙气寿司”店工作的一位小哥，指着与自家店铺位于同一条巷道的小罗臭豆腐说：“这家店，可以毫不夸张地说，拥有深圳最好吃的臭豆腐。”末了，笑着补充一句“和我们家一样优秀”。豆腐外脆里嫩，辣酱汁水不刺激，有很舒服的口感。

郑姐牛杂

（71栋；15:30—次日1:30）

村里年头最久的牛杂店，卖湛江口味的卤牛杂，普遍2元一串，小店有6种自制酱料提供。

有炙气寿司

（1栋；11:00—22:00；人均100元）

不算大的一家寿司店，除大堂外，还有阁楼可以坐客。食材用料非常新鲜，是一家性价比高的寿司店。

屯居酒屋

（兴华二路60号；11:00—14:00，16:30—次日00:30；人均200元）

这是一家开了十多年的日料店，不少在深圳生活的日本人是店里的常客，他们认为店内餐品在做法上十分正宗，有日本的家常风味。室内氛围为日式风，有榻榻米区，也有吧台位。

森霓Samny

（5栋103；11:30—次日1:00）

森霓可太有创意了，饮品的杯套上印有“宝安”和“甲岸村”字样，简直是拍照打卡的绝佳道具，任谁去到甲岸村都要先逛他家，柠檬茶或奶茶买起，拿着杯子先把照片拍够。拍完喝一口茶饮，发觉口感相当不错，港式奶茶味道正宗，泰绿完完全全是柠檬的香，没有一点香精味，不禁想要试试他家的招牌炸鸡翅，一系列消费全在随心所欲中进行……

叻冰

（27栋1号铺；周一至周五13:00—22:00，周六至周日13:00—22:30）

2019年创始于深圳本土的冰淇淋品牌，冰品用纯水果制作，无添加。冰淇淋有不少创新的口味，比如用潮汕凉果老香黄、滇红茶制作的冰淇淋。“叻”字在粤语里有“很棒”“很厉害”的意思，粤地有叻女、叻仔、叻哥的说法，如果吃到好吃的东西，也会形容它“够叻”。

好好食堂

（18栋103；11:00—21:30；人均60元）

日系风格的小食堂，主打饭团、炖菜和拌饭，味道中规中矩，格调清新的室内装饰，讲究吸睛的餐品摆盘是亮点，吸引了不少女生专程前来打卡。

凡·俗子江湖酒馆

（96栋，19:00—次日2:00；人均50元）

氛围轻松的云南风小酒馆，不定期有民谣吉他弹唱，酒水以特调鸡尾酒为主，椰风醉是招牌，口感清甜的“再也不去丽江”很受女性喜爱，也卖云南风味的下酒菜：油煎包浆豆腐、傣味柠檬烤鸡、香茅草烤排骨……

吃喝落脚点

餐厅

福田区

潮香四海（泰然总店）

（26666806；福田区泰然四路车公庙工业区203栋1层；11:00—14:00，17:00—22:00）

从宴席菜到街头档，深圳有无数潮汕餐食，潮香四海在两者之间找到了一个微妙的平衡点，在这里可以品尝到考验手艺的酸梅焖泥猛，以及口味更精致的霸气蚝仔烙。

新荣记（平安金融中心店）

（28681277；福田区益田路5003号，平安金融中心南塔8楼；11:30—13:30，17:30—21:00）

这家源自古城临海的字号在北京和上海的分店都有米其林摘星的佳绩，深圳分店也位列黑珍珠一钻。餐厅藏在商场8楼，环境典雅而私密，以烹饪江浙风味的海河鲜见长，并且加入了广式的烤卤制品，想品尝美味最好提前致电预约。

爇楼（华强北店）

（83206939；福田区振华路118号；9:00—22:00）

这家源自广州的粤式点心字号价平味正，在深圳开有数家分店，华强北这家装饰得很有老西关风情，从早到晚供应美味茶点，明虾红米肠和手工炸油条都颇有口碑。

Braceria Pugliese

（23611092；福田区水围五街62号；12:00—22:00）

被坊间饕客私选为深圳最正宗的意大利餐厅，炭火烤制的香脆薄底比萨加上厚厚的芝士，让人连呼过瘾，各种形状的意面配上特调的酱料，也是地道的味道。此外还有牛扒和龙虾可选，搭杯葡萄酒，在城中村的生活氛围中慢慢品尝。

冰村大叔（梅林居店）

（15914186836；福田区梅林路，上梅林黄祠巷22号；17:00—次日2:00）

这家冰室在上梅林社区中已经开了7年，店内的旧式卡座和供奉着关公的神龛，透露出老派冰室的性格。店家主营煲仔粥和糖水，砂锅慢煲出来的海鲜粥很够味。只做晚餐和宵夜档，结束梅林手作步道徒步后，刚好来吃粥当宵夜补充体力。

罗湖区

香港新发烧腊茶餐厅（凤凰店）

（25417722；罗湖区凤凰路152号；24小时）

说起茶餐厅，新发烧腊是很多深圳人心中的老字号，这家茶餐厅源自香港，第一家门店也是从20世纪80年代港人置业热门地黄贝岭凤凰路开起。如今罗湖已有多家分店，但嘴刁的老客还是觉得老店的烧鹅最地道。店家全天营业，早餐宵夜都有多种餐食可选，但要想吃到烧鹅腿饭的话，最好在饭点去排队。

深港职工食堂

（22241026；罗湖区罗芳路71号；11:00—14:00，17:00—21:00）

不只是远离罗湖商圈，这家店甚至藏到了停车场后面的居民楼里，找到深港新邨的门头，沿路走进去才能看到。而对于那些挑战任务般找到店家的食客来说，这里的环境和烹饪都是让人振奋的额外奖励：坐在满墙红纸黑墨写成的菜单下方，品尝隔壁厨房大锅猛火的菜品，这种家常美味在商场里可找不到。店家主打客家风味，“让”字打头的酿菜都是特色，三杯鸭与咕噜肉也很够味。

啫啫王

（25421255；罗湖区凤凰路181号京基凤凰印象广场2楼；11:30—14:30，17:00—次日2:00）

从街面店搬迁到商场里，这家老字号小店已在凤凰路上经营了近20年，老式风格的餐馆由来自香港的兄弟两人共同打理，墙面上的电视总是在播放翡翠台。店家主营啫啫煲，招牌花雕鸡煲上桌时由店家倒入整瓶花雕酒，鸡块与酒一同啫啫作响发散出香气，营造出好吃的仪式感。

利苑酒家（宝安南路店）

（22655339；罗湖区宝安南路1881号，深圳万象城二期3楼S348号；11:30—14:00，17:30—21:00）

香港传奇食府利苑酒家的深圳首店，开在万象城中并长居黑珍珠一钻餐厅榜单，低调的门面与老派豪华的装修风格相得益彰，服务无可挑剔。除了海鲜见长的粤菜，在午市与晚市两档时间也提供精致美味的点心。最好致电预约，留位的同时也可关照店家预留菜品，尤其是颇受欢迎的冰烧三层肉。

国贸旋转餐厅

（82212811；罗湖区人民南路国贸大厦49楼；8:00—22:00）

如同所在的国贸大厦，这家高层餐厅也曾代表了深圳的高光时刻，虽然360度旋转餐厅已经不再时髦，却增加了带着时代感的怀旧乐趣，玻璃上标注出周边可见的深港景观，每一处都代表了罗湖四十年间的变迁。店家以性价比一流的早茶闻名，下午茶时间也提供种类繁多的点心，午餐和晚餐时间则有粤式菜肴正餐。想欣赏风景就要白天来，晚上室内灯光反射所以看不到夜景。

南山区

春满园（海景湾店）

（26899928；蛇口望海路1187号，海上世界文化艺术中心3楼、4楼；9:30—14:30，17:00—22:00）

老牌本土连锁品牌，主打粤菜和粤式点心，艺术中心这家店胜在有临海餐位，吃饭时有海景相伴，玻璃乳鸽、海胆沙拉大虾球和九节虾、古铜麻香鸡等都是经典粤菜，值得品尝。如果你有去艺术中心欣赏展览的计划，可选择在这里就餐。

头牌小厨

（18025463783；太子路83-7号；11:00—14:00，17:00—22:00）

主打粤西菜的一家精致小馆，装修古色古香，一定要尝尝粤西风格的安铺白切鸡，茂名炒粉、酸辣胜瓜沙白汤也是招牌菜，其他如小海鲜做得也很地道。这家店离海上世界很近，可以在游览过海上世界后来这里尝尝粤西菜。

SUGO意大利餐厅

（26672667；南海意库3栋116铺；10:00—22:00）

藏在树荫下的一座可爱小房子，有通透的玻璃房和满墙绿植，在院子里坐着很舒适。开放式厨房传来的香气诱人胃口，菜式中规中矩，牛肉沙拉、招牌比萨点单率最高。

润园四季椰子鸡

（29128886；华侨城东部市场4楼；10:00—22:30）

椰汁与鸡肉的组合，成就了这道著名的椰子鸡火锅，清淡的鸡肉在特制蘸料里一裹，入口鲜嫩。吃完还可以在汤锅里再涮点菌菇、青菜和豆腐。他家的煲仔饭也特别出名，人多的话可以点一份尝尝。

普语堂 客家菜

（86096647；华侨城创意文化园南区F3栋；11:00—14:00，17:00—21:00）

主打乡土风味的客家菜，装修走的却是工业风与南洋复古风的混搭，客家猪肉、生焗酿豆腐煲、乡下豆腐卷煲萝卜丝都是经典客家菜，另外记得来一份店家自酿的黄酒，冰着喝也别有一番味道。

喜鹊派餐厅

（86528782；华侨城创意文化园北区A5-125号；周二至周五18:00—22:30，周六至周日18:00—24:00）

东北菜与西餐的创意融合，意外地碰撞出这家又酷又潮的餐厅，菜名有趣，菜品精致，颠覆你对东北菜的认知。入口有点隐蔽，离旧天堂书店的后院很近。

襟江酒家（南头店）

（86958703；南头古城中山南街19-101；8:00—22:00）

据说是深圳最正宗的古早味粤式菜馆，开在南头古城里，由两层小楼改建而成，环境也比较典雅，游览古城时不妨来这里尝尝鱼肚滑鸡扎、腊肠卷、猪润烧卖等传统茶点，如果同行人多，建议点一道经典的四季盆菜。

好好味面家

（南头古城中山南街垣西72号；8:30—14:00，16:30—20:30）

一家老字号面馆，云吞和牛腩捞面是招牌，传统做法的猪油捞面是深圳人小时候熟悉的味道，加几滴生抽或店家自制的辣椒酱，味道不要太好。

蔡澜港式点心（海岸城店）

（83523988；文心四路33号海岸城一楼172号铺；9:00—22:00）

香港美食家蔡澜名下的港式点心店，从店面到器皿到摆盘都蛮用心，在食材配搭上有不少应季创新，尤其适合喜欢打卡拍照的旅行者。推荐赛螃蟹凤眼饺、鲍鱼汁凤爪、酥皮凤梨叉烧等，看看与你吃过的传统粤式点心有什么不同。

宝狮杂碎小食馆

（26684667；湾厦路42-10号；11:10—21:30）

蛇口老街上非常接地气的一家“苍蝇馆子”，说是港式西餐厅，店里什么类型的小食都有得卖，公司三明治、美式热狗、焗饭意面等，味道地道，分量十足，连炸鱼柳、炸薯角这样的小食也做得很好吃。

筘推荐

蛇口老街觅美食

蛇口老街是南山地区少有的还保留着20世纪市井烟火气的街区，有不少口碑老店，经营着传统美食，价格也非常亲民。

渔村路上的蛇口市场是家老字号菜市场，当地人常到这里来购买当天一早上岸的海鲜，如今这里升级改造为星宇新街市。蛇口市场，整洁的市场内商铺众多，你可以在这里买点新鲜鱼虾拿到饭馆简单加工，便是一餐美味。市场周边就有不少老字号餐馆提供海鲜加工服务，正宗蛇口德记烧腊饭店（南水步行街55号；7:30—20:30）是其中人气最旺的一家，有白灼、椒盐、蒜蓉等海鲜加工，他家的烧鹅、叉烧也非常出名。蛇口市场南端的嘉华小吃铺（渔村路1号；7:00—21:00）最出名的是碱水粽，有四种口味可选，现包现卖，供不应求，煲仔饭和海鲜粥也很受欢迎。它旁边的牛家庄牛肉面（蛇口老街88号；8:00—次日3:00）的牛丸牛肉面是店内招牌，牛肉嫩滑可口，牛丸卤香Q弹。再向东走几步，老兵牛蹄店（蛇口老街48号；18:00—次日1:30）已经是蛇口老街的网红饭馆，一道烧牛蹄软糯入味，汤汁拌饭更是一绝。转到蛇口新街，人头攒动的那家小店肯定是百草堂祖传凉茶铺（蛇口新街207号；11:00—次日2:00），开了80多年的老字号糖水铺胜在用料实在，味道正宗，可以尝尝他家的秘制茯苓糕。它的邻居蛇口康乐快餐鱼仔档（蛇口新街219号；11:00—14:00，17:00—22:00），菜式与店名一样朴实，椒盐九肚鱼、豉油皇吹筒仔等正是蛇口人记忆中的家常味道，饭点时也是要排号等餐的，记得早点去占位。

蛇口渔民合作社·渔民食堂

（15889367486；望海路利安商务B座7-8；11:00—22:30）

位于深圳湾公园渔人码头，餐厅窗外就是深圳湾海景，每天配送两次的海鲜更是无敌新鲜。海鲜套餐按人头算，价格略贵，不过品种很多，清汤锅底白灼后，配上简单的酱料，就能吃出海鲜本身的鲜甜清爽。建议傍晚来这里，一边品尝海鲜一边欣赏深圳湾落日，物超所值。

宝安区

金果园·驰名烧春鸡

（西乡大道西298-4，如家快捷酒店楼下；人均80元；11:00—14:00，17:00—21:30）

西乡人民吃烧鸡的首选，黄灿灿的脆皮烧鸡端上桌，扯下一条鸡腿开咬，汁水四溢，肉质爽滑，让你切实体会到什么叫作“加鸡腿”的快乐。客家酿豆腐也是一绝，豆腐嫩，肉末紧实，咸淡适宜。

神洲扒房

（巡抚街12号；人均50元；10:00—22:00）

这是一家在西乡开了20年的老店，餐厅装饰和餐品都透着一股老派的讲究。“扒”确实是它的招牌，酥脆吉列猪扒、黑椒鸡扒、特色牛扒出品水准稳定，除了传统的茶餐厅餐食外，这里也提供各种各样的家常菜。

先记烧鹅王

（福永龙翔路48号；人均100元；11:00—15:00，17:00—21:30）

福永的老字号烧鹅店，如果去凤凰山游玩可以顺道过去品尝，除金牌烧鹅外，鹅乸煲仔饭里的鹅肉也相当惊艳，肥瘦适宜，浇汁香浓，平常不爱干饭的小朋友也会吃到停不下来。

龙华区

万兴菜馆

（东门街与众安路交叉口；人均50元；7:00—14:00，17:30—21:00）

观澜街坊从1987年吃到现在的客家菜馆，曾经多次被本地媒体报道。枸杞生鱼汤和黄豆煲猪脚是店里的招牌菜，炒米粉据说每天的外卖有好几百份，米粉上头码有分量实在的青菜和肉片。

侨乡

（新澜社区万安堂村45号；10:30—22:30；人均80元）

开在一家老宅内，屋内外重新翻修，外观上保留了老房子古旧的特色，室内放木制桌椅，淡雅清新，适合聊天聚会，招牌是红烧乳鸽和桃胶椰皇冻。

新明记私房菜

（裕新路107号北区方二旧村内，靠近中国版画博物馆；11:00—22:00；人均50元）

中国版画博物馆西南边有一座炮楼和几栋客家老屋，新明记私房菜就在其中一间老屋里，大排档的就餐环境，味道惊艳的客家菜，客家焖猪肉和焖鹅是招牌，焖鹅酱料味道特别，加入南乳调制，香而不腻。

招澜

（鹅地路北区10号；11:00—23:00；人均150元）

藏在俄地吓村里头的一处坡地上，地理位置相当隐蔽，不走近看都不知道是一家餐厅。招澜环境清幽，独栋楼房带一座院子，很适合老友聚会，菜品丰富，川菜、粤菜、客家菜都有。

龙岗区

客家本色·客家菜

（28508468；大芬地铁站A1口，星都里2楼；11:00—21:30）

主打客家传统菜肴，石磨酿豆腐、盐焗手撕鸡、土猪汤、五指毛桃炖老鸡等都是客家特色菜品。这家店就在大芬地铁站旁边，相对商场其他餐厅价格比较亲民，服务也好，逛完大芬油画村正好来这里品尝客家菜。

圈子里·辣椒炒肉

（84529591；大芬地铁站A1口，星都里2楼；11:00—21:30）

作为移民城市，湘菜在深圳很有市场，这家店看名字就知道是湘菜，主打各种炒肉，辣椒炒肉、小炒黄牛肉、藕尖炒肉都是招牌，当然也少不了剁椒鱼头，重口味旅行者不妨来这里体验一下。

福田林素食馆

（28218127；大芬油画街46号2楼；9:30—21:30）

环境非常清雅，卡座尤其安静，仿荤菜做的牙签牛肉、天山串串香等色香味俱全，一品鲜菌煲、松茸汤等味道也很赞。他家还有素食套餐，价格便宜，分量十足，非常划算。

顺德鱼生

（89453863；布吉街道石芽岭路4号；鱼生套餐200元；11:00—23:00）

作为“中餐里的刺身”，顺德鱼生在深圳也很有人气，这家餐厅的招牌鱼生肉鲜片薄，再配上各种蔬菜丝、咸菜和酱汁，拌好即食。人多可以来个一鱼几吃，椒盐鱼骨、鱼肠煎蛋和豆腐鱼头汤等味道也好。

凤凰客家餐厅

（28800100；甘坑客家小镇甘李路18号；7:30—14:00，17:00—21:00）

位于甘坑古镇，古色古香的一栋楼，就餐环境不错，一定要点他家的客家盐焗捞鸡，颜值与味道都很棒。其他还有客家擂椒、苦笋煲花腩、紫金蒸鱼嘴等，都是经典客家菜，也有客家腌面、艾叶粑等特色小吃可以尝尝。

墨念素食咖啡小馆

（15916521261；甘坑客家小镇7D116-21号；11:30—20:30）

甘坑古镇中一家被鲜花绿植包围的素食馆，室内布置富有禅意，有98元和128元两种素食套餐，从前菜到主菜到饭后甜点与汤品，都做得非常精致，多数保留食材本身味道，并非素食仿荤菜那种做法，值得来此换换口味。下午还可以点一杯咖啡小坐片刻。

坪山区

宏羿猪肚鸡

（坑梓街道宝梓北路9号2楼；人均100元；10:00—次日0:30）

作为客家人的聚集地，坪山人将猪肚鸡这道客家菜做得有声有色，宏羿就是一家开了很多年的老字号。精心装修过的店面古香古色，招牌猪肚鸡量足汤美，赶上饭点常需要叫号等位。

GE BAKE

（坪山街道坪山图书馆北侧；人均80元；10:00—21:00）

主打各种西式简餐和蛋糕甜点，得天独厚的地理位置让其成为来坪山文化聚落观展看剧的就餐首选。不同区域的装修风格有所区别，舒芙蕾、三明治、意面的出品质量和深圳其他分店一样稳定。

后巷牛杂

（马峦街道新合路金地朗悦7栋113号；人均30元；周二至周日11:00—13:30，17:00—20:30）

这家老店是坪山最早的一批网红店之一，如今搬迁成了高档小区的楼下店，不再有“后巷”的古朴环境，但作为夫妻店还是温馨依旧，旧日的美味也得以延续了下来。

超记烧鸡

（坪山街道金碧路100号；人均60元；18:00—次日3:00）

大马路边上的大排档，环境很简单，但荔枝木烤鸡火候正好，皮脆肉嫩不油腻，炒米粉也是锅气十足，好吃又管饱，因此每逢夜幕降临便吸引不少附近的食客，觥筹交错的夜宵氛围很到位。

盐田区

邓家传文糕点店

（盐田街道东海道盐田四村西禾树126号；人均10元；6:00—18:00）

这家客家茶果店小有名气，在罗湖区解放路和南山区南头古城还开有两家分店。这里藏在城中村中，是老店，也是现做现卖的作坊，其他两家分店的货品就是每天中午从这里运过去的，价格也要比这里贵上5元。最推荐糯米滋、鲜奶椰子糕，不过它们卖得也快，赶在下午5点过来通常就只有其他糕点了。

盐田得米肠粉

（盐田街道北山道33号；人均20元；24小时营业）

名声在外的街边肠粉店，甚至有不少人会专门从深圳市中心开车过来解馋。肠粉厚度适中，透明泛光，米香味浓郁，又撒上了芝麻锦上添花。牛肉、鸡蛋等常见馅儿都有，还靠海吃海地提供着瑶柱、生蚝等海鲜料。自制的酱汁和香辣酱同样很出彩。唯一不足之处是服务欠佳，但这种街边小店，也许就该有这种氛围。

大家旺面包餐厅

（沙头角街道桥东新村西区17号；人均15元；6:30—19:00）

离中英街很近的社区楼下店，亲切家常又充满着古早风。烘焙和饮品种类都很多，据说还会经常开发创新产品，选择困难症患者会在这里犯嘀咕。风味十足的芒果卷、刚出炉的蛋挞也是好吃得很。

紫梅汤粉

（海山街道东和路35号；人均15元；6:30—13:00）

简陋狭小的店面，附近工作的白领结伴来上几个，马上就没有座位了。汤底鲜甜咸香，浇头只有两种，猪杂入味，猪肉丸弹牙。有米粉、河粉和面条三种主食可选，不妨尝尝米粉，广府人擅长做河粉，米粉才是客家特色。

广福楼特色家常菜

（沙头角街道和田街6号；人均70元；8:30—21:30）

沙头角一家口碑不错的粤菜馆，早午市提供茶点，街坊四邻常来此打牙祭。店面不大，装潢也很普通，但作为老字号，每逢饭点还是门庭若市。烧鸡最受推荐，个头不大，但皮酥肉嫩，甜香可口。

森记潮州砂锅粥

（梅沙街道大梅沙彩陶路115号；人均80元；16:00—次日3:00）

大梅沙没有令人印象深刻的特色美食，但人们都喜欢在玩海后，来一锅热乎乎又不太油腻的

粥。这家海鲜粥店挺受欢迎，满大街可见的烤乳鸽也能吃到。

大鹏新区

鹏城饭馆

（大鹏所城东城巷21号；人均90元；周一至周五11:00—14:30，17:30—21:30，周六至周日11:00—15:00，17:30—21:30）

大鹏所城颇受当地人认可的菜馆，窑鸡、酿豆腐、濑粉……都是地道的客家老风味。古香古色的庭院装点着民俗饰品和绿植盆栽，优雅的环境也能让游客感到满意。店家还复原了大鹏所城的将军宴，十二道菜品包括将军鸭、一品素菜盆、白切鸡、芋头云肉、冬菇鸡脚、鹏城炸猪肉、让豆腐、煎杂鱼、上汤猪皮、咸菜鸭红、大白菜炒油豆腐和炒青菜。各种食材都是就近获取，来源于本地的农田和渔港，生态健康。如今鹏城饭馆的生意做得不小，一旁的好几家民舍为其所用，开辟有茶粿坊、酿酒坊、手信铺。

青瓦苑私房菜

（大鹏所城戴屋巷1号；人均100元；10:00—14:30，16:30—21:30）

鹏城饭馆后侧的另一家本地菜馆，供应的各种菜品和鹏城饭馆相差不大，同以大鹏本地的客家菜为主。环境也和鹏城饭馆类似，虽然没有敞阔的庭院，但曲径通幽别有意境。整体而言这里和鹏城饭馆伯仲之间，同样是品尝本地风味的好选择。

鹏城印象·美食新地标

（鹏飞路11号B栋；人均80元；11:00—14:00，17:00—21:00）

如果你遇到了大鹏所城的游客潮，在古城里需要长时间等位才能就餐，不妨西行2公里（大鹏街道方向），来这家装潢现代化的餐厅，品尝同样不错的本地客家菜和粤菜。冰镇咕噜肉、乳鸽、捞鸡和客家让豆腐都是很受欢迎的菜品。

鹏安客家王

（大鹏街道迎宾南路12—13号；人均60元；8:30—21:30）

由于坐落在非游客区的大鹏街道，这家餐厅以做街坊生意为主，环境朴实无华。各道客家菜都是物有所值，下料充实，火候到位，炖、煲、酿等不同菜式的出品都很稳定。

聪记荔枝柴烧鸡

（南坑埔南区10–1号；人均90元；周一至周五11:00—14:00，17:00—21:00，周六至周日11:00—21:00）

大鹏前往南澳途中的街边大排档，烧鸡炉子就架在门口。简陋的环境挡不住食客的热情，一些户外人士来大鹏也要在这里吃上一顿才算圆满。除了招牌烧鸡，海胆炒饭、香炸腩排骨也备受好评。

鸣七小馆

（南坑埔南区39号；人均100元；9:30—21:30）

和聪记荔枝柴烧鸡是邻居，曾上过央视美食节目。除了获得奖项的果木瓦瓮烤鸡和手工肉丸汤，还有许多家常菜和海鲜菜可选，本地客家做法的海鲜大盆菜和鲍鱼炆鹅都很值得尝试。

精酿农场

（南澳街道海滨南路33号山顶别墅区5栋；人均150元；15:30—23:30）

海贝湾无可比拟的海景，造就了这家景观西餐厅。供应烧鸡、汉堡、吐司、牛排和精酿啤酒，口味都不赖。景观位需提前预订，遇上日落彩霞，你也许会觉得这昂贵的消费很值。

骆记肠粉油糍

（南澳街道富民路31号；人均10元；7:00—11:30，15:00—18:30）

南澳一家人气很旺的小食店，早市主营肠粉、茶果、糍粑和粽子，下午则能吃到各种炸物和水煮丸串。在这里还能买到正宗的海胆粽子。

光明区

光明鸽田园餐厅·光明招待所

（法政北路26号东区；人均90元；11:00—21:00）

光明招待所凭借一道“红烧乳鸽”驰名了30多年，虽然开了不少分店，但仍有很多人专程开车前往这家老店。乳鸽先要放入加了十多种天然香料的卤水中浸煮，然后捞起用麦芽糖水涂抹并吊挂晾干，食用时再放入滚油中炸，出锅后的乳鸽皮脆肉嫩、颜色红亮。吃乳鸽最好不要让人切好了端上来，得用手撕着吃，因为渗入皮肉里的汁水是这道菜的精华，唯有手撕才能及时享受爆汁的美味。

余记餐厅

（光明大街东区5栋1号；人均20元；5:30—13:00）

这是一家始于1980年的越南餐馆，在没有网红效应的年代，余记凭借口碑成为光明人心里的早餐头牌。肠粉有叉烧和鲜虾两种，可以双拼，蘸上店里自制的酸甜醋吃，爽滑可口。炸春卷每日手作，内馅儿饱满。越南鲜虾汤檬粉用番茄做汤底，青柠、薄荷提味，清爽开胃。

新强记烧鹅店

（下村路32号；人均50元；10:00—14:00，17:00—22:00）

当地人说，吃烧鹅要去新强记，吃叉烧要去永兴，这两家店都在公明墟附近。新强记的烧鹅濑分量足，烫熟的濑粉上码上一层皮脆肉嫩的烧鹅，加入一大勺高汤入味，一碗烧鹅濑就出场了。多人一起吃饭，一份例牌烧鹅、一份青菜再加上一碗素濑粉是标配，浓香不腻的烧鹅汁用来拌濑粉特别合适。

永兴濑粉

（解放街30号；人均20元；6:30—13:30）

永兴在公明老街开了近30年，老板娘说烧味挂一天会影响口感，通常下午1点半就关门了。叉烧是永兴的招牌，每一片都是肥瘦相间，嫩而不柴。排骨濑粉也很不错，红烧排骨炖得烂熟鲜嫩，汤底香浓。

恒记糖水店

（下村农贸市场内；人均8元；6:00—12:30，16:30—24:00）

下村老街内一家经营了20多年的夫妻档糖水铺，老板娘笑称下村市场还没有的时候她就已经在这里开店了。糖水分量大、材料足，大多五六块钱一份，这样的价格如今在深圳可能只有光明才有，恒记的招牌是香芋椰汁西米和香芋红豆。

咖啡馆/酒吧

福田区

菩提书坊

（新闻路57号侨福大厦1楼；9:30—22:30）

闹市中的一座绿意书坊，门前用绿植隔出一个不小的院落，坐在室内喝茶时，透过花格窗能看到小院的景致。书坊内用深色的实木书架和展示柜隔出不同的区域，店主将珍藏的二手书籍提供给客人阅读。从茶道、古琴到书法，店内总有很多文化活动。

+Trunk Coffee Roaster

（福田区福荣路沙嘴村三坊17栋1楼；周一至周五10:00—18:00，周六至周日10:00—19:00）

日本手冲咖啡大师铃木康夫经营的咖啡连锁店，将第4家店也是日本之外的首店开进了深圳的城中村里，给深圳的社区咖啡增加了另一种本土与国际的混合特色。店里供应的咖啡豆都是铃木先生和咖啡师从全球搜寻而来，采用浅烘的方式以突出咖啡的香味。

ARC艺术馆 whisky&cocktail

（福田区下沙村八坊27号，近银沙路；18:00—次日2:00）

下沙村外国爵士清吧，环境闹中取静，适合三五好友来此小酌闲聊。老板懂酒也懂画，店内装饰的油画有一部分就是他自己的作品。

Mi Coffee

（香蜜公园北门内香蜜体育中心，靠近侨香路；12:30—21:30）

这家小巧的咖啡馆藏在公园栈桥下方，三面吧台横窗让空间通透，外侧坐席直面足球场，让你解锁坐在看台喝咖啡的青春体验。招牌的橘皮咖啡香气浓郁，还有英式茶和法式甜点可选。

OIL CLUB

（车公庙泰然八路深业泰然大厦11A号）

周末想参加一场电子乐派对？这家商业成功同时又保持着独立特质的俱乐部值得你前去探寻。派对通常只在周五、周六和节假日的晚上举办，会邀请各路特立独行的DJ前来。你要做的事情就是脱下上班的西装，打扮漂亮去舞池跳起来。

HOU LIVE 后现场

（福田区滨河大道9289号，KKONE负一层B112A）

藏在商场负一楼，不管新锐还是老牌，国内还是国外，后现场是不少乐队巡演到深圳的演出空间。除了现场演出，这里也会在周末举办电子乐跳舞派对。

红糖罐上步PUBLIC店

（福田区上步南路1031号，玉丰楼B座街铺）

老牌演出空间红糖罐在深圳几乎每个区都有分店，位于福田的这家演出空间仍保持着20年前的地下风格，周末演出后还能看到各路乐手通宵即兴操练的JAM盛况。

罗湖区

Café Leitz

（82338834；罗湖区宝安南路1881号，深圳万象城二期C栋101S163商铺；10:00—22:00）

继香港铜锣湾店后，徕兹咖啡中国第2家店在2022年初落户深圳。这家德国徕卡相机衍生品牌咖啡馆在深圳万象城享有独栋街铺店好位置，作为一家很有内容的“网红”咖啡馆，店内特色饮品都以徕卡经典镜头为主题，比起相机的价格，咖啡的定价非常亲民，所以经常要排队。不喝咖啡也可以去徕卡相机展示区和徕卡学院逛逛，欣赏品牌收藏的限量款相机和摄影海报。

闲逸廊

（22239485；罗湖区深南东路5016号，京基100大厦瑞吉酒店96层；11:00—24:00）

在深圳第二高楼京基100大厦顶端，瑞吉酒店的天台吧拥有观赏罗湖天际线的震撼视野，你可以在入夜后来杯威士忌俯瞰城市灯火，或者午后与好友共享云端下午茶的甜点。到这里的客人几乎都是为了靠窗的座位而来，所以记得提早致电预订。

BEZZA白扎

（13424436297；罗湖区黄贝岭二路，近黄贝岭公园入口；13:30—18:30，周一店休）

想寻找黄贝岭惹人喜欢的城中村烟火气息，这家烤芝士工作室兼咖啡馆值得一探。小店藏在黄贝岭小山坡的高处，门前是与户外烧烤餐吧共享的户外平台，平台又是斜坡下方屋子的楼顶。店外遮阳篷下的桌椅适合天气舒服时小坐，店内空间紧凑而温馨，店门把喧嚣隔绝在外面，小窗把外面框成风景画，特调咖啡搭配口感轻盈的烤芝士蛋糕，是让人放松的甜蜜滋味。

鹤屿园艺咖啡馆

（13631662812；罗湖区黄贝路2003号，怡景花园荷艳阁B地1楼；9:30—20:00）

作为罗湖最早有别墅的住宅区，建成于20世纪80年代的怡景花园如今已被时光打磨出了温婉内敛的生活气息，也给社区咖啡馆提供了绝佳的邻里氛围。鹤屿由园艺师与伙伴共同打造，他们将住宅楼前的荒废园地拾掇出了精致的花园模样，你可以坐在花草间喝杯黑糖肉桂拿铁，从都市快节奏中暂时逃逸出来。离咖啡馆最近的是小区南门，进门时向保安说明去咖啡馆即可。

南山区

喜茶LAB

（86534829；滨海大道2008号欢乐海岸曲水湾；10:00—23:00）

从深圳走出来的时髦奶茶品牌，最早的门店就开在南山区，如今门店已遍及全国各大城市。欢乐海岸这家门店的特别之处在于它是喜茶的“实验室”，店面设计颇具未来感，有着闪亮的金属表面和外星人图案，这里的“喜茶制冰”出品的冰品是其他店没有的季节限定产品，店内还有各种以茶为原料的蛋糕和点心，全部现场制作。屋顶茶位可赏心湖全景。另外，在南头古城闲逛时不妨去他家的喜茶手造店（86349145；中山西街N-1号；10:00—22:00），三层老屋每层都有不同的饮品主题，炒冰、牛乳茶、冷萃等都别有风味。

栖园·半亩空间

（17324445757；深南大道东方花园D1栋D1-E；9:30—21:30）

高楼林立中藏着这个世外桃源般的东方禅意茶饮空间，竹林青松，池塘凉亭，溪水潺潺，锦鲤游荡，一景一物都宁静如斯。点一壶老白茶，配上四碟精致茶点，在这里消遣一段时光，非常惬意。他家还有私房菜可以品尝，但需要提前预约。

Something For咖啡

（18027652283；南山科技园科慧路2号；周一至周五8:00—18:00，周六至周日8:30—18:00）

老板曾在澳大利亚开过咖啡馆，回国后在深圳开了第一家Something For。这家店由染色药厂改造而成，加入轻工业的设计以及标志性的蓝色，咖啡以蓝污拿铁和冻鸳鸯最为出名，配牛油果可颂和咸蛋黄牛角包最佳。最喜欢他家的大玻璃窗，窗外是生长多年的大树，细雨时分不妨在窗前坐会儿。

Yarra Café（雅拉画廊咖啡）

（26809064；南海意库5栋115—116；10:00—20:00）

一家富有艺术情调的画廊兼咖啡馆，店里有许多画作以及艺术书籍，周末提供油画课程（体验价99元/人），点一杯手冲咖啡，花几小时时间在老师指导下完成一幅喜欢的油画，是你来南海意库的最佳选择。

湾生活咖啡馆

（17747971816；南海意库5栋108；8:00—18:00，周末10:00—18:00）

街头转角处的纷繁花园，一定会吸引你停下脚步，原来它是一间咖啡馆，记得点一杯澳白配一碟蝴蝶酥，坐在面向花园的窗前，静静欣赏花开。

MEETOO CAFE

（13590495512；南头古城春景街62号；8:30—22:00）

南头古城西区小巷里的一幢二层小楼，相对安静，红砖与绿色门头以及店内装饰都蛮有复古风，推荐手冲咖啡，豆子出品不错，二楼还有个手工皮具展示区，闲来无事可以看看。

Ramble Tree

（88279718；荔园路半岛花园B区6幢106；周一9:00—18:00，周二至周五9:00—21:00，周末12:00—21:00）

居民楼下的社区咖啡馆，一开就是好多年。走入小小庭院，客厅就是吧台，室内布置温馨，可以依据自己的口味选择咖啡豆来杯手冲，也有蛋糕及简餐。面向院子的窗口位置最佳，可以静静坐一个下午。

AKIMBO CAFE LAB

（26691143；港湾大道18号SO艺术空间2楼；10:00—19:00）

一家充满设计感的咖啡实验室，藏在蛇口港半山的居民区里，不太好找，但一进去就觉得值得走这段路前来，宽敞空间划分出阶梯开放座椅、墨绿色吧台与露天座位区，露台正对着的一面巨型涂鸦墙，由曼谷街头艺术家创作，很适合拍照。点杯西柚冰咖，坐在室外看看山海风景，很是惬意。

Life on Mars

（26929220；望海路1088号海韵嘉园西129号；18:00—次日2:00）

名字来自大卫·鲍伊的同名经典歌曲，这是一家英伦风鸡尾酒吧，原来开在华侨城创意文化园里，后来搬到了望海路。酒水随季节限定供应，来自英国的调酒师水平不错，茶茶茶、芋见你、长岛冰茶等鸡尾酒点单率最高。

DIY

（18566744370；荔园路9号独栋102；18:00—次日2:00）

这家开在G&G创意社区里的酒吧，独占一栋老厂房，一楼主打鸡尾酒，可以点杯特调，坐在吧台旁与调酒师闲聊。二楼更像是一家中国风小酒馆，配酒菜可以是担担面或者香糟甜味蛤蜊。室外区还会不定时播放露天电影，夏夜里吹吹风看场电影也不错。

宝安区

洪浪咖啡

（新圳东路洪浪19区2栋101；12:00—23:00）

如果你是纯粹的咖啡爱好者，这家店值得你跨区专程前往。洪浪开在旧居民区的一楼，店铺外挂着“德宝堂”三个大字。店内空间小，三分之二的地方是咖啡师的工作台，有五六个吧台位给客人坐。店主擅长以随意的姿态出现，然后认真地为你调制一杯“鬼佬豆浆”或“冰滴”。即便不懂咖啡也没关系，纯粹体验口感就好，洪浪有一种放松的氛围，能让人不自觉卸下想要伪装行家的紧张。老板树哥倒确实是业界行家，他曾经获得过第五届国际咖啡烘焙大师赛的亚军。

红杏阁

（宝农南巷45号，宝民街市一号通道旁；10:00—18:00）

它的地理位置很“深夜食堂”，开在商业区的小巷道里，菜市场的一楼，氛围也有些类似，透着一股子随意、开放与接纳。马赛克地砖、玻璃木格栅门、搪瓷灯罩、球形镭射灯，这家店像是停留在旧时光里，店内主营牛奶饮品、咖啡和米面包，出餐品质高，隔壁的“五区酸啤店”与它是一家，卖精酿啤酒。

素咫咖啡

（新圳东路59号；10:00—22:00）

与洪浪咖啡很近，从洪浪出来顺着新圳东路往南走约500米就到了素咫。咖啡馆由一栋旧的三层居民楼改建，保留了一些老房子原有的元素——斑驳的外墙与屋顶，加入简约的装饰，原木桌椅，众多绿植，年代感与清新感并存。二楼面街的墙体，横向切出半面做窗，将窗外两棵枝繁叶茂的小叶榕纳入视野，整个二楼空间映照着深深的绿意，临窗设有吧台座位。

龙华区

豆舞咖啡

（民乐路3号；10:00—21:00）

开在一座独栋楼的一层，带一个小院子。豆舞很像清迈老城区里的小店，院子可能并不精致，植物、桌椅摆放得也不算整齐，但充盈着琐碎的生动。作为深圳最早一批精品咖啡馆之一，这里的手冲、冰滴都值得一试。

2/3 CAFE STUDIO

（腾龙路上塘龙塘北二巷2-1；10:00—22:00）

开在城中村里的一家“咖啡小卖部”，很有街坊气，附近开咖啡店的同仁常常来此串门，喝一杯老板的当日手冲，店内每天都有一款不同的手冲咖啡，是来访客人的首选。

风和咖啡馆

（龙华大道锦绣江南二期3栋1144号；8:00—19:00）

当地口碑很好的一家自家烘焙咖啡馆，在龙华已经开店7年。风和自创立起就坚持店里的每一颗豆子都要自己烘，这是几位创始人对咖啡品质的要求。不妨告诉咖啡师你喜欢的口味，听听他们的推荐。

Window Cafe

（民治民富北路与民旺路交叉口东南角；9:00—19:00）

店如其名，只有一个小窗口，咖啡馆店面约6平方米，咖啡可外卖带走或靠着窗口喝完。店主是一位于深圳长大的女生，她看到上海、广州有很多“小窗口”咖啡馆，而深圳好像没有，于是想开一家试试看。美式、Dirty、奶茶性价比高，味道也不错。

红糖罐

（高尔夫大街8号观澜湖新城MH Mall室外步行街一层；14:00—次日3:00）

深圳最老牌的酒吧之一，有多家分店，每家风格不太相同，观澜店是一家复古风格的小清吧，店内装饰充满细节，手绘画作、旧物摆件十分讲究，像一个小型的艺术展览馆。

龙岗区

目涩咖啡

（13723409848；大芬社区东益花园10栋110；8:00—20:00）

目涩，是潮汕话“眼睛酸涩想睡觉”的意思，这家社区咖啡馆的LOGO（标志）也是一个困得睁不开眼的人，所以，进到店里来杯咖啡提提神吧。简约纯白的装修风格，两位咖啡师的出品很棒，自己做的贝果和巴斯克蛋糕味道也不错。

川·cafe

（13119575666；布龙路龙景科技园G栋9楼天台；10:00—23:00）

这可能是近两年最火的网红咖啡馆之一，开在科技园天台上，面积超过1000平方米的场地精心营造出圣托里尼风格建筑、田园风露营草地等外景地，还提供各种拍照道具，买个饮品套餐（78元起）就可尽情拍摄。等到傍晚时分，还能在天台上看夕阳西下。

BLUE CONCEPT Cafe& Farm

（13509675993；布龙路龙景科技园D栋9楼天台；10:00—21:00）

这家咖啡馆也是以影视拍摄为主题，布景据说常换常新，最大的卖点是店里有三只羊驼和一只肥猫，吸引很多人前去打卡。买杯冰摇桃桃茶，挑件喜欢的服装，与可爱的羊驼合影，再拍几张假装在欧洲的照片。

紫荆院

（15919732358；北环大道四季花园紫荆苑N座N103；9:30—21:30）

一个可以安静喝茶的小院子，一进去别有洞天，除了喝茶，也提供素食。主理人本身是园艺设计师，每处角落都打造得非常别致，是都市里难得的休憩空间。

坪山区

兮Fan森林面包店小酒馆

（坪山街道坪山雕塑艺术创意园内；人均50元；11:00—23:00）

园区内的轻食小馆子，大草坪上的遮阳伞和桌椅很适合来一顿放松的下午茶。鸡尾酒单分为有酒精和无酒精两列，同时供应咖啡和苏打水，各种碱水面包也很受欢迎。

HAKKA·客咖

（坑梓街道横龙路12号；人均50元；10:00—次日2:00）

村里民居改造的高档咖酒吧，客家风情和现代风格做到了很好的结合。各种精品咖啡来源于肯尼亚、哥伦比亚、秘鲁等知名产区，云南豆也占据了一席之地。另有威士忌、鸡尾酒、蛋糕、简餐供应。

亦山品物

（坪山文化聚落展览馆H铺；人均30元；10:00—21:00）

作为坪山文化聚落的一部分，空间设计和装修风格颇具艺术气息，玄关处的马头红砖雕十分惹眼。很适合在看展览或戏剧的闲暇，来这里喝杯咖啡、果汁，各种书籍也可供翻阅。

盐田区

JUMBO咖啡酒馆

（海山街道海景二路君临海域B区B12；人均60元；14:00—次日1:00，周五至周日延后到次日2:00）

工业风格装修的小馆子，主打各种精酿啤酒，晚上9点半至10点半有驻唱。离海滨栈道很近，夜晚微醺之际，还有什么是比吹吹海风更舒服的事情？

幸福彼岸coffee体验馆

（上东湾雅居S/T商铺；人均35元；10:00—22:00）

店内外的装潢让人感觉回到了20世纪90年代。咖啡师很专业，亲自烘焙，豆种也是精品荟萃。和热情的咖啡师聊聊自己心仪的风味，他总会做出一杯满足你需求的咖啡。

依熹拉姆·唐卡小院·藏茶馆

（梅沙街道大梅沙宋彩道大梅沙村49号；人均90元；周二至周日14:30—20:30）

热爱西藏文化的唐卡画师将自家小院打扮成了纯正的藏式小院，步入这个满是经幡、佛像和彩绘的空间，会让你误以为来到了雪域高原。提供酥油茶、甜茶等藏式饮品，都是按壶售卖，价格不便宜，分量也不小。二楼是画师的工作间，能看到不少精美的唐卡。

大鹏新区

张北年和他的猫

（大鹏所城正街27号；人均100元；13:00—次日2:00）

古城内的宝藏小酒吧，主营威士忌和鸡尾酒。酒墙琳琅满目，摆件来自五洲四洋，复古的环境打上灯光、响起音乐，喝酒的情绪马上就到了。猫猫们见多识广，是店里的“氛围组”；老板师从日本调酒大师，获得过多个调酒大奖，面对客人的口味需求，信手拈来就是一杯无法挑剔的好酒。

大树咖啡

（大鹏所城南门东路37-3号；人均35元；周一至周五10:30—18:30，周六及周日延长到19:30）

东门外一棵枝繁叶茂的大榕树下，一栋ins风的白色小屋精心烘焙、冲压着大鹏所城最专业的咖啡。无论是生椰拿铁的清香，还是冰美式的酷爽，再或是手冲咖啡的丰富层次，都可以陪伴你在树荫下度过怡人的古城时光。杯托上印有的“大鹏”字样，也让这里成为时尚打卡地。

繁花记

（大鹏所城南门街40号；人均40元；10:00—18:00）

这里是咖啡馆，同时还贩售干花、香水、染布、刺绣、项链、酿酒等流行小商品，质量大都比路边摊要好出一截子。除了美式、拿铁和几款精品手冲咖啡，你可以试一试特调的橙香咖啡和秋桂美式。也有奶茶、果汁、果茶、苏打水和糖水供应。

凤凰花开

（大鹏所城西北村14号；人均40元；9:00—22:00）

位于北门广场入口前，是古城开得比较久的一家。外墙被爬山虎遮住大半，各种陶器摆满了装饰柜，内院里花开四季，二楼阳台直面青瓦屋顶，犹如身处大理丽江。供应咖啡、果汁、苏打水、沙冰、茶等饮品，还有一些轻食可帮你填填肚子。

旅行者带你吃

钻进福田区城中村，寻找惊喜风味之旅

在深圳的24小时里，福田区代表了朝九晚五的工作时间。严肃紧张之外，是否还能找到几分生活的烟火滋味？钻进城中村里寻找美食的过程，就像钻进高级埃及棉衬衣尚未烫平的褶皱里，这是一场小小的探索，也随时能碰到从味觉到心灵的惊喜。

拥有鳞次栉比的高楼大厦天际线，福田的面貌必然是西装革履。在写字楼与写字楼之间，自然不乏人均上千的高级餐厅，由名厨精心料理来自全球的昂贵食材，为商务宴请奉上体面餐饮；街巷中也有不少平价快餐店，用标准流程烹饪预制半成品，用短平快的高效率食物来喂饱打工人。

而藏在福田城中村的餐饮小店，似乎已找到一个微妙的平衡点，在二者之间提供中间档的可能性。这类店家通常提供现点现做的新鲜菜肴，在权衡成本的同时，对食材的选择还保留着一丝挑剔，也为食客带来更好的性价比选项。

作为一座移民城市，深圳的美食地图上不断有新的板块拼入，来自全国乃至世界各地的人们在深圳落地生根，也把家乡的风味带到这里。这些家乡风味落地的第一站，也常常会从租金相对便宜且富有生活气息的城中村开始。或坚持家乡味道，或接受风味融合，这些店家总能呈现出接近自家厨房的家常美味。

最初在福田区的城中村里闲逛时，我只是尝试去发现CBD高楼大厦之外的更多景观。在大树脚和祠堂中，我窥探到几分传统和古意，而钻进墙面水表箱和管网构成抽象画的狭窄小巷里，我就像进入了另一道门，踩着城中村的生活节奏，开始一场各地风味的发现之旅。

下沙村：牌坊、祠堂和老广味道

如果要选出传统建筑最好看的城中村，我会把下沙村排在首位。面朝车水马龙的深南大道和新潮时髦的购物商场，背靠高层公寓组成的护围，这个城中村的第一眼景观并非握手楼，而是村口古意盎然的牌坊，还有村中心文化广场上的宗祠和庙宇，雕梁画栋的仿古建筑整齐排列，再加上热带树木和小池塘，村中心俨然是个惹人喜爱的岭南园林。

也是在村口牌坊旁，我发现了下沙觅食的线索：一块写着“祠堂茶餐”的弃用招牌。祠堂茶餐是一种什么样的组合？好奇心驱使我搜索店家是否还在营业，发现这家叫作“好好滋味”的茶餐厅搬迁到了附近的握手楼中。

从村口主路上来回走了三次，才找到不起眼的入口小巷。从门头看得出这家茶餐厅新近装修过，内里环境干净简单，并没有太多装饰，不大的空间里放了十来张餐桌，菜单就贴在墙面上。和伙计聊起来才知道，店家原本是下沙村祠堂的厨师，之前在祠堂里制作简餐，来吃的食客也大多是街坊邻居，前几年搬到村口，才吸引越来越多的年轻人来打卡，尝尝祠堂出品的茶餐厅滋味。顾名思义，店家主打的碟头饭就是饭菜同盘的简餐，被誉为“黯然销魂饭”的滑蛋牛肉饭看似普通却滑嫩鲜美非凡，配上酸甜可口的梅子茶，简餐也能吃得心满意足。

即使没有来过下沙，很多深圳人也听过“下沙村大盆菜”的大名。每年正月十五，下沙村都会在村中心的宽阔广场上排列出上千席盆菜宴，万人入席同吃大盆烹煮的山珍海味，场面热闹非凡。举行盆菜宴时，祠堂扮演了重要的角色，这种传统组织不仅在精神上联结村邻宗亲，也用宴席庆典来让人们相聚。

我想，由祠堂大厨操持的食肆出现在下沙，大概也与村中浓厚的节日庆典传统有关，这种广府文化里的饮食细节，藏在城中村里就像一个好玩的小彩蛋。

水围：小小国际村

与下沙相比，水围的传统氛围更淡一些，这个城中村的小楼排列更为整齐，让人眼前一亮的“彩虹公寓”更把城中村改造的新思路带到了村里，这个人才公寓改造项目也是吸引我到访水围的原因之一。涂成彩虹七色的小楼已完全看不出从前的自建房模样，楼内是青年居住和社交的场所，楼下的商铺则被改建成了1368街区，年轻人喜欢的酒吧食肆应有尽有，就算不吃喝拍照打卡，在里面随意逛逛也很有意思。

不过，水围村远不止这个网红街区。那些藏在尚未改造的小楼里的国际风味小店，让我觉得这里有一种小小国际村的感觉。在水围村北门附近的一条小街上，一家看起来就很有东南亚风情的餐厅吸引了我，这家叫做热浪岛马来餐厅的家庭餐馆由一对夫妇打理，装有吊扇的两层小楼装饰得随意又温馨，就像突然穿越到了槟榔屿的老城区。站在餐吧后的老板娘非常和蔼可亲，带着笑容和每一个客人讲话，和她聊天我才知道，她的先生是马来西亚华裔，10多年前回到了深圳，经营这家小店一直到现在。餐厅的菜单就像一本东南亚菜词典，按食材和烹饪方法来分类，排列出各种不同的菜品。马来特色的叻沙和肉骨茶都做得很见功夫，配烤肉串吃的沙嗲酱也由厨房自己调配，酱料里的大颗粒花生屑滋味更香浓。

随着深圳迅速多变的城市节奏，水围也在变化之中。几个月后我发现，在水围营业十几年的普利亚餐厅已经搬到了南山华侨城。旧城改造给这里带来了新的活力，但我仍然期待，之前体验到的家常食肆人情味还能继续延续下去。

石厦：融合与创新的味道

因为想多体验城中村生活，再加上租金实惠，我在石厦村里住了十几天。进入握手楼改建的短租公寓里，我发现城中村升级改造并非表面工程，七层小楼内安装了电梯，房间也因地制宜，用大落地窗或射灯来增加采光。

这里交通非常便利，很多出租车司机租住在村中，也喜欢在村口停车候客。就算不出村，不大的村里也藏着不少特色风味。改革开放后，深圳迎来了出租车司机，其中有不少司机来自湖南攸县，他们租住在石厦村中，因此攸县米粉成为村里第一代外来美食的代表。

引起我注意的新一代外来美食，是一家叫做呐咪傣园的云南菜馆。“呐咪”是傣语，意为食物的蘸料，能取出这个名字的老板，一定很了解云南。带着猜测我进入这家不大的餐馆，看菜单就知道，除了主打的手抓饭、芭蕉叶包烧和芒果炒肉等傣味特色，这里也做云南北部代表性的家常菜，例如生焖火腿小瓜，食材简单但费火候，是一道需要厨房用心烹饪的菜。当时正是云南吃菌子的雨季，简单炒了一盘空运到店的牛肝菌，配方和味道都是地道云南味，比起云南的物价没有贵太多，这样的性价比在深圳实属难得。结账时打听，原来老板和后厨都来自云南德宏，村中这家店已开了6年，未来有计划把分店开到商场里去。

碉楼旁云南山林间草木调料辛辣飘香，村口杨侯宫后面则传出来自广西的浓烈滋味。胖明螺蛳粉的老板兼厨房总监其实是湖北人，做螺蛳粉的原因很简单，就是因为自己喜欢吃，也有信心能做好。在不大的店面里，可以发现这位80后“深漂”经营餐馆的互联网思维，比如邀请客人加好友加群，设定“粉丝”数量，承诺达到人数后就开分店。出了广西就不多见的木薯糖水，胖明也把它带到了店里，学习制作糖水时购买和使用了上万元的木薯，才把糖水做出了地道的滋味，说起这段经历他非常自豪。

在福田区的众多城中村里，石厦村看起来只是普通村落中的平凡一座。得益于四十年间来自五湖四海的深圳新移民，他们来到村中落地生根，用融合与创新的眼光和方法，来给小村增加了更多丰富又细腻的好味道。

Walk up and meet a different Shenzhen

Walk up and meet a differe

Walk up and meet a different Shenzhen

Walk up and meet a different Shenzhen

Walk up and meet a different Shenzhen

Walk up and meet a different Shenzhen

zhen

Walk up and meet a different Shenzhen

走起来，遇见千面深圳

Walk up and meet a different Shenzhen

梧桐山的不完全打开方式

对于深圳人来说，梧桐山是一座转头即到的都市后花园。这里既是锻炼腿脚的户外活动场所，又是逃避都市尘嚣的偷闲之地，不论是拿起登山杖挥洒汗水登上山顶，或是在植物园的湖畔缓坡散步享受绿意，还是躲到山脚小村的惬意街巷中过个喝咖啡练瑜伽的悠闲周末……动静兼宜，几乎所有人都能在梧桐山找到恰到好处的山野之乐。

梧桐山森林公园，爬山不太难也不简单

与名山大川相比，梧桐山主峰944米的海拔高度并不出众，但不要只凭海拔数据来预估攀登梧桐山的运动强度，这串从海边升起的山脉地形丰富多变，其间并不缺乏隐秘溪谷和陡峭山脊。做好准备，来试试挑战这座鹏城最高峰吧。

从罗湖登梧桐山，通常有泰山涧和凌云道两条登山道可选。想要尽量省时省力又玩尽兴，就走凌云道上山，登顶后走泰山涧下山，晚上住在梧桐山艺术小镇，在安静的街巷里吃喝

扫码观看
720 度航拍全景

25708918；
6:00—19:00；
免费；

公园主入口：罗湖区望桐路东端，近泰山涧入口和梧桐山北路；
公园西一门：罗湖区罗沙路2076号，近凌云道入口；
公交211路梧桐山总站至主入口，地铁2/8号线梧桐山南站D口至西一门

休整。或者住在梧桐山艺术小镇，第二天早起攀登泰山涧。

不走登山道，可顺着公园主入口牌坊开始的梧桐山北路慢慢爬缓坡。从电视塔到好汉坡入口路段，这段景区公路旁有数个山道岔口，可把你带到杜鹃谷、万花屏和凤凰台，在2月至4月杜鹃花期时，千万别错过曲径通幽的赏花好时机。

爬泰山涧玩瀑布溪谷>> 比起凌云道略显单调的陡直阶梯，热带丛林和石溪之间的泰山涧是更为经典的登山道。这条山道全长约3公里，部分路段是陡峭的山岩阶梯，组成阶梯的石块形状嶙峋崎岖，几处崖壁旁的小道还很狭窄，因此走这条路最好带根登山杖。

从梧桐山北大门往上走一段缓坡，便可以找到岔向泰山涧的入口，步行在绿意渐浓的平缓山道上，沿途的板根植物和藤本植物提醒你——这里有着因热带溪谷地形小气候而形成的沟谷雨林。跨过吊桥，山势开始逐步爬升，溪流的水声也喧闹起来，在山道与瀑布相遇时，步道旁都有观景台让你歇脚赏景，尤其是在夏日，瀑布水雾和绿荫都给登山之旅带来清凉。

出泰山涧石阶的尽头葫芦口，顺景区公路走缓坡约1公里即到好汉坡脚下。走泰山涧上山需要3—4小时，下山需2—2.5小时。

走凌云道连下三峰>> 想节省时间可选择凌云道。从梧桐山南地铁站到凌云道入口仅需走一段500米缓坡，这条山道全长1370米，几乎全程都是沿着陡直山脊修建的阶梯，因此是上山的快捷径。快捷的代价是沿途缺乏在山林溪谷穿梭的乐趣，不过一路都有眺望特区界河和香港北区的视野。

凌云道400米到500米路段最为难爬，900米到1200米路段也很陡峭，加油一鼓作气吧。体力够好的人能在1小时内爬到深圳电视塔下，到这里也就登上了小梧桐峰。从电视塔前的岔路口转入沿平缓山脊

实用信息

1.公园在台风强降水等极端天气时会关闭，如遇险情可拨打电话求助。
2.景区公路仅供内部使用，自驾车可考虑停在牌坊外的景区停车场。
3.体力有限的话，无须带太多饮食补给去登山，在电视塔、蝴蝶谷和好汉坡脚都有商铺或自动贩卖机出售零食和饮料。
4.电视塔和蝴蝶谷附近都有散养的狗，通常情况下它们不会主动攻击人，但也请看护好年幼的孩子。
5.走十里杜鹃道时，移动、联通和电信的移动通信信号都比较弱，香港各家移动通信运营商的信号更强。因此如果你的手机没有办理漫游套餐，建议把自动漫游功能关闭，以免产生额外的费用。
6.好汉坡游客中心提供洗手间和饮水处，但不能寄存小件背包。之后到山顶一路都没有洗手间，要方便就别错过。

铺就的十里杜鹃道，在2月至4月花期时，这条全长2380米的山道宛若花园中的小径，吊钟花、映山红、东洋杜鹃、毛棉杜鹃等艳丽花朵在周围山坡上次第开放。非花期的十里杜鹃道也很美，时而出现的开阔海景使得山道成为一个巨大的城市阳台，让人得以极目远眺欣赏深圳特有的自然风光。

半路攀过的豆腐头山峰便是中梧桐峰，在峰顶往北可远眺梧桐山艺术小镇，往南则能看见沙头角的街市。下坡经过蝴蝶谷后，再走1公里平缓爬升的景区公路来到好汉坡脚下，即可开始挑战大梧桐峰。如果想看不一样的风景，走点岔路也无妨，在十里杜鹃道上可根据路口提示岔往红花荷径，这条更野的林间小道绕开了豆腐头山峰，在到达蝴蝶谷之前重新回到十里杜鹃道的石板路上。

从凌云道入口上山至好汉坡脚的上山路需1.5—2小时，从好汉坡脚走凌云道下山，1—1.5小时就能回到梧桐山南地铁站。

登顶好汉坡>> 不管走泰山涧还是凌云道上山，殊途同归处都在梧桐山北路，一段平缓上坡路把你带到好汉坡的入口，从这里登顶深圳最高峰大梧桐峰。这里顺山脊而建的阶梯与凌云道相似，所以如果走凌云道上来，就不会觉得好汉坡是难以逾越的挑战。

好汉坡全长1143米，从入口到400米处的石阶顺山直上，陡峭的场面可能会让登山者望而却步。不要气

馁，爬至300米时在平台休息喘口气，这里有俯瞰盐田港蓝色大海与花花绿绿集装箱的好角度。400米之后山路开始迂回曲折，坡度也趋于缓和，600米至800米路段的阶梯大多由山石组成，更有野趣的同时也增加了攀登难度，请留心脚下。

约900米处又是一个可远眺海港的观景台，之后的平缓路段会一直把你带到大梧桐峰顶刻有“鹏城第一峰”的巨石下，小摊上五彩斑斓的奖牌提醒你已是成功挑战深圳最高峰的冠军。巨石背后的石堆虽然视野极佳，但常有成群的恼人小虫飞舞，登顶一览鹏城风光时请做好防护。

尽兴赏景后原路返回好汉坡脚，这段好汉之路来回需要1.5至2小时。此外，如果从盐田区走碧桐道或秀桐道上山，则可绕开好汉坡，顺着较平缓的山路爬上大梧桐峰。

梧桐山艺术小镇，各人寻找各人的宁静

与深圳整座城市一样，梧桐山艺

术小镇也是一座“移民镇”。艺术家、文艺青年和修行者循着梧桐山脚下的山水而来，自得其乐发现属于自己的宁静，也给小镇带来了不冷清也不拥挤的商业氛围。作为旅行者来度周末的你，不管是在院里吃素食喝茶弹古琴，还是在溪边做瑜伽拉伸，都可以找到恰到好处的尺度来观察和享受这座小镇。

龙岗区的大芬村以油画闻名，村中不仅有把油画作为产品来加工的工人，也有自由创作的艺术家。随着大芬村变得越发热闹，一些艺术家也开始离开大芬村，把自己和工作室都搬到了梧桐山脚下的村子里，他们租下带围院有窗景的农家自建房，给远离深圳都市的小村带来了艺术气息，也吸引了喜爱艺术的人们到这里开店和生活，这便是梧桐山艺术小镇的由来。

罗湖区茂仔村；
免费；
24小时；
公交211路梧桐山总站至镇中心

这里不仅有艺术家，山脚下水流潺潺的自然环境也吸引了寻找灵性与自我的修行者。所以在镇上的街巷中，很容易就会看到素食馆和瑜伽课堂，甚至还有共享禅房——这种受互联网思维启发的点子在深圳

餐饮选择

大自然素食

（13714388185；罗湖区梧桐山艺术小镇，茂仔村31-1；11:30—14:00,17:30—20:00，周一店休）

虽然是自助餐（50元/位），却有着不同于快餐的舒适和格调，客人可以坐在院里高大的芒果树下，慢慢品尝调味精致的家常素菜：萝卜糕、糖水和时令的凉拌马齿苋……都富有岭南特色。不管是一人食还是多人共餐，足够分量的菜都分别盛在朴素大方的瓷碗里，由店里麻利又热情的阿姐不停端上桌，十几种花样不重样，不够再加。

舍那蔬食茶馆

（19926848199；罗湖区梧桐山艺术小镇，坑背村46号；10:00—22:00）

这家低调的茶馆内有乾坤，木色调空间外连一座中式庭院，楼上有视野开阔的天台，楼下露台外有小河流淌，小坐喝茶再惬意不过。除了来自中国多个产区的好茶，这里还提供精致素食，套膳中的菜品搭配每月更换，厨师以中西结合的方式来烹饪应季食材，不论口味、摆盘还是价格，都不逊色于城中的高级餐厅。茶馆也经营民宿，客房就在同条街上。

西瓦瑜伽餐厅

（13477017959；罗湖区梧桐山艺术小镇，茂仔村65号；10:30—21:30）

这家瑜伽主题餐厅就在茂仔村主街上，位置非常好找。作为餐厅，这里的餐食挺丰富，性价比也不错，可以尝到印度特色咖喱、Lassi酸奶和玛莎拉茶，以及台湾卤肉饭和泰国冬阴功汤。如果你想偶遇灵修高人，或者寻找瑜伽课程信息，这里也有轻松的社交环境，和店员或客人随意聊聊总有收获。

梧桐后院咖啡馆

（13480789463；罗湖区梧桐山艺术小镇，坑背村81号；10:00—23:00）

不仅有来自全球的咖啡豆可供选择，这里店如其名，是梧桐山新移民们的后院。或者也可以说，这里是梧桐山脚下的文艺沙龙公共空间，无论是画家举办展览还是诗人开分享会，都很可能在此落脚。舒适的小院里也提供客房，你也能住下试着过一天山民生活。

孕育得自然而然。

离梧桐山国家森林公园最近的村落叫作茂仔村，这里也是艺术小镇最初开始发展的地方。如今镇上面向游人的商业已经从茂仔村往西发展到了坑背村和赤水洞村，以及东北角靠近山脚的横排岭村。总的来说，茂仔村段的望桐路上集中了餐饮店家，咖啡馆、书吧和文艺小店大多在坑背村，旅店散落在整个小镇上，但小镇边缘近山处的客栈民宿更安静。

仙湖植物园，仙气飘飘的热带绿意

仙湖植物园坐落在梧桐山脚下的缓坡丘陵之间，给梧桐山带来了充满仙气的精致花园景观。从1988年对外开放以来，这里一直吸引着深圳市民和外来游人前来踏青赏花，尤其是在每年春天的花展时节，植物园内到处都是繁花盛放的美丽风光。

游园第一站所在的弘法寺是深圳有名的佛寺，初一、十五时有盛大的法会。依山环湖的公路与步道将植物园内的各个主题园区串联起来，湖边的亭台栈桥处处显出岭南园林的端庄秀美，环湖散步非常轻松休闲。

最北端的仙人掌与多肉园因为特别“出片”而最为吸引游人，旁边的古

特别的店

植弄草木染手工坊

（18033447198；罗湖区梧桐山艺术小镇，横排岭村山边12号；10:30—18:00）

这座有趣的染布坊藏在横排岭村边，门前流水潺潺，环环相套的院落带着热带的旺盛生命力，似乎穿越到了泰国的乡下小院。店家提供染布课程，在店主的带领下，你可以学习用板蓝根或茜草等草木染料，给棉布、麻布或者丝绸染上喜欢的颜色和图案。在寒暑假期，手工坊还会推出亲子友好的自然艺术夏令营。院内有4间客房可接待客人小住，亦可提供餐食和户外烧烤。

香港丰记庄

（罗湖区梧桐山艺术小镇，茂仔村39号；9:00—20:00）

这家传统糕点店始于1948年的香港上水，从20世纪80年代在梧桐山脚下设厂后，厂前门市部直接出售的各式酥饼一直低调吸引着客人，回头客连连称道店主兰姨手艺传承的古早滋味。丰记庄门市部在2022年升级装修重新开业，红色店头非常醒目，除了挑选传统滋味的鸡仔饼、老婆饼和腰果酥作手信带走，你也可以在店内小坐，喝杯港式冻茶饮消夏解渴。

芥子

（13590266961；罗湖区梧桐山艺术小镇，坑背村62号；10:00—21:00）

想逛逛上镜好拍的小店，在坑背村的小街上总能找到。如同店名中的佛家典故，这家小店自带含有禅意的生活方式，从色调素雅的棉麻服饰，到手工制作的木器陶器，还有东方意境的茶道、香道器物，店内经营的物品都透出素雅的生活美学。

梧桐瑜伽

（15820758816；罗湖区梧桐山艺术小镇，茂仔村122号106室；周一至周五6:00—21:00，周六至周日8:00—20:00）

对于在梧桐山的修行者来说，吃素、禅修和瑜伽是他们每日生活的关键词。不过就算只是周末来小住，你也可以找间瑜伽馆来拉伸身体和放松心灵。这里的店主会不定时举办公益瑜伽课，带领练习者通过户外瑜伽练习来与自然对话。

生物博物馆是遛娃乘凉的好去处，博物馆门前有一片由热带花树与树化石共同组成的化石森林，这片奇异斑斓的“森林”在远处梧桐山的映衬下也很上镜，在3月化石森林间的虾仔花树开花时，观鸟者还可能拍摄到在树上吸食花蜜的朱背啄花鸟。

在游人较少的西南角山坡上，缅栀书吧同时也是仙湖植物园图书馆，馆内有丰富的植物学书籍可供阅读，书吧门前有拍摄层叠绿意的角度，从这里可以望见小梧桐峰顶的电视塔。离开前别错过桫椤湖畔的阴生园，这里是兰科植物与食虫植物等喜阴植物的乐园，这些植物有着狡黠的生存智慧，仔细了解可能会让你大吃一惊。

拥有中国科学院的学术背景，这座热带植物园不仅是游人观光拍照的好去处，更是科学家们对植物进行研究与保护的资源库。例如弘法寺旁拥有如孔雀开屏的苏铁的苏铁园，同时还是国家苏铁种质资源中心所在地。植物园也面向公众提供免费的植物科普导赏游，可通过微信公众号了解信息和预约。

25738430；
微信公众号：深圳市仙湖植物园；
罗湖区仙湖路160号；
门票15元，景区巴士3元，观光旅游车10元；
8:00—18:00，博物馆9:00—17:00，周一休馆；
地铁2/8号线仙湖路站C3口

实用信息

1.在周末和节假日开车前往仙湖植物园，公园门前的立体停车库需要通过公众号预约后才可停放，怕麻烦就考虑乘地铁吧。

2.从仙湖地铁站到植物园正门，短短5分钟步程的路上会遇到很多算命的人。如果不想和他们发生玄学对话，最好的办法是快步走过去。

3.进入公园正门后，景区巴士会把你带到弘法寺。在弘法寺门前另有一条观光旅游车路线，环园一周能把你带到大多数园区，不过在一些园区施工不开放时，这条线路可能会停运。

4.园内的餐饮选择不多，弘法寺内提供斋饭素食，湖边远翠馆附近有咖啡馆。园外的莲塘村周边有更多餐饮选择，尤其是在莲塘路和国威路上。

5.植物园正门东侧的畔山路上有入口岔至梧桐山登云道。登云道比凌云道更平缓但更长，沿途绿植茂盛，可眺望山脚弘法寺与远处深圳水库。在你下次挑战梧桐山时，不妨试试走这条路上山。

有一种舒服，叫“华侨城”

华侨城实在太好逛了，这是一片被绿荫遮盖的街区，斑驳的树影投射到马路、居民楼上，这里不仅有创意园区、生态广场，而且是成熟的生活区，菜市场、学校、新旧店铺聚集，诗意与烟火气在华侨城巧妙和谐地融为一体。

2003年，一个大胆的“艺术中心”的想法，造就了华侨城创意文化园这张深圳创意名片。你可以在OCT当代艺术中心欣赏一场高雅的国际艺术展，也能够在深夜的酒吧中邂逅一场炫酷的先锋音乐演出。时至今日，华侨城创意文化园仍然是深圳人追逐时尚、消遣时光的好去处，更成为旅行者体验这座“创意之城”的首选地。

扫码观看
720 度航拍全景

艺术空间中的视觉盛宴

华侨城创意文化园前身是兴建于20世纪80年代的康佳集团

电视机工厂，随着深圳产业转型，工厂迁走后留下的大片旧厂房，被华侨城创造性地改建成创意产业园，位于南区最南端的一组车间厂房则被改造为OCT当代艺术中心（OCAT深圳馆）（26915100；微信公众号：OCAT深圳馆；华侨城恩平街F2栋；免费，部分特展收费；10:00—17:30，周一闭馆），宽敞的空间非常适合展示各种装置艺术。

OCT当代艺术中心称得上是创意园的“艺术之心”。从2005年12月的首届深圳城市/建筑双年展开始，这些年来艺术中心先后推出了各种主题的当代视觉艺术展，涉及辐射实验表演、音乐、影视和多媒体等跨界领域，曾经的车间成为深圳人欣赏艺术的最佳空间。多数人踏进华侨城文化创意园的第一步，就是来这里欣赏一场精彩的视觉艺术展览。

OCT当代艺术中心隶属于何香凝美术馆（26604540；华侨城深南大道9013号；免费，凭身份证入场；9:30—17:00，周一休馆），并与华·美术馆（33993111；华侨城深南大道9009号；门票30元，周二免费；周二至周日10:00—17:30，周一休馆）同属华侨城集团旗下，OCT当代艺术中心历年举行的不少设计视觉艺术展通常都与何香凝美术馆、华·美术馆联展，在逛过创意园后不妨再去邻近的这两家美术馆欣赏更多艺术盛宴。何香凝美术馆常设展以何香凝的书法和山水画作品为主，她是孙中山的战友，也是岭南画派的一代宗师。喜欢摄影的朋友则不要错过华·美术馆独特的六边形图案玻璃外墙，这会非常考验你的构图水平与想象力。

这些地方也有展览看

美成空间(Gallery MC)

(创意园北区A4栋210-212；10:00—19:00)

创办于2014年的艺术画廊，2021年入驻华侨城创意文化园。

色界画廊（SE GALLERY）

（创意园北区A2栋1楼；周二至周日11:00—18:00）

华南地区首个集影像展览和销售于一体的专业画廊。

飞地艺术空间（Enclave Contemporary）

（创意园北区B4栋1楼101；周二至周日8:00—20:30）

飞地品牌旗下的画廊，不定期推出旗下代理艺术家展览及作品。

一件（STUDIO ONE）

（创意园北区A5栋229；10:00—19:00）

2021年11月成立的独立艺术空间，一期展览推荐“一件”展品。

发现之旅与街拍胜地

著名设计师工作室、创意品牌店、艺术空间、书店和买手店的相继加入，不断丰富着华侨城创意文化园的文艺气质。南区以OCT当代艺术中心为亮点，而一街之隔的创意园北区，则是以创意设计为主的“众创空间”，大量创意团体的加入，也为北区带来了不一样的创意氛围。漫步园区，每一条林荫小道和每一栋老房子，都会有令人惊喜的发现。

在这里，餐厅可以兼职酒博物馆，面馆同时是设计师的个人展览厅；走上书店二楼，你可以参加一堂有趣的非遗手工课，在设计商店，你还可能邂逅一场小众设计作品展。你可以像深圳人那样，在这里度过悠闲的一天，看罢艺术展后在附近的咖啡馆喝杯特调冰拿铁，再去恋物志百货淘一件古早生活小物，或者在旧天堂书店参加一次文艺沙龙，晚餐不妨找家概念餐厅品尝东北菜与西餐的融合菜，流连到夜深，再去B10现场，在乐队的演出中尽情放松。

在网络社交媒体流行的现在，华侨城创意文化园也成为深圳的街拍胜地。走进今天的华侨城创意文化园，高大的椰子树和火红的木棉树，车床与钢铁零件组成的雕塑，封存在玻璃箱中的生物标本，早已成为无数人照片中的背景。斑驳的水泥外墙上，往往能看到富有视觉冲击力的巨幅壁画，就连楼梯间、走廊上也能看到各种有趣的涂鸦。试试与墙上的涂鸦来个互动，说不定能拍到独一无二的有趣人像。公共区域随处可见创意独特的街头艺术装置，留意台阶边的小草，它们其实是艺术家用铁丝、铁片复原的当年车间外的植物，象征着记忆的永生。

在网络上你可以轻易找到创意园的N大拍摄打卡点，但我们还是建议你花点时间在园区里随意行走，用自己的眼睛去发现更多炫酷的创意亮点，隐藏在建筑上已显斑驳的艺术涂鸦是创意园留给你的彩蛋。

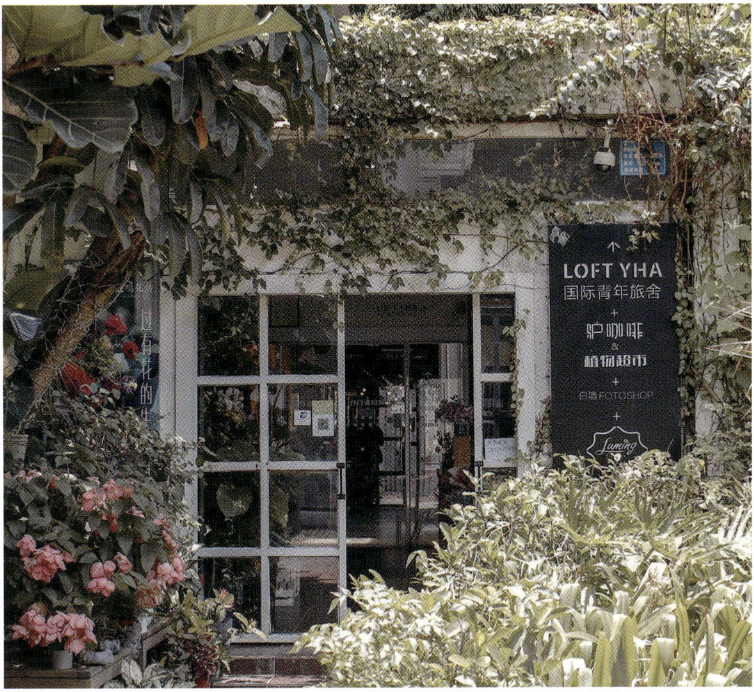

不要错过这些打卡点

T街创意市集

T街创意市集是深圳最有人气的创意市集，通常在每月的第一周和第三周的周末两天开街，位置在南区OCT当代艺术中心外，每一期都会有不少原创设计师和手艺人带着他们的作品来到这里。看看你能不能淘到自己喜欢的原创小玩意儿，中古生活旧物、治愈系插画和精致的手作首饰最受欢迎。

旧天堂书店

（86148090；北区A5栋120铺；11:00—22:00）

这家书店的门头有点低调，但走进去就会发现是家宝藏小店，稍显拥挤的书架上摆放着以文化学术类为主的图书，一角还有不少黑胶唱片可供选择，以书店与作家为灵感的原创藏书票、贴纸等也值得入手。室内咖啡馆有舒适的庭院位，有时间可以坐下来点杯咖啡看看书。

驴吧

（21537600；恩平南街1栋101；10:00—22:00）

深圳最早的本土咖啡店之一，同时也是一家花园餐厅。门口的黄色小方盒屋子是亮点，上镜率极高。室外种满花草，绿藤爬上墙角，从早午餐到下午茶到晚餐，随便选个角落坐下，都能享受一段隐秘的时光。

望春山

（17727923307；创意园南区F1栋102A；11:00—21:00）

门口的绿植和玻璃门上的卡通涂鸦吸引着你踏进门去，店内不定期展出国内和日本艺术家的各种手作器皿，以陶瓷和玻璃制品为主，值得细细欣赏。有喜欢的作品也可以购买，不过价格略贵。

在福田逛城中村

有人说，城中村是这座城市的湿地，给当地人提供最为丰富的生存空间，也有人将它比作城市的淋巴细胞，说它神秘叵测，盛产奇形怪状的故事。城中村给人带来的直观感受更像是一座不夜城，这里的大排档会营业到天光泛白，狭窄的巷道里有闹中取静的咖啡店、酒吧，无论是谁，都可以在城中村找到场所安放情绪。

如今的福田区是深圳的行政中心所在地，不过在建立特区之前，这里由河边与海岸线上相连成串的村庄组成，从村庄直到莲花山、笔架山和梅林山一带都是广袤的农田，田间种植着水稻、荔枝和甘蔗。

斗转星移，改革开放后的深圳迅速城市化，众多村落被道路和高楼包围成“城中村”。20世纪80年代外来务工劳动力迅速涌入深圳，于是村民们像种庄稼般“种楼”，把村中房屋建得又密又高。

不管是“握手楼”还是“亲嘴楼”，虽然有诸多弊端，但胜在地理位置优越且租金低廉，因此成为众多打工人到深圳的第一处寓所。

对于深圳城中村的村民来说，1992年是重要的年份，福田区沙嘴村率先将村委会转为股份公司，之后深圳城中村陆续完成转型。原村所属的集体资产由股份公司进行管理和投资，投资类型包括自办企业、房地产、股票基金、金融小贷和高新科技等诸多类型。因此，城中村许多原住民的身份不仅是包租公和包租婆，更因可观的公司分红而过上富裕的生活。

随着城市的更新，城中村的面貌也在发生变化。闲逛其中时，你会发现不仅小街窄巷变得整洁明亮起来，越来越多的社区咖啡馆、食肆与公寓也出现在了村中。而牌坊、碉楼、祠堂和村中心的大树会提醒你，不要忘了这些岭南村庄的传统模样。

特别推荐 >>

福荣都市绿道

这条都市角落的绿道顺南湾半岛延伸，与福荣路及一段京港澳高速平行。步道串起了下沙、上沙和沙嘴，沿途绿意盎然，点缀其间的运动场、雕塑和长椅增加了休闲趣味。

顺着绿道散步时，可从岔路口拐进村中逛逛。或者在傍晚到绿道尽头的福田红树林生态公园（福田区福荣路和新洲路交叉口，近沙嘴村；免费；6:00—23:00），在凉风吹拂中等待日落。

乘地铁即可便捷到达每个城中村的主入口，如果专程开车前去觅食，最好把车停在村外购物商场的停车场。

上下沙

提起下沙村，很多人会立即联想到“万人盆菜”的盛大场面：新春元宵节时，宗亲们齐聚在祠堂门前的广场上，共同品尝用鸡鸭海鲜层层叠加共同烹出的美味盆菜，这个习俗已被列入省级非物质文化遗产。

广场中央的祠堂即始建于明朝晚期的黄思铭公世祠，现存建筑在清朝祠堂的基础上维修和重建而成，旁侧的侯王庙与祠堂同期建成，主祀陈、杨二侯，两座庙宇都装饰有精美的顶脊灰塑和雕龙石柱。广场北侧小池塘中八仙过海塑像灵动端坐，再往北，益田路上的江苏大厦楼内专门辟出一间下沙博物馆，用图文和实物陈列讲述下沙的历史。

上沙与下沙相连，原住村民多姓黄，源自同一个祖先，村中广场上的怀德黄公祠为纪念开村三世祖而建，堂前联刻“椰树家声”，因为上沙最早的名字叫作“椰树下”。在福田的沿海村落中，黄氏家族可能是最早开枝散叶的中原大族之一，南宋中期黄金堂与黄默堂两兄弟分别开辟了上沙和下沙两处村落，两村的黄氏后裔又陆续分别迁居至福田和上梅林。

皇岗和水围

气派的入村牌坊与中心广场彰显豪气，广场西侧祠堂门前的大树诉说过往，皇岗村不仅是中轴线上有名的“富豪村”，村中还有不少亮点值得探寻。皇岗庄氏祠堂不仅祭祀元朝末年迁来的开村始祖，内还设有展馆讲述家族故事。祠堂旁侧有小门通往锦绣园，这座花园按照苏州园林的风格建造，处处是湖波荡漾的江南风光，太湖石环绕装点4座凉亭，凉亭名字中暗藏“兴旺发达”。

与皇岗相邻的水围村因“彩虹公寓”而吸引游人前来打卡，1368街区的吃喝玩乐商业配套设施也相应而生。彩虹公寓是用29栋城中村旧楼整体改造成的精装公寓，外墙和天台都刷有明艳的色彩。公寓配租给来深工作的青年，因此按年轻人的需求和喜好来改造布局：楼栋间由内外通廊连接形成社区，社区内修建了公共活动区域，健身房、阅读室和咖啡厅分布其间。水围村房屋改造的多彩案例，启发人们探索着城市更新的缤纷可能。

石厦

石厦村从元末明初时便有人居住，当时打锡岭下的巨石块为渔民提供停船处，渔民上岸后在此聚集，石

厦意即石下。到了20世纪90年代，石厦村因众多出租车司机在此居住而成为“深圳的哥第一村”，司机们大多来自湖南攸县，因此村中也出现了不少攸县米粉店。

防守村落的碉楼在龙华和宝安并不少见，不过在临近福田中心区的石厦村口也能找到碉楼。这座建于民国初年的五层碉楼整体保存完整，顶部装饰有广式官虢顶和鲤鱼水口，高挑的结构与后方立体车库的招牌相映成趣。村口另一侧的杨侯宫始建于清朝，历经维修后还保存有木雕盘龙柱原件，庙内供奉的是北宋“杨家将”中的杨延昭（杨六郎）。

如同现在石厦村中五花八门的各地小吃一样，这座村落在建村时也由多个姓氏的人家组成。清末时几大宗族联合组建“众孚堂”以保护石厦村的安全，这也是如今村口众孚花园名字的来历。

福田

福田村与上下沙同宗同源，开村始祖是上沙一世祖黄金堂的四世孙。过去村中拥有的农田辽阔，“幅田”演变成“福田”，这个寓意美好的名字在福田建区时被借用，用来称呼整个行政区。村落原由福田、祠堂和牛巷等几条村组成，在清末至民国时建有四座碉楼守卫，如今仅在牛巷坊西侧留有一座“金山炮楼”，这座三层碉楼建于民国年间，顶上装饰有中西合璧的天台围栏。

由于20世纪80年代潮汕移民的集体迁入，福田村已成为“潮汕美食第一村”，短短的牛巷坊内美食云集，不仅有经典的卤鹅、粿条、牛肉锅和杂咸打冷，还能找到冬天卖糖葱薄饼的传统糖果店。小巷在宵夜时间最是热闹，喧嚣往来中带着高楼间少有的人情味。

城中村的乡土滋味 >>

随着居住群体的变化，城中村的美食逐渐有了更多时髦选项。不过，乡土美食仍然是城中村滋味的基调，平靓正之外也带着一丝乡愁。

下沙

好好滋味茶餐厅

（福田区下沙村一坊13号楼，近下沙东涌一路；11:30—14:30，17:30—21:00）

店主兼大厨原是下沙祠堂餐厅的厨师，自立门户继续给街坊乡亲做饭，滑蛋牛肉饭配冻鸳鸯简单又美味。藏在窄巷里的小店不好找，顺地图走进巷口往右看。

杨记趣香鸡

（福田区下沙村一坊68号楼，10:00—22:00）

这家小店已在下沙村经营了十余年，招牌特色盐焗鸡现点现焗鸡味十足，外卖生意红火，但到店吃新鲜出炉的更滑嫩多汁。来点鸡肝、鸡心和凤爪，配上柠檬红茶一起吃喝。

皇岗

汕头辉记肠粉王

（福田区金田路皇岗上围一村26号；24小时）

桌上的蒜蓉辣椒酱、普宁梅汁和鮀岛鱼露都在证明，这里是地道的潮汕肠粉老字号。一张粉皮包裹全部的潮式肠粉馅料丰富，芝麻干面加鱼丸也很美味，还能吃到枸杞叶猪杂汤。

水围

龙湫家乡风味

（福田区福强路1368街区147栋101号；10:00—24:00）

在水围时髦的1368街区经营广府乡土菜，龙湫以烹饪够味的鸡鸭鹅而出众，在这里能吃到白切鸡、安铺鸡和盐擦鹅，都是地道的老广味道。

佰千红肠粉皇

（福田区水围五街36号；6:00—22:00）

这家从水围菜市场做起的20年肠粉档如今有了临街店面，每日现磨米浆制作广式肠粉，叉烧肠颇受欢迎，肠粉酱汁由老板独门秘制，加入骨头汤熬制而成，增加了香浓的滋味。

石厦

有章牛杂

（福田区福民路石厦东村314号101；10:00—24:00）

这家潮汕风味的牛杂店在石厦颇有口碑，招牌牛杂炖得软烂，萝卜很入味，吃粿条还可选吊龙和牛肉丸。小店很好找，就在石厦杨侯宫后面。

香港新凤凰面包

（福田区福民路104号石厦新村一楼；10:00—20:00）

这家老派港式面包店铺面很小，不过菠萝包整点出炉时门前总能排起长队。菠萝油包是菜单上没有的隐藏选项，询问后店员就会往热乎乎的面包里夹一块黄油。

呐咪傣园

（福田区福民路石厦西村113-1号；11:00—17:00）

不仅有湖南攸县米粉，石厦村中还藏有一家地道的云南德宏傣味餐馆，“呐咪”即傣语中的蘸料。菜单让人眼花缭乱？点柠檬撒撇和烤五花肉总不会错，人多就选手抓饭。

福田

牛巷番薯粥

（福田区福星路牛巷坊54-1号；11:00—次日6:00）

这家有名的潮汕打冷排档名为“番薯粥”，其实粥只是挂名主角。杂咸、卤味和炸物，几十上百种配菜带来缤纷好滋味，夏秋季节时生腌血蚶和三眼蟹肥美饱满，值得排队等位。

回味澄海鹅肠火锅

（福田区福星路牛巷坊120-8号；17:00—次日3:00）

吃腻了潮汕牛肉锅？不妨来试试卤水锅底焯鹅肠的澄海吃法，鹅肉丸和新鲜的大鹅粉肝在别处不容易找到，浮豆腐吸满汤汁美味无比。

大芬村，画笔创造奇迹

从最初的流水线仿制业务到现在的文化艺术产业基地，一座城郊接合部的城中村，用 30 多年时间，完成了一次叫做“蜕变”的行为艺术——这就是大芬油画村。

大芬村并不大，拥挤的小楼，交错的街巷，与任何一个城中村并无两样，但斑斓外墙、个性招牌和数不清的画廊、艺术空间，又昭示着“中国油画第一村”的独特身份。这些年来，大芬油画村向全世界输出了超过一百万件的莫奈、梵高和达·芬奇等人的复制作品，也成为龙岗地区最热门的旅行目的地。无数人来到这里，在画廊中零距离欣赏“世界名画”，观摩画师们的日常创作，也有机会坐下来亲手画一幅属于自己的油画。看画，买画，画画，在大芬村消磨一天时间，其实非常容易。

扫码观看
720 度航拍全景

逛遍每一家画廊

一座巨大的油画画架伫立在大芬村口，指引着人们走进这

《中国梵高》

这是一部记录大芬村画工生活的纪录片。导演余海波在2004—2005年拍摄过大芬油画村，系列摄影作品曾获荷赛奖。此后他将这段拍摄经历延伸到纪录片的拍摄，花费6年时间跟踪拍摄了以赵小勇、周永久、林锦涛为代表的大芬村画工群体，记录他们在多年复制西方经典油画之后，如何面对现实，寻求转型的困惑与困难、绝望与希望，也从一个侧面映射了大芬村这些年来的转型之路。2016年，由余海波和女儿余天琦联合执导的纪录片《中国梵高》在阿姆斯特丹国际纪录片电影节（ADFA）首映，引发全社会对大芬油画村的关注。如果你对大芬油画村有兴趣，不妨去看看这部《中国梵高》。在大芬村闲逛时，说不定就会遇到片中的主人公赵小勇和周永久们。

座闻名天下的“油画村”。首先看到的是黄江油画艺术广场，略显破败的巴洛克风格装饰与城中村建筑格格不入，与它相对的是拥有独特工业风格的大芬美术馆。两座建筑的奇妙混搭，讲述着大芬村历史上的两个重要节点。1989年，香港画商黄江把油画仿制带到了大芬村，由此改变了大芬村及无数村民、画工的命运；2007年，大芬美术馆的建成则让大芬村在转型的路上飞奔而去。

大芬美术馆（84732633；大芬油画村老围东二巷3号；免费；周二至周日9:00—17:30）的设计师是主持过华·美术馆设计的建筑大师孟岩，他为这座建筑带来的是一种前卫简约的空间氛围，因此也在2008年被美国《商业周刊/建筑实录》杂志评选为中国“最佳公共建筑”。这里举办过多次全国性油画展，也是深圳大芬国际油画双年展的主会场，还收藏了900余件本土客家文化题材油画和本土原创油画作品，值得你花点时间先来这里欣赏一下。

接下来就可以开始你的寻画之旅。随便选一条小巷走进去，你都能发现十数家画廊和工作室，有的装修豪华，宽敞明亮，有的小得可怜，只有三平方米，仅容一人作画，但无一例外的是从门口到室内墙上，都挂着各种画风的油画，你随时都能看到梵高的《向日葵》、莫奈的《睡莲》或者冷军的超写实主义肖像画（当然它们都是复制品）。

据相关机构统计，在十多年前的鼎盛时期，大芬村中生活着超过1万名画家（工），经过这些年的大浪淘沙，到现在仍能在大芬站稳脚跟的也不过数十家原创画廊，逐渐多起来的是艺术空间、咖啡馆与油画体验馆，来此游玩的旅行者络绎不绝。

今天的大芬村，更像是一处生机蓬勃的艺术公园。太阳山艺术中心（28716049；大芬村老围47号；门票20元；9:30—18:30，周一休馆）是其中最为成功的一处艺术空间，创立者是来自安徽的书画家陈求之，他在大芬村经营十数年，将一座有百年历史的客家古宅改建为艺术空间，除了展出自己的书画作品和青铜雕塑，也会推出其他艺术家的作品展。附属的咖啡馆陈设古朴，花木葱郁，提供咖啡与茶。休息好了再去看看馆内画展吧（人均消费满50元就可免费参观）。馆内曲径通幽，移步换景，随便逛逛也很惬意。

斜对面的亦创艺艺术空间（大芬油画村老围东5巷7号101；周二至周日10:00—22:00）仿佛一幢被绿植覆盖的“古堡”，有朴素的原木门窗，推门进去，墙上挂满不同艺术家的原创作品，地上也堆满了大小不一的画作，青砖砌成的镂空隔断中摆放着手作陶杯和花器，在欣赏画家作品的同时，你可以坐下来喝杯咖啡，或者参加一堂油画体验课。

如果你在来大芬之前看过纪录片《中国梵高》，不妨在小巷中找一找片中主人公赵小勇或周永久的身影，他们在经历过重重选择后仍然没有放下画笔，而且从流水线中挣扎出来，拥有了自己的工作室。但更多画师或者说画工，还在从事着机械的画作模仿。

所以，在大芬村买一幅油画，价格相差很大。花100元左右就可以买到一幅流水线上出来的“世界名画”，例如梵高的《向日葵》，看上去还不错；你也可以买一幅一眼看中的艺术家的原创画作，但预算可能需要数千元甚至更高。大多数画廊或者工作室都提供油画定制服务，从主题到尺寸到装裱，只有你想不到的，没有他们提供不了的。

拿起笔画一幅画

你的心中是否藏着一个画家梦，只是觉得平淡的生活蹉跎了它？在大芬，你有机会拿起画笔，证明自己的绘画潜能。

不少画廊都会在门前摆出一排画架与小板凳，楼与楼之间狭窄的小巷也被布置为临时“画室”，老板手里有数百张各种风格的油画照片，从世界名画到流行卡通角色，从小清新的田园风景到可爱的猫猫狗狗，看上哪张，告诉老板，老板会立马把你按在板凳上坐下，迅速为你配备好画布、颜料与笔，简单几句交代，你就可以动笔了。如果你是绘画零基础，也不用担心，老板甚至会体贴地帮你画出草稿，你只需要按图填色，很快就能画出一幅像模像样的油画（视画布大小30—100元）。再花10块钱，还能配个画框，带回家就是独一无二的旅行纪念品。

不用担心手笨笔拙，坐在你身边画画的，可能是某个企业的程序员，花几十元钱只为买到一段让心情放松的时光，也可能是一对情侣，想要为对方画一幅喜欢的风景。如果你真心想画出一幅自己满意的画作，可以挑选一些提供体验课的艺术画廊，环境安静，老师的指导也会比较细致。

挑家咖啡馆坐一坐

SPAN.COFFEE

（13068735507；大芬油画村黄江油画艺术广场2楼；周一11:00—19:00，周二至周日10:00—19:00）

与TNT当代艺术空间在同一个空间里，吧台由旧船厂发动机改造而成，带着浓郁的工业风，室内散落着各种艺术装置及艺术书籍，有时间还可端杯咖啡看看TNT的最新展览。

蓝虎艺术馆

（13670065995；大芬油画村老围18号；油画体验98元/人；9:00—21:00）

这家艺术馆藏在小巷里，进门就会惊喜地发现，它原来是一家藏式风情的艺术体验馆，除了咖啡还可以喝到纯正的酥油茶。在二楼小露台找个位置坐下来画一幅油画是非常棒的体验。

白头咖啡画廊

（13802255052；大芬油画村黄江油画艺术广场2楼；11:00—20:00）

开在画廊里的咖啡馆，老板是来自香港的画家，墙上满当当地挂着各种风格的油画，咖啡区是法式田园风，他家的下午茶很不错，还有三只猫“店员”。建议坐在通透的阳台玻璃窗前，窗外就是大芬村口。

工头咖啡

（13620221687；大芬油画村老围东七巷1栋二楼；周二至周五10:30—18:30，周末10:30—21:00）

一处能够放松自己的小小空间，你可以在老师的耐心指导下花一个下午完成一幅油画，你甚至还能点杯鸡尾酒边喝边画。

低调的艺术村

深圳有多个艺术村，其中鳌湖和上围很是特别。鳌湖积淀的时间久，街头巷尾、房屋院落，处处有细节。上围适合深度旅行爱好者，许多老房子别看外表破，里头别有洞天，有博物馆，也有书房和艺术空间。

鳌湖艺术村

启明街214号；
近地铁4号线牛湖站B口；
艺术展等活动信息可以从公众号"鳌湖村"中获得

鳌湖艺术村和牛湖老村，在地理位置上是一个地方，牛湖老村是过去，鳌湖艺术村是现在，它们代表了村子不一样的经历和时代。

牛湖村有100多年的历史，清同治六年（1867）后，兴宁、梅州一带的客家人开始向外谋生，往广州、深圳、香港甚至南洋等地迁徙，牛湖村就是在这次迁徙过程中形成的，魏、巫、李三大姓氏最早迁入，另外还包括邓、张、罗、曾，在村里行走时，你会发现这里的祠堂特别多。

牛湖村背靠一片山林，村前按客家围屋的习俗建一面月池，整座村子远远地看，背山面水，郁郁葱葱，颇有些逍遥世外的意境。最早一批入驻鳌湖的艺术家说，2013年的鳌湖自然风光比现在还要漂亮，启明路上全是大树，只是后来修路大树都被砍了。

牛湖在成为鳌湖之前，也一度沉寂，20世纪90年代，各村招商引资都在建工厂，牛湖也不例外，村民们搬离老屋，去政府新划的土地上盖起高楼居住，将老屋出租给外来务工者。牛湖村变身为废品收购站和三无小作坊聚集地，环境杂乱。随着深圳产业结构的转型和调整，工厂外迁，牛湖又一次安静下来，房屋空置。

2013年，几位面临房租到期，即将从宝安区F518创意园搬出的艺术家来到牛湖，觉得这里山水可爱，老屋有趣，是个能安心搞创作的地方，于是他们来到这里，成了牛湖的新租客。越来越多艺术家闻讯搬来，他们整顿老屋，养花种草，布置街巷，让村子重新鲜活起

实用信息

鳌湖艺术村附近另有一座鲜为人知的艺术村——俄地吓村，有几处特别的建筑。

俄地吓村

（裕新路8号）

沿牛湖兴业路进入鹅地路，能去到俄地吓村，从鳌湖步行过去约10分钟路程。俄地吓村是著名版画家陈烟桥的故乡，陈烟桥陈列馆设在村中的一座老宅院里。俄地吓村有一点点鳌湖初期的样子，艺术家、文艺工作者，或是纯粹喜欢古村和老建筑的人自发租住在此，各自收拾、装扮房屋，让村子整体变得特别起来。村里的公共艺术空间游艺堂常有艺术沙龙活动和艺术家分享会。另一处公共空间是公益书房“得间书房”，村民们可以在此阅读休息。村里有绘画、古埙、沉香等不少工作室，大多对陌生人的造访持开放和欢迎的态度。

1510图书馆

沿牛湖兴业路进入广培北路，新艺公园背后有一座开在炮楼里的图书馆——1510图书馆，从鳌湖步行过去约8分钟路程，这是目前深圳活化得最有特色的炮楼之一，里面不仅藏书丰富，也是一个老物件展览馆。

广培学校旧址

顺着广培北路一直往南，快走到头时会看到广培小学，广培学校旧址就在小学校园内，隔着马路能看到高耸的炮楼和一座拥有大小拱门的西式教学楼。广培学校建成于1912年，是深圳最早开办的民办学校之一，老教学楼被完整地保存下来，目前作为少年版画基地继续使用。

来，牛湖村成为“鳌湖艺术村”。有些在外务工的村民回乡，见到村里的变化也很喜欢，加入到重整老屋、回村居住的队伍中。鳌湖艺术村名声打响后，逐渐有资本进入，这里出现了不少私房菜馆和私人会所，这使得鳌湖变得更加丰富，也开始分裂，一拨人和一拨人玩儿，不过变化本身也是世态的有趣之处。

村里的艺术工作室大多不对外开放，但没有关系，对于喜欢艺术的旅行者来说，街头巷尾的墙画、装置、雕塑已经很够看了，街头的每一个作品都出自村里的艺术家之手，没有“命题作文”的压力，无须考虑别人喜不喜欢，这些作品充满了活力和细节。少有的对外开放的几处空间，一定要去看看，各有各的意思，即便看不懂也没关系，只需感受这个新的世界。

村口的艺墅家是2022年新开的艺术空间，定期举办艺术作品展和艺术家分享会。村口第一条巷子往里走，你会看见Malson Art，这是一处无须预约，完全对外开放的艺术空间。Malson（马尔森）是一位来自美国的艺术家，在鳌湖已经居住生活了8年，他喜欢从废弃物中寻找灵感，将它们改造成新的装置艺术品。Malson Art

吃在鳌湖

鳌湖有多家颇具特色的私房菜馆和家常餐馆。

艺术+食堂

（启明街90号；周一至周六11:30—14:00，17:00—21:30，周日11:30—22:00；人均150元）

村里最有艺术氛围的一家餐厅，由一座老宅院改造，建筑外形上基本保留了老宅的特色，内部装饰古朴、精致，与老房的气质融为一体，又有一些亮眼的改造，比如复古花砖墙和将小院风景纳入视野的大玻璃窗。餐厅内的画作、装置品、灯饰都是村中艺术家的作品。餐厅有许多很有创意的菜式值得一试，比如九层塔鹅肝爆牛肉粒、法式黑松露烩青口……

李家小厨

（启明街108号；人均60元；10:00—22:00）

牛湖村村民回乡后开设的餐厅，家常菜风味，量大实在，小店曾经获得过龙华区“舌尖上的中国”美食评选季军，掌勺的是家里的舅舅，他曾经是一位主音吉他手。李家小厨在实际意义上更像是村里的艺术家食堂，村里人常常叫他家的外送服务。

招引atrract

（牛湖老二村115号；预约电话18926778321；11:30—14:00，17:30—21:30；人均600元）

艺术家孙犁和马延东一起创办的艺术餐厅，室内陈列着多位艺术家的装置和绘画作品。餐品以分子料理为主，是2022年黑珍珠入围餐厅，用餐需要提前打电话预订。

对面的小花园“林中空地”也是一个作品，这里原本是一片杂物堆积的小空地，Malson和另一位艺术家邻居一起将它打造成小种植园，在这里捡到的部分废品也被做成装饰物，悬挂或放置在园中。

沿启明路来到“荣光世家”牌坊处，黝吾在牌坊后面的巷子里，这里有咖啡和酒，还有一座舒服的小院儿，你可以在此歇脚。黝吾由一对艺术家夫妇创建，它是文身工作室，咖啡吧兼小酒馆，也是艺术空间，三间屋子分别承担着三个功能。艺术空间里展示有夫妻二人历年来的装置画作，也有艺术家朋友制作的皮具、陶器售卖。

位于启明街尽头的白房子H SPACE，是艺术家尹天石和刘香林共同创立的开放空间，常常有一些具有实验精神的艺术家作品展出。村子最高处有一座民国时期由华侨出资修建的小学——启明学校，学校已废弃多年，校园建筑保存完好，偶尔举办艺术活动和展览，活动期间学校对外开放。

上围艺术村

与鳌湖自发形成艺术村的状况不同，上围艺术村的出现是因为政府先有了建设艺术村的设想，经过调研和考察，选择了上围。

上围村拥有400多年的历史，有一定的文化积淀，清末时这里曾建立过教堂和西式学堂。村子里尚存50多座建于清末民国时期的老建筑，建筑虽然比较分散无法连成大片，但也有小范围的聚集，方便整体改造。

上围村东区；
公交车M578“上围艺术村”站，M566/M342“樟坑径上围”站；
龙华有轨电车“下围”站距离上围村约1.6公里；展览和活动信息发布在公众号“听山观湖”上

上围村三面环山，地势东北高、西南低，站在村北小雅公园的高处俯瞰，上围像一个窝在山脚的小镇，被葱翠的绿意环抱。村子挨着樟坑径水库，排水渠自山上蜿蜒而下，穿村而过，水流也给上围带来了一丝灵秀。

2016年上围开启旧改，通过清理垃圾、翻修道路、布置街巷、建设社区公园等方式提升居住环境，之后邀请艺术家入驻，艺术家们再根据各自的巧思和需求，翻新、改造老屋。如今上围村已经有20多位艺术家入驻，他们在此创作和生活。

上围村本身就是一个很有生活气息的地方，住在这里的居民有四成是原住民，房屋建得很漂亮，大宅院清幽。租住在此的外来务工者也不是慌忙的状态，村里的空地被居民们整理成菜畦，豇豆、红薯、辣椒、小青菜，种得整整齐齐。还有人家圈起不小的地盘，放养着几只神气活现的鸭子。上围村非常少见的没有城中村固有的漂泊感，驻村插画师麦平说，他从来没有当这里是一个暂住的地方，觉得自己就是村民。

艺术工作室和老建筑主要集中在水渠旁的街巷里，艺术村范围不大，穿街走巷的话，20分钟就能走完。如果遇到喜欢的店，不用着急赶路，放心待在那个空间里看个够就好。

顺着宝业路进村，快走到上围艺术村党群服务中心时，往左手边的巷子里钻，远远能看到路的尽头有一座古朴的宅院，绿植掩映下，院墙上的巨幅脸谱画映入眼帘，那里是油画家唐文标的工作室幽兰坊，他和太太已经在上围居住了6年，屋内有近期创作的油画作品展示。村头靠近上围艺术村综治服务站的巷子里，有一家名叫一毛之陶的陶艺馆，由从事陶器制作20多年的艺术家毛连军创建，可以在此体验陶艺制作和柴烧。

回到水渠河边的主路上，一路向东，左手边小院里摆满多肉植物的星星烁，这里是一家关爱自闭症儿童的公益活动中心，里面常年展出深圳自闭症画家孙乾玮的绘画作品，也时常举办儿童公益课堂。

接着往前走会看到右街咖啡，如果咖啡馆开着门一定要进去坐坐，老

板“彩虹”是一位热爱越野跑的瑜伽老师，她对村子很熟，可以跟她打听村里有哪些好玩的工作室和艺术空间。咖啡馆后面是奇域手工艺术工作室，由两位女性共同打理，一位擅做银器、金属丝折字，一位擅长编织手串，两位都有极高的审美和天赋。

经过奇域，左拐进巷子，里头有解愠书馆和中国历代熨斗博物馆，两家是邻居。跨过解愠书馆的大门，有一条小巷道通向一座老宅，书馆就躲在里头，安静清幽。解愠是纪录片导演申晓力的私人图像藏书馆，馆内收藏有不同时代各种版本的中国传统连环画、国内外经典漫画、摄影书、建筑与人文图像书籍，另有一个角落专门放置与影像、美学相关的儿童绘本，书馆免费对外开放。解愠的邻居是一座名叫“南薰居”的炮楼，先秦《南风歌》里唱：“南风之薰兮，可以解吾民之愠兮。”所以书房才取了“解愠”这个名字。中国历代熨斗博物馆在南薰居内，三层展示空间陈列了中国历代工艺、装饰别致的熨斗，馆内展品均为艺术家邹卫的私人收藏，除了熨斗外，这里还展出了部分邹卫老师收藏的奇石和民国商号印章。

村尾通往小雅公园的路上，有一座屋前种着几窝细竹的红砖房，屋里头常常有丁零当啷的敲击声，这里是银器师陈荣鸽的工作室本尧堂，屋内摆放着不少他近期制作的银壶。

实用信息

游玩时间

最好选择节假日期间前往上围，村里不少艺术工作者，除了搞创作外，另有一份维持生计的主业要顾，往往下班后才会出现在店里，节假日前往比较容易遇到所有工作室和小店都开门的状况。中国历代熨斗博物馆平常是关门的，如果旅行者想要参观，可以前往上围艺术村综治服务站寻找工作人员帮忙开门。如果服务站大门紧锁，可以询问右街咖啡馆或奇域工作室的主理人，她们与掌管“南薰居”钥匙的工作人员熟络，会尽可能给旅行者提供帮助。

樟坑径绿道

沿着水渠边的主路一直往东走，可以走到樟坑径绿道的入口，沿绿道穿山一路向南可抵达龙岗甘坑客家小镇，也可以去到平湖湿地公园，绿道全程约4公里，适合休闲徒步。

深圳炮楼

深圳目前有 550 多座炮楼，炮楼的数量仅次于广东开平，位列全国第二。炮楼主要分布在龙华、龙岗、大鹏、宝安，其中龙华区观澜一带是炮楼最密集的区域，你可以在此看见深圳各个时期的炮楼。

炮楼的出现

深圳的炮楼大多修建于清朝末年至民国期间。200多年前，观澜墟在宝安、东莞一带很有名气，是富庶之地，常有土匪来此抢劫。观澜有一户姓陈的大户人家，他们在修建自家宅院时，在房屋后面建了一座高20多米、共8层的炮楼“成昌楼”作为武装防御单元，这座炮楼进可攻退可守，震慑作用明显。在此之后有钱人建房，都会修建能攻能守的炮楼。

1943年日本占领香港期间，大量香港人，还有从南美回国的华侨到观澜定居，他们在建造房屋时仿效陈氏兄弟，在观澜各村寨建起了大小不等、样式不一的炮楼，炮楼开始从单纯的“防御单元”

演变为家族实力和经济能力的彰显，当时很多人认为，能在村里建炮楼便是出人头地的表现。

最初建炮楼的不仅仅有民宅，还包括学校和当铺，在清末民初建造的学校校舍中，就有一大批附带炮楼的建筑，它们通常位于校舍的后面或一侧。牛湖村的广培小学内有一座建成于1912年的校舍，老校舍后方就有一座高大的炮楼。

深圳早期的炮楼大多样式比较质朴，传统的炮楼基本是夯土所制，墙体为三合土夯筑而成，内部为木质结构。炮楼与宅院连在一起，有些墙体相连，有些通过狭窄的过道连接。因防御的需要，早期的炮楼构造很简单，整座炮楼不设窗户只开有枪眼，内宽外窄，方便瞭望。民国时期，炮楼的功能有所扩充，开始用来居住和商用，每层楼建有窗户，只在顶楼才开有枪眼。

深圳炮楼发展的后期（1940年前后），炮楼的炫富意味更加浓重，炮楼开始有了一些比较复杂的建筑装饰，靠近天台的墙体上有彩绘、雕塑，排水孔的装饰尤其繁复，孔洞处常常雕刻锦鲤和蝙蝠图案，也有金蟾、灵龟、燕子、莲花、和平鸽、生菜等图案，取其吉祥的寓意。还有一些炮楼是中西合璧的建筑装饰，天台上围合着罗马柱栏杆。

观澜炮楼

2004年，在宝安区进行的首次文物普查中，文物工作者在观澜发现了114座清代至民国时期的炮楼，这些炮楼大多处在被破坏和废置的状况中，有一部分用来出租给附近的工厂作为员工宿舍，或者租给外来务工者开设商铺、废品收购站等。很多炮楼的主人想要卖掉这个“无用”的建筑，观澜版画村凌氏炮楼的主人就曾经想以50万元卖掉炮楼，但因为产权转移问题无法解决，没有人敢买。大多数炮楼的产权属于家族里几个兄弟共同拥有，无论是出售还是拆建往往涉及复

杂的产权分配问题，这反倒让这些炮楼留存了下来。

观澜古墟、鳌湖艺术村、观澜版画村都有密集的炮楼。位于观澜古墟东门街的成昌楼是深圳最高的炮楼之一，方方正正的楼体，顶端墙面涂有红黑色带装饰。解放战争时期，这里曾经被国民党观澜联防大队作为囚禁游击队地下情报员的地方，楼内外发生过激烈的战斗，如今墙面上仍有明显的枪弹痕迹。观澜版画村的凌氏炮楼融合了西洋建筑装饰，女儿墙外侧有圆拱门作为装饰，天台四周围合有欧式栏杆。松元厦社区（德胜路37号）左侧有一座碉楼主题广场，广场周边立着四座碉楼，它们本来分散在松元厦的向西村、河南村和中心村三个老村里，2011年松元厦社区进行旧村改造，四座碉楼被整体迁移到了一处，并建立了一座碉楼主题广场。

活化的炮楼

观澜坳顶村内，有一座开在炮楼里的图书馆，名为“1510”，取“一五一十”的意思。炮楼总共五层，里面除了摆放图书外，也陈列着许多老物件。图书馆的主人名叫丁友江，村里人管他叫老丁。老丁是一位民警，1991年就来到了深圳，对这座城市很有感情。2016年他租下坳顶村的炮楼，一个人默默开始修复老楼，他找来200多块老房子的木门板，用它们作为原材料，给炮楼装上楼梯。楼外的空地被利用起来，一半辟为菜地，另一半改造成庭院，养花种树。村里人见他为老楼忙前忙后，有人义务过来帮忙，后来逐渐形成了一支由村民组成的1510义工队。

炮楼里里外外收拾妥当后，老丁将收集来的几万册图书安置其中，1510公益图书馆正式迎客，馆内所有书籍免费借阅。事实是，来此看书的成人非常少，最常来的是村里的孩子们，他们在老楼里看绘本、画画，去院子里摘果子、拔草。老丁重新摆放图书，干脆将一层楼辟为儿童阅读空间，专门摆放儿童绘本和其他书籍，孩子们平常画的画就张贴在墙壁上做装饰。又将儿童阅读空间上面的一层改造为“音乐室”，放置一架钢琴和几把吉他，炮楼又高又窄，聚音效果好，这样孩子们又有了一处演出空

间。如今的1510除了是一座图书馆，也经常举办儿童公益活动。

炮楼内每一层都摆放着一些老丁收藏的旧物，其中大部分物品与深圳的城市建设史有关，比如老东门改造时从墙面上拆下来的雕刻画，南海酒店被收购时淘回来的酒店地毯和灯具，大运会结束后弃用的广告牌……许多物件背后都有一个特别的深圳故事。

另一处内有乾坤的炮楼在上围村，它是一座双体炮楼，共三层，有一个好听的名字——“南薰居”，目前为中国历代熨斗博物馆，里面陈列着艺术家邹卫收藏的数百只古代熨斗。大概20多年前，邹卫在朋友家见到了一只古代熨斗，觉得它的形制纹饰特别精美，“玩性”被激起，开始收藏和研究古代熨斗。经过多年的积累，邹卫已经拥有了1600多只熨斗，他按年代挑选出数百只有代表性的熨斗陈列在南薰居内。

馆内展出的每一只熨斗，它们的形制、工艺、图案都传递着所处时代的文化。宋朝的熨斗手柄图案丰富，有几何图形，也有竹子样式，手柄与斗的焊接处为了美观有巧妙的装饰。元代的熨斗大多为实心铁质，可能与元人衣物厚重，铁熨斗更方便熨烫有关，斗身上的海龙饕餮纹，三爪、蟒身、细颈完全符合元代龙的样式。清朝熨斗中，有一种个头小巧的，用来熨字画的文房熨斗，斗身上多是梅兰竹菊的图案。博物馆的镇馆之宝是一只錾刻工艺的熨斗，斗身上的图案由匠人用一把刀刻出，如今这种工艺已经失传，刻画的内容也十分特别，是释迦牟尼在菩提树下参禅，二十二弟子侍奉左右的场景。博物馆内除了陈列古代熨斗外，也有邹卫收藏的其他艺术品展出，一楼为奇石展，二楼楼梯拐角处有一个展柜专门展示民国商号印章，这些收藏都很有看头。

大鹏所城

谁说深圳没有真正的古城？这座国内保存至今最为完整的海防卫所城池，正是深圳“鹏城”别称的历史源头。

已被列为“全国重点文物保护单位”的大鹏所城，全称为“大鹏守御千户所城”，始建于1394年（明洪武二十七年），传统的明清岭南古城氛围，足以让忙碌于都市快节奏的城里人，沉下心来过过难得的慢生活。所城曾在几年前经历了一轮过度商业开发，近年来随着华侨城深东集团的介入，这里的旅游发展又沉淀了下来。古镇旅游流水线模式下的纪念品商店、游乐项目相继退场，留下来和新开发的精品小店、老宅民宿和

扫码观看
720 度航拍全景

大鹏半岛自驾通行证

近年来，每逢“五一”假期至“十一”假期之间的周末和节假日，以及春节假期、清明假期、中秋假期等大小长假，大鹏半岛都会实行临时交通管制。未提前预约、备案的车辆不得驶入迭福山隧道以南（含迭福山隧道）的所有道路，也就是大鹏所城、南澳、东西涌、七娘山和杨梅坑等区域，否则将按照违反禁行、限行规定，处300元罚款，扣3分。预约通道有微信公众号**“深圳交警”“大鹏文旅通”**。

文化设施，在某种程度上重现了古城的昔日风情。待一场夜雨落下，行人渐少，堂屋里生活依旧，灯火在青石板路上映出倒影，大鹏所城仿佛穿越回了过去，最能打动人心的时刻，莫过于此。

古城以西4公里的大鹏街道属于新建城区，同时也是这一带的交通枢纽。从深圳市中心来大鹏所城都要经过大鹏街道，最快的公交走法是乘坐深圳北站始发的E11路（途经地铁6/9号线银湖站、8号线莲塘口岸站）、福田交通枢纽始发的E26路（途经地铁9号线向西村站、8号线海山站），到大鹏街道的大鹏中心站下车后，再换乘M457路、M471路直达大鹏所城南门。每年5月1日至10月30日期间的周末，你还可在8号线一期终点的盐田路地铁站外，搭乘大鹏假日专线6号直达大鹏所城。在建中的深惠城际大鹏支线也在大鹏街道设有站点。

南门楼

（免费；周二至周日9:00—17:00）

作为所城的正门，南门是大鹏的门面所在。游客们在楼下竞相和“国家重点文物保护单位”碑合影，楼内则有一些大鹏所城的历史图文陈列，微缩城池沙盘可让你一窥这座古城的整体风貌。城门楼下方还有一座时光邮局（9:00—

17:00），不妨在此寄一张明信片，将大鹏所城的此时此刻，传递到远方和未来的某时某刻。

刘起龙将军第

（南门街37号；免费；周二至周日9:00—17:00）

明清两代的海防卫所军官多实行世袭制，生活在清乾隆至道光年间的刘起龙将军就出自世代从军的武将之家。他一生致力于巡海捉盗，最高官至福建海军提督，逝世后还由道光皇帝为他写下了《御祭文》。这座刘起龙将军第便是他生前的府邸，拥有三进三间、二厅一天井六厢房的格局。漫步其中，青砖古朴，厅堂开阔，天井幽静，木雕精湛，无一不透露出肃静端庄的氛围。

咖啡故事展览馆

（南门街48号；免费；9:00—18:00）

这是华侨城深东集团开发的旅游观光项目，紧跟咖啡潮流，图文展览做得很是用心。“一杯漂洋过海的咖啡”，你可以在这里了解到咖啡传遍全球的编年史：从咖啡在埃塞俄比亚和人类的初遇，到奥斯曼帝国借助摩卡港控制咖啡贸易；从维也纳围城之战拉开了咖啡进驻欧洲的序幕，到咖啡与牛奶联手征服世界；从教皇克莱芒八世为咖啡洗礼，到日本通过速溶、连锁和精品咖啡引领新潮流——小小咖啡在大历史的潮流中留下了不

少“高光”时刻。你还可以和咖啡重度爱好者海明威来个合影，也可以在馆内所设的咖啡座品咂一杯专业的咖啡。“咖啡应该像地狱般黝黑，死亡般强烈，爱情般甜美”，这句土耳其谚语也会在你的参观过程中留下深刻的印象。

大鹏所城海防展览馆

（南门街50号；免费；周二至周日9:00—17:00）

作为军事卫所，大鹏所城的立城根本是守护祖国南疆的海防。清代，这里曾统辖从珠江口东岸到大亚湾的400里海岸线，是护佑广州的“省城门户”。可以说，了解了大鹏的海防史，便能把握住这座古城的历史脉络。

晚清，强敌自海上来，大鹏所城的管辖海域包括了今天的香港地区，它也因此在鸦片战争时期便登上了历史大舞台。1839年9月4日，参将赖恩爵率领大鹏营的巡洋水师参加了尖沙咀附近的九龙海战并取得胜利，有些历史学者认为九龙海战正是第一次鸦片战争的前哨战，这场胜利也成为中国近代史上反侵略战争的第一战。2个月后的官涌海战中，大鹏营水师作为主力部队，同样取得了不俗的战绩。

第一次鸦片战争结束后，大鹏所城的传奇又开启了新的篇章。为了监控已割让给英国的香港岛，大鹏最高军事指挥官——大鹏协副将迁驻九龙城（香港九龙半岛北部），并高筑城墙等防御工事。这样的九龙城寨不仅在1898年香港全境被英国占据后仍为中国所管辖，更在清王朝覆灭后还长期保留有一支前朝驻军。后来这里更是成为难民和黑社会的聚集场所，密密麻麻的自建高层房构筑了香港另类的“赛博朋克”街区。1993年清拆后九龙城寨已不复存在，但在周星驰电影《功夫》中，你仍能从包租婆的猪笼城寨中一窥昔日场景。

除了和大鹏所城相关的海防历史，这座专题展馆也对明代以前的中国水师沿革进行了梳理。汉代的楼船、唐朝的海鹘，以及艨艟、走舸、斗舰等古代战舰都在这里得到展示，可让你获取不少知识。除此之外，博物馆所处的建筑也有一段历史。这里本是清康熙年间建造的大鹏粮仓，但如今的现代仓库建筑是20世纪50年代重建的。

大鹏协副将署遗址

（海防展览馆东北侧）

大鹏所城的军事作用至关重要，这里在清代的管理体制也是双管齐下。大鹏协副将又称大鹏协协台，从二品武官；新安县左堂又称新安县丞，正八品文官。低品文官在管理着附近村庄农户的同时，还要辅助高品武官监管大鹏协军粮。武官的副将署和文官的左堂署毗邻而建，且前者的位置更正，屯放军粮的大鹏粮仓也建在一旁。两座官署建筑早已荡然无存，如今则被打理成“遗址花园”对外开放，建起了人物雕塑和图文展示牌，提醒着人们这里曾经发生过的历史风云。左堂署遗址位于侯王庙西侧，从副将署遗址过去，绕过海防展览馆的出口就到。

北门广场

（南门街北端）

因为风水的缘故，大鹏所城在建城约200年后的明万历年间便堵上了北门。通行功能不再，但作为正北方位的制高点，北门内汇集了文庙、武庙、关帝庙和火药局等公共建筑。清末至20世纪80年代，文武庙先是成为大鹏的公塾，后又担当过一段时间的鹏城学校。如今，这座半封闭的广场是大鹏所城的文创中心，有水幕墙和创意雕塑，有文创商店和公共阅读空间，还常有新春庙会、文创市集和各种演出在此举办。

告别北门广场，你可以沿顺城巷一路向东，寻访仅存的大鹏所城城墙遗址。最开始的一段只剩略比地面高一些的土堆，拐个弯后城墙向南伸展，墙体逐渐变高，也开始有了青砖包裹。东门楼仍旧保存完整，还有一家古风浓郁的问山茶馆开在了城门上。

侯王庙公众影像艺术馆

（东城巷1号；免费）

侯王庙是大鹏所城为祭祀西汉留

侯张良而建，不过现存建筑经过改建，外观上已不像一个传统庙宇。如今这里被“活化”成了公众影像艺术馆，用各种卡通形象重现了《大鹏半岛消失的鱼汛》。这里有一首《疍民咸水歌》：正月乌头（鲻鱼）走入涌，乌进江河路不通；二月墨鱼又喷水，娇怜女子没丈夫；三月立鱼（棘鲷）骨叉叉；四月松鳞（多鳞鱚）有白卵；五月又是赤鱼（海鲇），人人厨房有赤鱼吃；六月是蚬鱼（大鳞鲛），走末横牙打沉船；七月是环扎（斑鰶），环扎没腌加上梅；八月是海秋带（带鱼）；九月是黄花（叫姑鱼），黄花出海又喊娃娃；十月是黄鱼，黄鱼头上又带金跟；十一月是池鱼（蓝圆鲹），人人全港又买冬池；十二月是石斑，石斑出海又眼关关。让人浮想联翩，眼前也仿佛跳跃着欢快奔腾的鱼群。馆内的小放映室经常播放各种卡通电影，能看到一些不错的小众影片。

红色景点在大鹏

戴基故居

（戴屋巷6号；免费）

又名**红色印记展览馆**，是省港大罢工领导人戴卓民、东江纵队司令部无线电台总台长戴基的故居。戴氏一族也是大鹏的望族，在革命岁月中表现不凡。

刘黑仔纪念馆

（东门巷6号；免费）

抗日传奇英雄刘黑仔的故居。他是神出鬼没的神枪手，曾在广九铁路沿线开展游击战争。电影《明月几时有》中彭于晏饰演的角色就是刘黑仔。

东江抗日军政干部学校展馆

（东城巷19号；免费）

纪念抗战期间600多位进步青年来大鹏参加东江纵队青年干部训练班的那段历史。当年青干班在赖恩爵将军第前后共办了7期。

赖恩爵振威将军第

（赖府巷10号；免费；周二至周日9:00—17:00）

跨入雕栋高槛的宅门，一块镶嵌在院廊左侧墙上的牌匾引人注目：正中四字“还我祖愿”，上侧的牌匾刻有“收回香港”，左右两联分书“南京条约今雪洗”和“鸦片毒害永难忘”。知晓了这座将军府主人的生平，你便能理解他为何对鸦片战争念念不忘。

出自大鹏海将世家的赖恩爵，在道光十九年（1839）率水师兵船进驻九龙湾，并赢得了清政府和英军的首次交战——九龙海战。他因此得到道光皇帝御赐的“呼尔察图巴鲁”（满语“勇士”）称号，赏戴花翎，并晋升为大鹏最高的军事长官——大鹏协副将。随后他又出师尖沙咀，赢得了中英穿鼻海战的胜利。在第一次鸦片战争结束后，赖恩爵将军升任广东水师提督，继续守护着祖国南疆的海域安全。相传清政府一纸《南京条约》将香港岛割让给英国，赖将军心痛不已，落下心病。当他在53岁郁郁而终之际，又召集子孙至身边，留下了“吾忧朝廷腐败而忧，吾乐收回香港而乐”的遗言，堪称陆游“家祭无忘告乃翁”的近代余音。

这座将军府即为道光皇帝御赐的“诰封第”，三套三进三间的格局，规模宏大。高墙深宅之中，炎炎烈日透过天井和画窗，日复一日地照亮了赖将军的灵位。

怡文楼

（赖府巷10号；周二至周日9:00—17:00）

和赖将军府邸大门相对，这座拥有170多年历史的建筑，昔日正是大鹏赖氏家族的书房。知书达礼的传统仍在延续，这里如今已被“活化”成了大鹏新区图书馆所城分馆，书房二楼即为深圳大鹏自然童书馆。一楼常设大鹏古城博物馆的“鹏城春秋展”，能看到一些历史图片和资料。

城隍庙非遗体验基地

（赖府巷南端）

这里曾建有城隍庙，如今庙宇

不复，摇身一变成了非遗体验基地，能看到皮影、钩编、版画、蓝染、灯笼、糍粑、风筝、濑粉仔等非遗项目的简单陈列。每逢春节、“五一”、文化和自然遗产日、中秋、“十一”等大小节日，这里都是大鹏所城节庆活动的举办场所之一，有机会看到大鹏山歌、大鹏婚俗、京都大鼓等非遗项目的精彩展演。古城外向西2公里处还有一处非遗文化艺术中心。

天后宫

（正街中段）

东南沿海诸省都有妈祖信仰的传统，负责海防的大鹏所城也不例外。在大鹏筑城之初，这座天后宫就屹立了起来，尽忠职守，护佑着这里的军官和芸芸众生。岁月沧桑，天后宫也翻修过很多次，不变的是旺盛的香火，以及它在大鹏人心中的神圣地位。每年农历三月二十三日正值天后诞辰，这里会举办盛大的庆祝仪式。更隆重的活动每五年一次：为了追念英烈，大鹏清醮围绕着天后宫的醮坛展开。每次清醮都在农历正月初七至十五期间择日举行，为期7天，第8天会举办将军宴，开斋吃荤。

由天后宫继续西行几百米，只剩下一个城门洞的所城西门立在街头，门洞里停放着当地人的电瓶车。和商业化的所城东部相比，这一带仍生活着许多老住户，家长里短很有生活气息。几家古宅改建的精品客栈和有趣小店也在这一片，和游人攒动的南门街、东门一带形成了鲜明的对照。

印章故事馆

（十字街12号；周二至周日10:00—18:00）

近400枚朱印陈列于此，背后藏着近400段故事，繁荣热闹的市井生活、诚信为本的商业精神在其中闪现。这里由华侨城深东集团与益田旅游商业公司合作开发，由老故事、鲲鹏图、梦华图、文创互动区4个主体区域组成。这两家公司同样致力于大鹏所城的“十字街焕新”，未来预计会有更多项目落成在旁。

中心区城市徒步

在山海之间的深圳不难找到户外徒步的好去处，就连在高楼林立的福田中心区也不例外。莲花山与笔架山为都市街区增加自然绿意，几段通道和栈桥将繁茂山林、绿意广场和屋顶花园无缝相连。挑个天气宜人的日子，在CBD来场轻量级的城市徒步吧。

徒步中轴线

作为一座年轻的城市，深圳几乎没有负担地规划和建设起了位于福田的中心区。中心区沿城市中轴线对称展开，这条中轴线从莲花山一直往南延伸到会展中心。你可以在傍晚从会展中心往北走过来，最终爬上莲花山顶看日落。

莲花山南麓的市民广场出入口前方，一条笔直的通道延伸至市民中心大楼的正中央，这条长约1公里的通道建在深圳书城的屋顶，成为莲花山和市民中心之间的空中桥梁。通道两侧小公园中的绿树提供荫蔽，时常有喜鹊出没其间，给这段徒步增

扫码观看
720度航拍全景

莲花山南麓—市民中心北广场—市民中心南广场—天台花园—深圳会展中心

加了舒适和愉悦。

走到市民中心后，下楼梯来到北广场。广场地面上用有机玻璃镶嵌标示出了城市中轴线，升旗台矗立在中轴线上。北广场四周被绿意盎然的小公园环绕，池塘里种植有荷花，夏日莲叶田田带来清凉。

深南大道与中央的“水晶岛”绿化带将北广场与南广场分隔开，从地铁市民广场F口旁走地下通道，进入市民中心南广场继续中轴线徒步。这座小巧的城市公园不算引人注目，却从理念到细节都充满野趣。公园依地势修建，保留了自然隆起的错落坡地，在坡地上分层铺设步道，公园空间感因此变得立体明朗。用铁丝网起石头筑成垃圾桶挡墙和长椅，让必需的人造设施看起来更贴近自然。

在南广场公园中心，贯穿而过的城市中轴线以带状花田和农田的形式呈现，周围坡地原有的沟壑在雨季时会形成蓄水的野塘，开心戏水的孩子们常常踩得满脚泥：这种与泥土的接触，是在城市里难得的宝贵体验。

走出南广场的绿荫，中轴线上的城市绿意却并未结束。往南两座下沉式购物中心——领展中心城和皇庭广场的天台花园让绿荫中的步道继续往南伸展，连廊与电扶梯将两座商场无缝相连。也可借道福田中心四路或福田中心五路往南，沿着高楼大厦之间变幻的街景，一路走到福华三路上的会展中心北门。

沿途咖啡小憩

All Cafe

（福田区福中一路2009号，当代艺术与城市规划馆二层B205；10:30—18:00）

藏在万众一心创意品店里的咖啡馆，缺点是需要预约进入两馆后才能到达，优点是环境宽敞安静且客人不多，拥有直面市民中心北广场的绝佳视野，喝杯咖啡小坐随意打望就很惬意。

KUDDO COFFEE to go

（福田区领展中心城L1层西走廊1004号，近福田中心四路；8:30—20:30）

从蛇口起家的本地咖啡品牌，终于把店开到了福田中心区，招牌的豆花拿铁和豆乳杯都很受欢迎。虽然名为“咖啡外带”，也装扮成车站的样子，其实店内有舒适的桌椅，天气好时坐在室外露台更是愉快。

THE RAVEN乌鸦咖啡

（福田区皇庭广场L2层27B号，近福田中心五路；8:00—20:30）

这家小巧紧凑的咖啡馆开在皇庭广场的走廊通道上，空间设计简约明快，装饰有乌鸦图案的金属三角顶很符合墙上“nothing but cool”标语，招牌的山茶花拿铁口味清爽可人。

栈桥连起两座山

两条栈桥和一座屋顶“小镇”，将福田中心区的两座自然山峰巧妙相连，不管是喜欢逛公园还是中意逛商场，这条脚不落地的路线都能带你来一场轻松的城市徒步。

从莲花山公园市民广场出入口开始，往东走缓坡绕过山脚的草地与树林，从东北角出入口踏上约400米的栈桥。利用了空间高差，栈桥直通深业上城3楼的彩虹小镇，这座小镇建在商场楼顶，就像把童话故事里的小镇搬到了市中心的天台上。建筑外墙抹洒着绚丽的橙黄红灰色块，阳光灿烂的日子最适合前来拍照，每个色块交会处都可以瞬间入镜。二至三层高的独栋loft商铺相连组成巷道，其中有很多新锐有趣的店家。

在小镇小坐吃喝闲逛后，继续

莲花山—深业上城彩虹小镇—笔架山

实用信息

1. 市民中心南广场的花田和农田按季节轮种不同的植物，初夏时节番薯花开放，招人喜欢的向日葵盛花期在10月，冬春油菜花盛开，之后还有玉米大丰收。

2. 领展中心城和皇庭广场的天台花园开放时间均与商场营业时间相同。

中轴线上特别的店

万众艺心流行文化艺术创意品店

（福田区福中一路2009号，当代艺术与城市规划馆二层L201；10:30—18:00）

这家店藏在银蛋般的当代艺术馆的下方，在艺术馆没有展览的时节，到店里也能欣赏到众多新生代艺术家的有趣作品。店内陈列的作品部分可售，从纯白系列瓷器到微缩九龙寨城模型，即使觉得它们价格不菲，也不妨碍近距离欣赏。

24小时书吧

（福田区福中一路2014号中心书城2楼中厅；24小时）

店如其名，这家老牌书吧24小时开放，为读者提供看书学习的场所。私密的个人空间和精挑细选的读物，再加上一杯温暖的红茶，让“阅读让城市更有温度”这句深圳口号在日常生活中得以实现。

川·Fun城市营地

（福田区领展中心城G层西广场，近福田中心四路；15:00—22:00）

不用逃离城市，在CBD商场里也能体验露营。咖啡、烧烤、篝火和弹唱，露营热门元素在这里都能找到，而且帐篷里配有空调，这可是真实露营没有的福利。根据季节和夜场安排，店家会调整营业时间。

走东侧的栈桥，约500米即到笔架山公园南门。跨过福田河上的小桥进入公园，沿着缓坡上的石阶小道登上山顶。初冬时节，山中高大的异木棉树粉红的花朵盛放，这时最适合来爬山欣赏满树缤纷。

你可以在此结束这段山林与商场无缝衔接的趣味徒步，或者继续沿着福田河绿道往南，深圳中心公园依绿道而建，园内的黄花风铃木在初春时仿佛一夜盛开，金色的空中花海美丽又上镜。

在屋顶小镇逛吃

深业上城L3层的屋顶小镇不仅有漂亮上镜的彩虹色彩，还有不少店铺适合闲逛、吃喝和闲坐，在户外享受摩登轻盈的城市气息。

联合书店·本来艺文馆

（店铺门牌T3065；10:00—22:00）

香港联合出版集团在深圳开设的国际艺术人文专业书店，丰富的港版书值得探寻，店内也有空间让读者小坐翻书。

叶外·Urban茶室

（店铺门牌T3063；周一至周五10:00—22:00，周六周日10:00—22:30）

这家茶室将新中式茶饮和甜点巧妙搭配，让传统也时髦起来。玻璃墙外的户外庭院小巧精致，带来一丝都市中心的禅意。

NANO MARKET

（店铺门牌T3014；10:00—22:00）

一家时髦的买手集合店，蓝色的空间内陈列有众多设计感十足的小物，从家居香薰到服饰穿搭，给日常生活增加灵感和点缀。

Blueglass Yogurt

（店铺门牌T3059；10:00—22:00）

这家连锁店把酸奶做出了各种混搭新花样，健康又美味。可以坐在门前迷你花园的遮阳伞下，边欣赏绿植边啜一杯“莫奈的花园”。

Baker&Spice

（店铺门牌T3061；8:00—21:30）

Wagas旗下的西式简餐连锁餐厅，主打健康轻食和面包烘焙，烤鸡肉蔬菜沙拉和香料丹麦卷都能助你迅速补充体力。

走，去看日落

在安静里看，在热闹中看，海边凭栏倚靠着看，山顶吹着小风看，坐在咖啡馆的露台上一边聊天一边看，在深圳看日落似乎可以成为一种生活日常。

欢乐港湾，漫步日落黄昏时

（宝兴路8号；10:00—22:00；地铁5号线临海站直连商业东岸，宝华站靠近海滨文化公园）

如果你在宝安停留的时间，只够你去一个地方，请选择欢乐港湾。网络上关于它的信息，可能会让你觉得，它不就是一个mall（购物中心）吗？有一架崭新的摩天轮，可这又有什么新意呢？

去那里走走吧，你的感受不会骗你，在欢乐港湾行走有一种动线上的畅快感，这能带来极好的漫游体验。这种流畅有一点点像电影《爱在日落黄昏时》中的呈现，男女主角重逢后在巴黎街区游走，他们完全不用管路，只顾忘我地聊天，遇见咖啡馆就坐下，碰到游船就坐船，所有的停留点都自然散落在动线中。

欢乐港湾由商区和海滨文化公园组成，因为建筑设计的巧心，商区和园区在视觉和动线上几乎融为一体，你可以从公园区顺着人行坡道到商区的任意楼层。商区的建筑是开放式的，像一座城市梯田，平台层叠错落，让你有漫步街区的感受，脸庞吹过的是微风而不是冷气，当然如果你想享受冷气，推开任意一家店的大门往里进就可，卧在商区内大面积的下沉花园也让你仿佛置身于公园。在欢乐港湾行走，你完全可以只确定一个大方向（往东还是向西），然后放心地顺着脚下的路径随意走，它会引你到海边、咖啡馆、高空长廊、街区露台……

选晴天的傍晚抵达以便能看到日落。沿海边步道向东走，目前商业东岸确实要更加丰富和热闹一些。前海湾的新地标“湾区之光”摩天轮立在商业东岸的尽头。离它不远处，有一座名为“海上飞虹”的观景长廊高高架起，在空中甩出一个巨大的弧形，这里不仅有观赏摩天轮的最佳角度，也提供了毫无遮拦的日落视角。站在“海上飞虹”上，等日落大戏开场，赶上天气特别好的时候，晚霞变幻，这出戏就更加精彩了，时不时会有飞

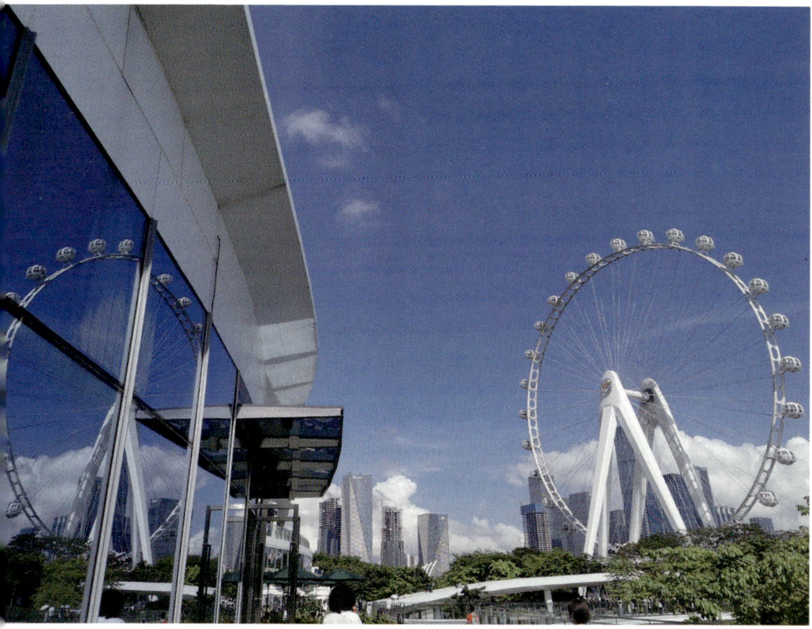

机经过（往西北方向的宝安国际机场），在这出戏里串个场。

日落结束临近夜晚，装饰彩灯纷纷亮起，灯光给欢乐港湾添加了一层更加缓慢悠闲的气场。商业东岸地上楼层的餐馆、酒吧、咖啡馆，大多拥有面积不小的露台座位，挑一处喜欢的地方，将这份悠闲继续下去。

铁仔山日落，平凡里的诗意

（西乡大道和广深公路交叉口；免费；6:00—19:00）

铁仔山的日落是能让人记住的日落。别处的日落，好看归好看，哇哇啊啊地赞叹一番，往往只是经过了，入不了心，铁仔山的日落不一样，容易让人触景生情。

铁仔山是有来历和年头的，公园东侧靠近西乡立交桥的片区，在1983年至1999年之间持续发掘出古墓，多达360余座，古墓年代跨战国至明代，曾被列入2000年度全国考古

实用信息

湾区之光摩天轮

（商业东岸端头；成人票价150元，儿童及老人票价80元；10:30—22:00）

在全天景轿厢里被缓慢送至128米的高空，即便对于成人来说，也有一定的新鲜感，儿童似乎对这项游戏更加乐此不疲。门票可以经由现场扫码或提前通过微信小程序“花橙旅游”购买。

童乐园

（商业西岸，与摩天轮一东一西各占端头；免费；10:00—18:00）

架空的木桥走道，刺激的攀爬架，落差巨大的滑梯，这里的硬件设施会让小朋友欢呼连连，只是有时儿童过多，需要留意踩踏安全，选择非节假日前往体验感更好。

海滨滑板营

（商业西岸，与童乐园为邻；单人入场券30元；10:00—21:00）

如果你是滑板爱好者，不妨试试这个依奥运标准建造的场地，营地分街区式和碗池区，满足不同水准的爱好者练习。不进入滑板营在外圈行走，也能欣赏到里头飞起、旋转、翻越的练习场景。门票同样可以在现场或通过“花橙旅游”小程序购买。

庆典广场主题水秀与音乐喷泉

（港湾中段庆典广场；音乐喷泉19:30，主题水秀20:00）

建议你不要错过“鲲鹏之梦”主题水秀，这场投影、灯光、喷泉相结合的演出并不敷衍，有一些十分用心的设计——水雾中奔跑的人影，对天地之初海域世界以及鹏城如何成长的描绘与展示——简短有力，15分钟的视觉体验相当令人惊喜。

欢乐港湾餐饮选择

渔语鱼 · 酸菜鱼专门店

（商业东岸L2-008、009；人均100元）

深圳最早一批做酸菜鱼的专门店，老坛酸菜鲈鱼是它的招牌。店内也有一些做法新颖的创意菜，比如敲糖棒棒鸡：红麻油封在吹糖里，开动前将它敲破，晶亮的红油和糖片浸润鸡肉、笋尖。

六少猪肚包鸡

（商业东岸L2-023；人均100元）

猪肚包鸡是广东的一道传统名菜，一整只鸡被均匀地涂抹上胡椒，然后塞入猪肚中，缝制扎紧后放入用猪大骨和老母鸡熬制的浓汤里细火慢炖2小时。上餐后先喝一碗汤再慢慢吃肉，别忘了点猪肚包鸡的黄金搭档腊味煲仔饭和鸭屎香柠檬茶。另有一个冷门信息是：猪肚包鸡也被叫作“凤凰投胎”，在粤地有吉祥寓意。

Manner Coffee

（商业东岸L1-011A）

始创于上海的Manner以咖啡出品好，性价比高出名，欢乐港湾店可能因为地理位置（在东岸角落处）受限，就算周末人也不多，是个闹中取静的好去处。

Au Cafe

（商业东岸L2-022B）

咖啡品质好的Au目前在深圳有两家店铺，另一家位于华侨城创意文化园区。店内咖啡师是数据控，每一杯咖啡都有温度、毫升数的精确测量，主打冰滴和手冲，造型特别、清甜不腻的“地球冰淇淋”值得一试。

二十大新发现之一，这里出土了深圳最早的人物像——东汉人面印花纹砖（深圳博物馆馆藏）。

古老、有来头，真不是它最特别的地方，最特别的还得是日落。铁仔山面积不小，从东到西徒步贯穿需要大半天的时间，园区内有10多条登山道，公园入口有5处。看日落的话，得往西边的山头走，朝“云阁碧空”观景台方向去。最佳线路是，从铁仔山公园的主入口（北门）进入园区，沿主路直行，在第一个岔路口右拐，上1号登山道。山林青翠，大多路段都有浓密的树荫。铁仔山不高（最高处为204米），约20分钟可以到达山顶。山顶处沿山崖修有一条长1.6公里的悬空栈道，将你送到山体之外。

欢乐港湾特别的店

钟书阁·深圳店

（商业东岸L1-021）

2013年诞生于上海的钟书阁，以大气别致的阅读空间设计闻名，并且坚持一城出一店。欢乐港湾店也是深圳最具设计感的书店之一。从门口延伸至大堂内，纵穿书店的螺旋式书架，吸引了众多人专程前来拍照打卡。

低烧眼镜

（商业东岸L1-014）

成长于深圳的独立眼镜品牌，与诸多日本手工眼镜店合作，提供个性化的配镜设计服务。品牌创始人“低烧”也是一位深圳的街头纪实摄影师，部分关于深圳的摄影作品被深圳大学图书馆收藏。

沿栈道走，出林区，眼前豁然开朗，脚下的城市，远处的西海岸，横亘在海上的高速公路，由近及远铺陈于眼前。就在这里吹着山风等，等太阳收敛光芒，一点点下落，最后转红沉入海中。身后山林包裹，脚下城市烟火，远处天色兀自变幻，铁仔山这条栈道，将你从生活中拉出来，送到一个特别的角度，又让你再一次看向生活，有一种无心插柳的巧妙。

日落后沿15号登山道下山，朝“吟风木栈道”的方向走。下到山脚，抬头便是木栈道的入口，沿栈道由西向东走，约20分钟可以抵达公园主入口，这条路正好是迎着月亮的。木栈道挨着公园主园路，依山势起起伏伏，不时将洋紫荆、银叶金合欢、五色梅、簕杜鹃等深圳常见的、喜人的花树送到你眼前。

实用信息

铁仔山古墓群

古墓区靠近公园西乡立交出入口，这里并没有墓群可以参观。古墓群发掘完毕后，出土文物送至深圳博物馆收藏，发掘区域已是一片郁郁葱葱的山林，没有太多墓地的痕迹，不必专门去寻。

阳光草坪

铁仔山公园内平地少，靠近北门主入口的这片草坪，约有四分之一个足球场大小，是公园内少有的适合铺设野餐垫的地方。

西湾红树林公园，临海看落日

（西乡金湾大道旁；免费；6:00—23:00）

西湾红树林公园很适合全家人一起去散步，可以临海看风景，观日落，绿化带区域芳草青青，铺上野餐垫就能拥有一处小小的休息地。公园沿着西海湾修建，是深圳湾公园在西边的延伸，园区内并行修有3条步行道，临海一条，堤坝上一条，另有一条在绿化带内穿行，为自行车道，将散步的人与骑行者分开。也许因为位置偏西，周边也没有太多居民区，西湾红树林公园即便周末也保持着热闹但并不拥挤的人流量。临海建有多处观景平台方便游人远眺，无论哪一处都是最佳日落观景点，直面夕阳。公园步道从南至北约6公里，很多长跑爱好者在此锻炼，跑到北边尽头能望见远处的宝安国际机场停机坪。

实用信息

绮云书苑

（近东2门红树林广场）

深圳报业集团简阅书吧设在西海湾的门店。书吧是一座仿古庭院建筑，参考的建筑原型是位于西乡街道乐群村的清代建筑“绮云书室”，这里走出过中国第一位女博士、女律师郑毓秀。书吧内可以借阅图书，也提供饮品和简餐，对于尚未设置自动贩卖机的西海湾来说，绮云书室确实是非常实用的“驿站”。

七彩沙池岛

（近东3门）

一座建在大沙池里的童乐园，有大面积的攀爬墙和多座滑梯供孩子们玩耍。

图书馆之城

深圳是一座名副其实的图书馆之城，全市建有 650 多座公共图书馆，实现了每 1.5 万人拥有一个社区图书馆的目标。另外，深圳已经建成 7 座超级书城，每座书城在建筑设计、室内装置、阅读空间的打造上都独具巧思，尽量让每一位读者获得沉浸式的阅读体验。

深圳图书馆

就算久居深圳的人，有时候也会觉得好像从来没有真正认识过这座城市，不仅仅是因为它变化快，还因为掩盖在高楼大厦之下并不彰显的城市氛围。当你在早晨8点多去到深圳图书馆，看见准备进馆的人已经排起长龙，难免会惊讶，你知道这座城市的年轻人很拼，但这个虚无的“拼”字有实景呈现时，冲击是扑面而来的，它会刷新你对这座城市的认识。深圳图书馆位于福田中心区，与深圳音乐厅、中心书城是邻居，逢周一闭馆，周二至周日即便碰上新

年也会开馆。每一个开馆日的早晨，图书馆门口都会排起长龙，临开馆前半小时，排队进馆的人通常已绕馆一圈。如果有旅行指南或者旅行杂志作者来写深圳，一定会将“早晨去深圳图书馆排队”列为最特别的“当地人体验”之一。

深圳建有650多座公共图书馆，无论你住在哪个区，都有便利的基层图书馆可以去，离深圳图书馆不远的景田就建有福田区图书馆，4层楼房也提供了不少阅读空间。人们为什么还要跑去深圳图书馆排队？只能说他们排的不是队，是生活，无论出于什么理由，深圳图书馆暂时成了他们生活的一部分。

常去深圳图书馆的人中，有很大一部分是备考的都市人，每逢司法考试及注册税务师、会计师等各种考试来临，图书馆常常一座难求，深圳图书馆不仅有浓厚的学习氛围，也建有丰富的备考数据库，能找到各类考试历年的真题。一楼报刊区有许多退休老人，他们安静地翻阅着报纸，一坐一上午，这些老人也是图书馆书法课、古籍拓印等各种文化活动的积极参与者。图书馆也接纳了一部分失业者，他们辞掉了上一份工作，下一份工作暂时还没有着落，白天的图书馆是相当不错的安身之所。有人说，深圳图书馆就像24小时营业的麦当劳一样，有人间百态。

坪山区图书馆

另一座有故事的图书馆是坪山区图书馆，因为外形原因，它被人们亲切地喊作“扭扭楼”。坪山区图书馆从开放的那一天起就展现出“平民图

书馆”的面貌。六楼的大家书房安放着不少市民捐赠的藏书，其中470多册从1979年4月创刊号到2018年12月刊《读书》杂志，就是由市民欧阳涛捐献的，他相信坪山区图书馆是杂志最好的去处。坪山区图书馆的馆长是著名作家、哲学家周国平先生，他坚持“好书一本都不漏，坏书一本都不进”的选书原则，星光书屋摆放的都是诺贝尔文学奖、鲁迅文学奖、茅盾文学奖等各类文学奖项的获奖书籍，真正的爱书人很容易在这里找到归属感，退休

实用信息

坪山城市书房

坪山区有好几处历史建筑内都设置了城市书房，这些饱经沧桑的老屋经设计师的巧手被注入了新的灵魂，转化为现代的、能融入人们日常生活的可爱事物。

红色刺桐花映衬下的南中学堂是坪山区第一座被改造为城市书房的老建筑，于2018年4月惊艳亮相。南中学堂始建于1931年，有鲜明的南洋建筑风格，过去一直是坪山最具代表性的新式学校之一，坪山的老居民对这座学堂有着深厚的情感，建筑师在翻修学堂时坚持修旧如旧的原则，对建筑外观并没有做太大的调整，而是在空间、格局上花了很多力气，还原了一个客家的中堂，读者一进去就可以见到中间有一个门厅，展示学堂的历史和客家文化，门厅两侧设安静的书房。始建于清乾隆年间的方形客家围屋大万世居内设有一处带庭院的城市书房，围屋的房间虽然不大，却有作为展示空间的好处，方便观赏者在精致的室内空间内全神贯注地欣赏书画、摄影作品。位于坪山东胜街66号的文武帝宫可以说拥有最开阔的书房空间，主殿和副殿宽敞开阔，采光极好，很多学生放学了会来这里做功课。文武帝宫是当地客家人特有的文化信仰，老建筑始建于清代中晚期，两三百年间，由当地百姓祭祀祈愿场所先后变身学校、乡政府办公场所、粮站、杂货店……阅尽坪山沧桑，2019年改建为城市书房后焕发新生，室内用大书架作为空间分隔，分成阅读、文创展示、学术交流等不同区域。

另有一座城市书房坐落在自然风光优美的金龟村，金龟村是一座客家古村，周边山林葱翠，潺潺溪流穿过村子。金龟自然书房立在村口，是国内第一家自然主题书房，书房两层楼高，是一座典型的岭南小楼，书房的前身是村内的供销社小卖部，后来变成堆放农具的仓库长期废弃，如今这里成为小朋友最喜欢的书房之一，书房不仅有丰富的自然类图书，几乎每个周末都有好玩的文化活动，包括自然读书会、植物标本制作等。

仓管员李末技是图书馆开馆一年借阅量最大的读者，他在坪山区图书馆遇到了以前未曾听说过的萧克将军的小说《浴血罗霄》，将军写小说的不多，书里描述的真实的战争场面和生动的官兵生活，给他很深的震撼。

不光书好看，坪山区图书馆还有十分丰富、亲民的文化活动，所有的活动都不流于形式，而是走到读书人的生活里去。每周末的“爸爸妈妈讲故事”，真的是爸爸妈妈讲故事，小朋友会看到自己的父母站在图书馆的讲台上分享他们在家里讲过多遍的绘本故事，也能听到其他家庭的绘本故事。“坪山夜话”谈论的话题常与都市生活、人生哲学相关，不少年轻人为了“听君一席话”，会从市区坐高铁至坪山再转车到图书馆。“大家书

房会客厅”总有重量级的嘉宾携有趣的话题而来，止庵曾在“会客厅”聊张爱玲文学的与众不同，周立民在此细数巴金、萧珊的家书。最近，坪山区图书馆又推出了“明新大讲堂”，请来深圳各行各业的专业人士授课，讲述这座城市的历史、文学、建筑、自然，教大家鉴赏西方美术，听懂古典音乐，看到一座建筑的巧思，所有课程免费对公众开放。坪山区图书馆的文化活动中，最亲和的一个是“与周国平共读一本书”，每一年周国平馆长都会挑选几本书与读者共读，并邀请读者在大家书房一起探讨。2020年他领着读者读了《给孩子的哲学》，带领大家一起看蒙田如何谈论“认识我自己”，听亚里士多德讲“什么是幸福”。

大书城小书吧

在深圳，什么地方可以待上一天也不觉得无聊，且男女老少皆宜？自然是中心书城。深圳中心书城并非一般意义上的图书大厦，它更像一个大型的、体验式的“阅读空间”。书城是两层通高的中庭设计，外侧空间环形布局着文娱生活类小店，中间部分为书店，书店内通过大阶梯、连廊形成高低错落的错层空间，可落座阅读的地方散落在书店各处，你可以坐在通往阁楼区的台阶上阅读，书架间也巧妙地安排着靠背椅。书店北区大阶梯常有丰富多彩的文化活动，许多作家会在这里举办新书发布会，南、北区衔接处不定期有文化类、摄影类展览。看书看累了不妨向书店“外围”走去，种类丰富的餐饮店，清新或古朴的咖啡馆，个性别致的文创小店，油画、陶艺类体验馆，都是休闲的好去处。此外，书城顶楼天台直通莲花山公园风筝广场，孩子们爱在那里奔跑。

不要错过书城二楼的24小时书吧，这是一座凝聚着众多深圳人回忆的“老”书吧，它不算太大的空间里上演过各色各样的深圳故事，有人曾经在这里通宵达旦地复习考试；有人一段时间内常常来此加班，在凌晨俯瞰楼下空旷的街道和昏黄的街灯；也有不少人在无处可去的夜晚来到这里放心地待上一晚。书吧2020年经过“升级”改造，更加注重为读者提供私密空间，有些区域设置了可活动的隔板，读者拉下隔板就能拥有一个完全属于自己的“格子间”，也有区域用书架围合成三人间、四人间，经典的临窗长排座位依旧保留。

书城并非只存在于中心区，深圳的每一个区域都建有自己的书城，目前深圳已经拥有7座一万平方米以上的超级书城，外形像一艘赭红色巨轮的龙岗书城无疑是其中建筑设计最为特别的一个，2018年开业便成为当地的网红打卡点。龙岗书城有多面通天书墙，形成延绵、错落的“书山”既视感，这也是一座有高科技傍身的书

城，店内“无人值守”，进门、结账通过手机扫码完成，找书则有智能屏幕和机器人帮忙。

看书、买书不仅有书城，还有街道书吧可去，在深圳你很容易遇见简阅书吧，它像便利店一样开在社区里，甚至走进医院、写字楼。简阅书吧由深圳出版集团打造，目前在全市有40多家。如它的名字一样，书吧竭尽所能让阅读这件事变得简便、亲民，书吧引入图书馆的“借阅”功能，你可以从这里借书回家，有

盐田的阅读时光

书山有路，学海无边，山海相依的盐田区，和深圳其他区域一样建立起了完善的公共阅读系统。充满了设计感的建筑空间、兼顾休闲和观景的功能区域、普及度更高的图书，也让这些图书馆和智慧书房，走进了市民们的日常生活中。除了中英街图书馆和灯塔图书馆，下面几座图书馆也很适合游客在路过时打卡。

盐田区图书馆新馆

（海山街道深盐路2128号；周二至周日9:00—21:00）

以“海洋之书”为设计理念，海洋主题的书籍和负一楼的儿童图书区颇受小朋友欢迎。该馆位于海山地铁站外，交通十分方便。

遇见图书馆

（盐田街道北山道148号；周二至周日12:00—19:00）

坐落在盐田河岸上，离地铁盐田路站比较近。几座木质古风的小屋依水而居，竹帘垂下，白鹭在窗外飞过，颇有古代书房的感觉。

悦海图书馆

（梅沙街道大梅沙海滨栈道正角咀；周一，周三至周日12:00—19:00）

位于海滨栈道盐田渔港到大梅沙段的制高点。这里景观极佳，还有一座气象观测亭，很适合静静地观望蔚蓝海色。

听海图书馆

（梅沙街道大梅沙海滨浴场愿望塔旁；周二至周日12:00—19:00）

图书馆内的玻璃钢架结构十分明亮，窗外能看到大梅沙国际水上运动中心停靠的游艇。调研期间因地铁施工，略有杂音打扰。

望海图书馆

（梅沙街道小梅沙海滨栈道揹仔角；周一，周三至周日12:00—19:00）

坐落在盐田海滨栈道的终点，游人较少。除了望海的视野，这座图书馆由几座集装箱搭建而成，造型也很有趣。

些书吧还成为附近居民的公共活动空间，住在附近的孩子们放学后会相约在书吧写作业，大人下班后再来这里接他们回家。

简阅书吧虽然是“连锁店”，但每家书吧都依建筑主体及周遭环境衍生出自己的风格。观澜版画村的简阅书吧安置在一座老式围屋内，书店布局也呈现出朴素、邻家的气息，围屋房间小，书吧干脆依屋子原本房间的大小打造出一间间小小的书房，每一间都是一个小的阅读室，安放不同类型的书籍，读者可以围坐在屋子中间的大木桌前阅读，也可以歪在靠墙放置的沙发上。开在深圳大学校区内的简阅书吧则是最具文艺气息的一家，极具设计感，书吧三层楼局部做通高设计，所有的功能性空间在错层布局中巧妙展开，行走于其中，既有视觉上的通透感，又能体验空间的多样性，拿一本书坐在一楼的大阶梯上阅读，或是躲进书架与书架间的私密空间都是不错的选择，机缘巧合的话还能在三楼的小剧场看一场演出。

有作家曾经这样形容深圳书城：“深圳以中心书城为核心，每个区的书城和街道的书吧就像一朵复瓣花的花瓣一样，一层一层地绽放开来。”为了让市民一出门就能遇见书，未来深圳将建成10座书城，100个书吧，1000个智能书栈，形成城市“十分钟阅读圈”。

深圳独立书店

深圳的独立书店不算多，但呈现出多元的状态。有像图书批发市场一样的仓库书店；有音乐人、诗人建造的文艺根据地；有设在单元楼或民宅里的私人书房；有安置在购物中心，充满设计感的新潮书店；有打工仔在城中村坚持开了 10 多年的二手书屋……

老牌书店

1994年，深圳市老图书馆旁边的自行车棚里出现了一家书店，铁皮车棚外挂着“读者长廊”四个字，长廊中间摆一溜桌子，书籍排排放好，桌子两侧留出通廊，再立起书架，形成一条书籍的长廊。这条长廊特别红火，每到周末都像闹市一样挤满了人，人们站定在一处看手中的书。

读者长廊书店应该是深圳最早的一批民营书店，它的生命力也很旺盛，经过20多年的城市变迁和两次搬家依然顽强地存在着，书店如今从八卦岭搬到了平湖的确威路。老板易抗既是一位爱书人又懂经营，读者长廊的进货渠道很丰富，有两百多家图书供应商。别看长廊看似一个图书仓库，图书的摆放实际都有讲究。桌面上的图书按一格一格划分，每一格图书排紧后都会留出5—10厘米的空位，让整排图书看起来有宽松感。书籍窄、字体小的书摆在书架的中间，方便视力不好的读者寻找。这家书店就像东门老街一样，是一代深圳人的共同回忆，学生们曾经跑来这里买参考资料，青年们在此淘到过各种图书馆没有的书籍。

2000年，一家名叫“物质生活”的书吧在电子产品云集的华强北横空出世，一时间成为深圳各界大咖的聚集地。当然，现在的大咖那时大多也还是意气风发的中青年人。深圳大学的经济学家张五常，《晶报》总编辑胡洪侠都曾是书吧的常客，周国平也曾在书吧小坐。物质生活书吧无疑是深圳最早的文艺地标，它为这座城市的文化人提供了一个交流空间，也在一定程度上将一种新的生活方式、读书品位带给了这座城市的年轻人。走过20年，物质生活书吧在这座城市有了更多的文化担当，沙龙活动的服务对象会考虑到城市里的不同群体，有针对年轻人的戏剧首演交流，也有专门为孩子设计的“影子戏”、少儿演讲会，还会不定期举办绘画、摄影展，介绍当代艺术。

因为房屋租约到期，这家在深圳营业23年的书店，已于2023年7月底结业，在快速变化和发展的城市里生活，也请留有空间与精神独处。“守护精神空间”是物质生活书吧在这座城市的呈现，房屋会到期，“留一处空间给自己”的种子已在这座城市种下。

比物质生活书吧晚几年出现的尚书吧，在很长一段时间内是深圳最有趣的书吧之一。读书人大多有过开书店的梦，尚书吧就源自这个梦。尚书吧最早的一批创始人都是天涯网站“闲闲书话”的书友，几位书生一拍即合，“乌托邦”地在福田中心书城一角建起书吧，希望这里能成为爱书人的据点。尚书吧经营古籍和二手书，也卖红酒、咖啡、简餐。尚书吧的红酒十分讲究，书吧创始人之一马刀是一位来自香港的品酒专家，给不少媒体写红酒专栏。其他几位创始人也是有趣之人，店主文白本身就是一位藏书家，有一双火眼金睛，总能在茫茫书海里淘到珍品，主理人扫红温和娴静，带着敏锐与好奇观察周遭的一切，她将在尚书吧“看见”的人和事写成了两本书出版，分别是《尚书吧故事》和《坐店翻书》，文笔简洁风趣，至今仍有很多人在旧书网上淘这两本书。

尚书吧因为书品高，有全国各地的文化人来访，书店有一本签到本，扬之水、陈子善、杨照、马家辉、止庵……他们带来了极其丰富的文化交流活动，现代文学作家陈子善在这里谈论过“文学书刊收藏及研究”，书籍设计大师宁成春在此细说“书衣设计与鉴藏”，林少华在书吧讲过村上春树，学者止庵与旅日作家李长声曾在这里对谈“书中日月好纸间声声慢”……如今尚书吧最早的一批创始人大多已淡出江湖，书吧也更换了经营者，文化沙龙比以前少了很多，但它仍旧是深圳古籍、旧书藏品最丰富的书店。

文艺青年聚集地

深圳的文艺青年应该没有人不知道“旧天堂”，这里的书与音乐都是这座城市特别的存在。

旧天堂最开始并不在绿树连天，兼具文艺与烟火气的华侨城。过去在华强北有一个被称为“美国街”

购物中心里的特色书店

深圳几乎所有的大型购物中心里都有书店，它们在书店设计与书籍选择上也颇有特色。

前檐

位于深圳万象城，是华润集团的第一个自营书店，由日本设计师池贝知子设计打造，池贝知子也是日本知名书屋“茑屋书店”的设计者之一。前檐整体是一个文化美学空间，书店只是其中的一部分，与书店调性相符的一些文创、古文化、茶饮、咖啡品牌也被集中安排在此。这里常常举办名家讲座和作家签售会。

覔书店

深圳老牌民营书城“友谊书城”二次创业创立的新品牌，曾被评为2017年度深圳最美书店，龙华九方购物中心和宝安壹方城都有覔书店，书店也是集阅读、文创产品、咖啡、讲座交流于一体的综合文化空间。

本来书店

商务印书馆在内地的首家书店，位于深业上城，有丰富的海外出版物，读者能在此看到最新出版的英美小说和港台书籍。

的嘉华外贸服装市场，市场里头挤满一家家小格子店铺售卖外贸服饰，2004年这里出现了一家书店，店门口挂着用草绳编的三个字“旧天堂”，书店只有8平方米，三面放书，一面放CD，这家逼仄的书店夹在卖衣服和卖袜子的店铺中间，成为华强北一处特别的存在。书店老板涂飞当时一定不会想到十几年后，旧天堂的音乐和书，在某种程度上代表了深圳，甚至成为一种深圳骄傲。

有一年深圳电台的主持人刘倩去涂飞的店里找碟，聊完音乐刘倩邀请涂飞作为嘉宾参与主持电台的音乐节目，他们一起开创了《行走的耳朵》，成为深圳电台年头最久的音乐节目之一，介绍众多非主流音乐，拥有大批铁杆听众。越来越多人也借由这个节目知道了“阿飞”，并寻迹到他在华强北的店铺，旧天堂逐渐在小众范围内火了起来。

2011年旧天堂迁至华侨城创意文化园，拥有了200多平方米的空间，由四位合伙人打理，书店分成书架区和餐饮区两个部分。旧天堂选书一直坚持自己的品位，任性起来有一年两个大书架全放了诗集。这种坚持看似离谱却也常有福报，2011年瑞典诗人特兰斯特勒默获得诺贝尔文学奖，书店一天卖掉了100本他的诗集，因为旧天堂正巧有最全的特兰斯特勒默诗集，还是十年前河北教育出版社出版的。旧天堂坚持售卖国内小众杂志，发现销路相当不错，50本《天南》文学双月刊往往不到半个月就售空，由假杂志出品、定价50元一本的《生活》期刊常常摆出没多久就被买走。这一点也让旧天堂越发坚定自己选书的品位，他们相信只要吸引到志同道合的人，书就不愁没有销路。

旧天堂书店的老客人都知道，旧天堂与附近的音乐现场B10是一家，都是涂飞和朋友创办的。每每B10有音乐演出，老客人们就会在夜晚聚在书店等着，因为B10的演出结束后，音乐人如果觉得还想玩儿，就会相约至书店即兴“玩一玩”，场面就像朋友结婚一样热闹，歌者与听众围坐一团，唱的人尽兴，听的人捧场。2018年明天音乐节期间，如今爆火的五条人乐队的仁科，就曾经在旧天堂与北京歌手小河、德国乐队KRAUTWERK一起快乐演出直到深夜。

如旧天堂一样受文艺青年青睐的书店还有青年诗人张尔创办的飞地书局。飞地书局原本在八卦岭工业区，刚刚搬到购物中心内，改名为飞地人文美学生活空间。飞地书局之前在八卦岭的店铺十分有个性，工厂风搭配深木色或铁艺书架，有一股特立独行的酷劲儿。搬家后的飞地也越玩越酷，开始与深圳各种好玩的团体合作，创造更多有趣的文化活动，飞地的文化沙龙包括读诗、戏剧、心理、作家对谈等，涉猎极广，书店也有自己独立出版的期刊《飞地诗刊》。

分布在各区的个性书店

猫的天空之城概念书店

（龙岗区甘坑古镇；10:00—21:00）

风格一如既往的宽敞明亮，除了书籍与明信片、文具，还推出了以甘坑小镇和客家文化为设计灵感的文创周边。店里还有一处儿童绘本空间，带孩子的可以来这里坐坐。

方知书院

（大鹏所城北门广场内；周一至周四9:30—21:00，周五至周日延长到21:30）

这是广州方所在深圳打造的第一个阅读空间，为大鹏所城注入了新的文化气息。书院由原来的鹏城学校改建，保留了麻石立柱、木梁吊顶、高砖墙的大空间格局，配上透过落地玻璃照进来的阳光，显得格外明亮。

苏西花园

（宝安区西乡街道华侨新村西堤一巷38号；18:00—23:00）

是书吧，也是小酒馆。苏西花园有一间小屋和一座小院子。屋内靠墙放置书架和隔板，顶天立地摆满书，空白处用一些旧物、绿植和花艺做装饰。书品不俗，大多是老板的私藏，可供借阅。店主本职是一位精油调香师，小院里种着许多香料植物。

外来之家文化书屋

（龙华区龙华公园路11号；9:00—22:00）

深圳年头最久的一家二手书店，店主老刘1998年开始就在蛇口摆地摊卖旧书，2002年盘下一家店面做书店，曾经是深圳拥有最多外文书籍的小店，很多书友来此淘宝。20年来店铺搬家多次，不久前搬来龙华，开在龙华公园对面的居民楼一层，房屋外有一个不小的院子，在屋内淘完书可以拿到院子里坐在大树下慢慢看。

“自家后院儿”书店

有一类书店，用“店”字形容其实不太准确，因为这些书店或书房给人的感觉就像是走进了谁家的书屋，是一种亲切自然的存在。它们不像一家“店”，需要有强大的存在感，只是偏安一隅就好。

“我们书房”在深圳就是这样的一种存在。书房最早在城里，位于福田区的一栋写字楼内，最初就打造成一家私人书房的样子，几

间屋子贴墙满满当当全是书架，屋子中央放置桌椅用来接待来访的客人，有不少当地民间团体找来这里举办沙龙活动。

在城里待了3年之后，书房主人宝珍干脆将它搬到村里。她在大鹏的王桐山租了一栋3层楼的老房子，打造成一座带有前后庭院的书房，3层楼9间房，靠墙的部分全建成书架，安放书房的2万多册藏书。

走进书房自然被书环绕，不同的房间窗外的景致亦不同，有的房间窗外是浓浓的绿意；有的房间望向后花园，阳光倾斜而来；最特别的一个房间在三楼，窗外正对一座客家老宅，老宅有大大小小几个院落，灰瓦白墙依次排开，这幅画面在大楼云集的深圳，实属罕见。

我们书房有自己的读书分享会，取名为“乡村读书会”，由宝珍和其他3位爱书的女性共同发起，已经开办了3年，分享各种好书，她们相信“读书随处是净土，闭门即是深山”，借“书”的名义每月一会。乡村读书会逐渐走出深圳，到国内其他城市甚至国外交流，在乌克兰，在国内的长沙、苏州、贵州等地都举办过读书分享会。

另一座亲近自然的书坊是位于福田区的菩提书坊，书坊虽然立在闹市中，却营造出一种“开轩面场圃，把酒话桑麻 ”的世外感。书坊门口用绿植隔出一个不小的院落，凉亭落在一角，大小植物、盆景在院子里错落摆放。坐在室内透过花格窗能看到小院的景致，书坊内用深色的实木书架和展示柜隔出不同的区域，有阅读区，也有一处榻榻米文化交流空间。书架上安放着店主多年收藏的二手书籍供读者取阅。店主深谙茶道，在菩提书坊能品到上乘的单枞，也能看到不少汝窑茶具中的精品。菩提书坊与不少艺术家颇有往来，这里曾经举办过久美嘉措上师的山水画展和王西左的书法展。

小众文化

小众文化在深圳，就像这里的植物一样，呈现出不可阻挡的生长势头。深圳拥有业内口碑极好的本土音乐节，B10 音乐现场是独立音乐人演出的必选之地。小剧场话剧越来越丰富，深圳每个区甚至很多街道，都有自己的剧场。如果你有时间在这座城市小住一阵，你会发现这里有不少有趣的民间小团体，他们聚在一起唱越剧、弹古琴、讲茶道、做首饰……做着许多好玩的事儿。

独立音乐与音乐现场

1989年从青岛坐船来深圳的歌手杨坚起初对这座城市是有点失望的，当时的深圳是歌舞厅的时代，歌手们用学来的粤语同观众打招呼，唱他们点的港台歌曲。杨坚最开始也在歌舞厅驻唱过一段时间，后来还是离开了，他想唱崔健，唱摇滚。

蛰伏了10年后，做过各种工作的杨坚有了一些积蓄，他想盘一块地方可以自己玩儿，他在上步路找到一处半地下室，在这里开起了一间酒吧，取名“根据地”，最开始只有杨坚自己的乐队和朋友的乐队在这里排练和演出，慢慢地根据地几乎成为深圳地下乐队的“活动中心”，当地的摇滚乐队都跑来这里排练和演出。深圳早期的摇滚乐队，比如旧天堂的老板涂飞曾经担任过主唱的橡皮人乐队，因技术出众在南方摇滚圈小有名气的穿刺乐队，都是根据地的常客。

崔健的到来将根据地甚至整个深圳的摇滚氛围带入一个高潮。2000年的一个夜晚，经人介绍崔健来到根据地，看完乐队演出后他非常激动，说没有想到在商业氛围浓郁的深圳居然有这样纯粹的摇滚音乐现场。崔健提议在深圳办一个摇滚音乐节，次年杨坚和崔健一起创办了深圳的第一个摇滚音乐节，崔健从北京喊来近20支乐队，有摇滚圈名头响亮的舌头、二手玫瑰、痛仰、夜叉等。

深圳的摇滚之火被彻底点燃，越来越多年轻人走上了扶植独立音乐的道路。橡皮人乐队解散后，主唱涂飞一边开店，一边做电台音乐节目《行走的耳朵》，向深圳的听众介绍各种小众的独立音乐。涂飞的旧天堂书店从一开始就与音乐密不可分，这里卖黑胶唱片，沙龙活动以音乐人的专辑发布会和分享会为主。2012年涂飞在旧天堂附近建立了一处音乐演出现

场，依据门牌号取名为B10现场，成为深圳知名度和演出水平最高的音乐现场之一。涂飞坚持自己的音乐品位和专业要求，这些年不计其数的国内外优秀乐队、歌手来B10演出，2018年日本第一前卫女歌手户川纯在B10进行了一次专场演出，这位已经处在半隐退状态的日本摇滚女王为这场演出专门办了护照，不少乐迷专程从北京、上海甚至日本、韩国飞来深圳一睹她的风采。

从2008年开始，有两位来自潮汕的85后青年一直在帮助音乐人联络深圳的落地演出，他们在2012年创办了深圳独立音乐厂牌“后青年”，致力于为独立音乐提供肥沃的土壤，签下触执毛、惊林等专业的港深乐队。后青年也一直坚持在做发掘校园原创音乐的“发光计划”，让校园乐队和歌手有机会走上更大的舞台。后青年的音乐现场HouLive扎根在寸土寸金的滨河大道，许多大牌乐队，比如丢火车、落日飞车等曾在这里演出。

深圳有相当不错的电子音乐现场，如果说看最好的朋克现场要去武汉，那么看高水准的电音现场，尤其是BASS现场就要来深圳。拥有最大舞池的SECTOR是深圳电音和嘻哈音乐最重要的演出场地之一，2017年SECTOR入选世界百大俱乐部，是

当时粤港澳地区唯一入选的俱乐部。2017年出现的OIL CLUB是深圳另一处重量级的电子音乐场地，许多国内外电子音乐大师，比如Kangding Ray以及Raster-Noton厂牌的当红名将都曾在OIL演出。

丰富的音乐现场为本地音乐人提供了更多演出舞台，深圳也诞生了一批有个性的乐队。目前深圳大概活跃着30多支本土乐队，其中受众较多的是绿巴士乐队和咸空气乐队。绿巴士乐队有着南方的细腻，创作歌曲的灵感源自许多生活细节，比如这座城市凌晨1点的夜班车，24小时亮灯的大楼。咸空气乐队营造的音乐氛围有南方海洋文化的特征，清新阳光，闲适自然，乐队成立不到半年就在B10举行了专场演出。

小剧场戏剧

深圳民间的戏剧团体或多或少都与深圳大学有些关系，它们要么由深大毕业的学生创办，比如荔枝青年剧社、甸甸巴士话剧团，要么拥有深大表演专业毕业的演员。

1996年，中国曹禺戏剧文学奖导演奖得主熊源伟在深圳大学创立了表演专业，并且将实验性戏剧正式纳入教学，整个华南地区仅有深大一家，别无分店，自此开启了深圳专业而持续的小剧场戏剧活动。

城市剧团是深圳最早的一个民间话剧团，由熊源伟一手创建，剧团以深圳大学表演系的学生为主，最开始只在深大的黑匣子剧场做小规模的演出，后来演出规模逐渐扩大，去到香港、台湾、澳门进行巡演。剧团根据鲁迅的《故事新编》创作出的《铸剑篇》《出关篇》《奔月篇》三部实验性话剧，为深圳小剧场赢

两个音乐节

每年的5月和10月，深圳都会迎来两个重要的本地音乐节，明天音乐节和OCT-LOFT国际爵士音乐节，这两个音乐节都在B10现场举办。

OCT-LOFT国际爵士音乐节于2011年开始举办，每一年都会有重量级的爵士乐表演，活跃乐坛40多年，被美国《时代》周刊评价为“在琴弦上拥有了全世界”的传奇低音大提琴手Eddie Gomez，来自古巴的顶级民族爵士乐团Estudiantina Ensemble，以及多国音乐家组成的非洲爵士融合乐团Mdungu都曾在音乐节演出。

明天音乐节在2014年开启第一届，专门为独立音乐提供演出舞台，音乐风格涵盖实验、摇滚、先锋、自由爵士、民族、民谣等多种，艺术前瞻性和创造力是重要的音乐选择标准，许多知名的国内外独立音乐人在此演出，国内独立音乐人小河、周云蓬等都是音乐节的常客。明天音乐节不仅有演出，还有音乐交流讲座、音乐家纪录片放映等多个环节。

得了最早的名声。

2006年熊源伟从深圳大学退休，城市剧团也随之解散，不过这个时期深圳出现了另外一个特色鲜明的实验性话剧团——胖鸟剧团。胖鸟的创始人杨阡过去在北京做戏剧，因为觉得创作受到束缚和牵制，选择来到深圳。杨阡曾经在美国系统学习过戏剧，接触到“地域戏剧运动”——所有美国的城市都有自己地域性的剧团，他们不关注纽约发生的事，只关注自己身边的事，对本地域的公共话题和社会问题进行深入的探索。杨阡想做的就是这类“地域性戏剧”，探索身边发生的事，胖鸟剧团最开始排练的戏剧《不伦不类》，剧本就是根据杨阡的太太、美国人类学研究者马立安初来深圳时与当地人打交道的经历而创作。

胖鸟剧团的成员都是当地的戏剧爱好者，他们中有学者、诗人，也有画家和建筑师，这些戏剧爱好者平时都有自己的工作，每到周末就聚在一起排练。2006年，胖鸟剧团创作的舞剧《此身此行》在广州举行的第三届国际现代舞周获得了作品类金奖，他们的作品开始获得越来越多深圳人的关注。胖鸟剧团基本上每年推出一部经过再诠释的经典作品，以及一部原创作品，剧团许多作品的灵感都来自团员之间观念和技巧的碰撞。成立至今，胖鸟已经拥有了《狐说》《浮生自语》《蛹》以及《曼陀罗》等多部代表作品。

近几年，深圳集中出现了一批本土剧团，爪马戏剧、荔枝青年剧社、鬼马戏剧、甸甸巴士话剧团等，这些剧团的创始人几乎都是在深圳出生长大的深二代，他们从艺术学校毕业之后选择了回到深圳发展戏剧。与前辈剧团相比，这一批年轻人创建的剧团更加关注当下年轻人的生存状态，并且尝试各种不同的戏剧类型。爪马戏剧曾与美国百老汇进行版权合作，改编了百老汇的悬疑剧《同谋》，在南山文体中心小剧场连演五场，几乎场场爆满。甸甸巴士话剧团的《百

一些有个性的艺术小店

黑胶房子

（13691783207；南头古城东门里；14:00—次日2:00）

酒吧力图在古城内打造一座“音乐城中城”，两层空间各有特色，一楼是朋克蓝调风，有DJ打碟，负一楼才是黑胶主题，有不少黑胶老唱片可听。可以点特调鸡尾酒，也有啤酒小食套餐。坐在门口喝酒也不错，闲看人来人往。楼上则是黑胶房子民宿，由创意设计师朱德才与跨界音乐人孟瑞雪联合打造，每个房间都设有黑胶唱片墙和专业的黑胶唱片机，喜欢音乐的你不妨在这里住上一晚。

SWCAC艺术商店

（海上世界文化艺术中心一楼；周一至周五10:00—19:00，周末10:00—21:00）

汇聚众多互联设计、V&A艺术衍生品以及设计师品牌，在这里能找到不少独特精致的文创产品和展览纪念品，也有许多原版艺术书籍。店内还有家不懒惰艺术咖啡，有时间可以坐下来点杯冷萃，休息一下再去欣赏更多展览。

维格列艺术商店

（华侨城创意文化园北区A4栋101；11:00—22:00）

店里不定期举办艺术家与设计师作品展，也售卖艺术家签名画作、雕塑、艺术书籍、原版潮流玩具、原创文创产品等，就算没有购物计划，在闲逛中也能发现不少打动你心的可爱物品。

之间

（13715373686；华侨城香山东街5号204；周二至周日11:00—22:00）

这是一家开在居民楼里的杂货铺，就在华侨城创意文化园驴吧楼上，三房一厅摆满了各种日式生活物品，以陶瓷、玻璃茶具和餐具为主，老板是收藏日本好物的“狂人”，选货眼光独到，你在这里能遇到很多可爱有趣的东西。

鹿栗塔

（华侨城创意文化园北区A4栋216；周一至周五14:00—19:00，周末11:00—22:00）

少女心爆棚的一家手作小店，所有服装配饰都由森系风格设计师以棉麻手工制作，还有羊毛毡、刺绣等手作品，琳琅满目，给自己或给朋友慢慢挑一件可爱的小礼物吧。

LOOK唱片店

（腾龙路龙光玖钻1A1606；周二至周日15:30—22:00）

开在地铁4号线红山站附近的公寓楼里，一间房子放置黑胶唱片，另一间放置CD，你完全可以坐下来慢慢挑，看中哪张唱片的封面，就听听看是不是你喜欢的音乐，再决定买不买，很有淘碟的乐趣。

变奇葩》是深圳第一个即兴互动舞台剧，在整个华南地区公演了20多场。

虽然民间话剧团在卖力生长，但是他们多数仍旧无法进行常态化的演出。由于缺乏资金，许多剧团每年只能排出一两台戏，并且要不断巡演才能收回成本。深圳也做出一些努力支持当地戏剧的发展，2017年深圳举办了第一届南山戏剧节，40天上演70场剧目，许多重量级的国内外戏剧在此上演，戏剧节关注本土戏剧，深圳本地话剧团的一系列优秀作品《木心·人曲》《老友祭》《黄手帕》等也登上戏剧节的舞台。南山戏剧节也加入由十个城市戏剧节组成的“中国青年戏剧联盟”中。

深圳绿道

深圳的主色调不只是鳞次栉比的摩天大厦、耀眼夺目的霓虹灯光。登山走海的绿道串起了这座城市的每一处角落，行走其间，呼吸着新鲜的空气，和茁壮的绿色植物、欢快的野生动物擦肩而过，也成了深圳人日常生活的一部分。

海之绿道

深圳湾绿道/深圳的一张名片

区域：福田、南山　长度：约16公里

深圳湾绿道是海岸线的同义词。它勾勒出深圳湾的北岸和西岸，与生机勃勃的红树林相依，和香港新街的青翠山岭相望。

从蛇口海上世界的女娲补天雕塑，到福田红树林自然保护区西侧，这条绿道实在很长。地铁9号线深圳湾公园站一带最适合游人体验。这里能隔保护网观赏福田红树林自然保护区里的“水上森林”，之后折返西行，到白鹭坡书吧打卡后就可以结

扫码观看
720 度航拍全景

束行程。同样推荐从深圳湾大桥走到深圳人才公园。大桥左右两侧各有一座观海栈桥，人才公园更可以近距离仰望深圳湾体育中心“春茧”和华润集团总部大厦“春笋”这两座地标建筑。

盐田海滨栈道/东海岸镶了一条彩边

区域：盐田　长度：约18公里

从沙头角，经过盐田港和大、小梅沙，终到揹仔角灯塔，盐田海滨栈道为中国城市海景奠定了新的高度。

最轻松又足够好看的一段，是从大梅沙往返悦海图书馆的小环线，这里有“高低路”两条栈道，可让你看遍这湾蓝海的方方面面。想避开游客潮，不妨试试小梅沙到揹仔角灯塔这一段，终点处的红白色灯塔宛若天涯海角，美景尽在不言中。“网红”灯塔图书馆位于盐田海滨栈道的西段，附近有两座充满想象力的雕塑，由此继续沿栈道西行，前往沙头角的中英街也很方便。

新东绿道/变化无穷的海景长廊

区域：大鹏　长度：约11公里

“新”指新大村，“东”是向东，也代表了深圳最东的方位。这条绿道正是“迎接第一缕阳光的山海廊道”。

从新大集散中心开始，新东绿道与海同行，一路串起了多个景点。你可以在禾塘湿地公园看鹭飞芦长，在新大河入海口下滩涂赶海拾贝，在东山村拜古榕老庙，在七星湾和桔钓沙乘游艇出海，在长沙头踩踩金沙，在

杨梅坑溯溪乘凉。终点鹿嘴山庄更是一处令人流连忘返的旅游度假胜地——它集悬崖、礁石、沙滩、潟湖、红树林等景观于一体，还提供有悬崖餐厅、小木屋等食宿服务。

南澳绿道/最美“夕阳绿道”

区域：大鹏　长度：约3.5公里

这条绿道又叫“海贝湾—畲吓湾绿道”，途中还串起了南澳的月亮湾。每逢夕阳西下，天地万物便浸染在金黄色调中。

海贝湾形如其名，岸上的水头沙又称“南澳第一沙滩”，比起人头攒动的较场尾，沙质和海水都要好出不少。绿道由此出发，缓缓爬高之际，一座绘有蓝白螺旋纹的灯塔立在山坡高处。随后绿道向下延展，路旁的小区暂时隔绝海景。当你来到南澳月亮湾广场，迷人的月亮湾依偎在小镇的怀抱中。绕着海湾划出一道舒缓的弧线，绿道继续通往斜吓村（畲吓湾），一路涛声依旧。

西湾红树林公园绿道/水陆空在此汇合

区域：宝安　长度：约6公里

宝安国际机场的飞机在上空起降，广深沿江高速（S3）在水面架起桥梁。现代立体交通和这条安静的绿道，形成了强烈的对比。

西湾红树林公园是深圳湾公园在西边的延伸，雄浑的水面正是珠江口的一部分。三条绿道在园内并行铺开，每条长约2公里。这里没有嘈杂的游人，能安静地走进观海台，寻找红树林里的可爱精灵，聆听珠江水和南海水交织的声响。由于面朝西侧，这里的风景在落日时最为妖娆。深中通道（G15沈海高速珠江桥隧）也在一旁架桥，2023年开通后，绿道旁的立体交通将更加震撼。

山之绿道

梅林绿道/在这里开始爱上“行山”

区域：福田、南山　长度：约8公里

深圳的年轻人喜欢“行山”，这条梅林绿道就是足够简单，但又能让人体验到山林乐趣的入门级“行山径”。

从梅林水库到长岭陂，你只需翻过一座不高的小垭口即可完成穿越。一路上总是树荫蔽天、鸟语花香，而当你爬过缓坡登上垭口，特区历史见证的二线关、妙趣横生的涂鸦墙也在锦上添花。除了这种南北穿越的走法，你也可以在途中拐入梅林山郊野径示范段—这是深圳首条“手作步道”，没有人工痕迹过重的石质台阶，朴素的土路穿梭在山林间，和大自然的亲近度更高，也对膝盖更加友好。

虹桥公园—大顶岭绿道/青山上的“桥”装绿道

区域：光明　长度：约11公里

光明的虹桥公园真有一道“虹桥”。它扶摇而上，宛若红丝带一般奔赴大顶岭深处，和另一条翻山越岭的绿道完成了相约。

“虹桥”的红色栈桥自西向东而来，大顶岭绿道南北走向，两者在山顶的终点塔形成了T字形的交会。红

色栈桥已经足够“网红”，大顶岭绿道更是从南向北配置了悬桥、探桥和浮桥三道桥梁，个个都在视觉设计、现代工艺和自然生态之间探索出不同的平衡之道。想把“网红”一网打尽，可从虹桥公园先踏入虹桥，到终点塔后向南探访悬桥，再折返北行，游过探桥和浮桥后，由光明滑草场离开绿道。

梧桐绿道/“最美绿道”老字号

区域：罗湖　长度：约15公里

深圳最高峰梧桐山脚下，为香港供应淡水的深圳水库碧波荡漾。曾经的绿道5号线、如今的梧桐绿道，依山傍水，吹拂着“森系”的风格。

从东湖公园南门到梧桐山北大门，5号绿道的美名，沉淀在“老”深圳人的心里。去了太多次东湖公园和仙湖植物园后，他们将步伐挪到园外的梧桐绿道，山明水秀，风光依旧，却又多了几分自由自在的气息。曲径通幽处，豁然开朗是深圳水库的水天一色；山重水复后，大望村的悠然自得，更是都市生活中的一朵奇葩。梧桐绿道还特别受跑步爱好者的喜爱，这里正是深圳女子马拉松比赛的举办场地。

淘金山绿道/点了“科技树”的智慧绿道

区域：罗湖　长度：约7公里

和梧桐绿道隔水相望，这里可以将梧桐山和深圳水库纳入同框。行走于其间，还能感受到科技元素如何让绿道变得更好玩。

绿道南端在九尾岭隧道口旁，北

端离沙湾关很近——沙湾关是深圳“二线关”时代的一个关口，绿道途中便能看见围网和哨岗亭等遗存。作为深圳全新打造的精品绿道，这里除了观景台、望远镜、驿站等基础配置，还在全程覆盖了Wi-Fi，并安装有跑酷电视游戏、手机无线充电桌椅等有趣的设施。这条绿道走起来也很轻松，长度不长，坡度柔缓，不想走完全程，也能在途中及时下撤到公路乘车离开。

银湖山绿道/“秋名山”上少年狂

区域：福田、罗湖、龙华、龙岗

长度：约11公里

弯弯绕绕的坡道在银湖山上盘旋往复。毫无疑问，这里是深圳骑行爱好者最喜欢的一条山地绿道。

坐落在四区交界处的银湖山公园，在山上环顾一圈，便可将深圳发展的许多高光镜头尽收眼底：最早发迹的罗湖热闹依旧，承担了深圳行政中心的福田光鲜亮丽，龙华和龙岗是后起之秀，高楼大厦不遑多让。有人将这条盘山道比作深圳的“秋名山”，骑行者在前半程奋勇蹬车，后半程将迎来风驰电掣的快感。绿道南端离地铁6号线翰岭站很近，北端在地铁5号线杨美站附近；你也可以在途中走另一个方向下山，返回罗湖一侧的银湖片区。

城之绿道

大沙河生态长廊绿道/容光焕发的深圳“塞纳河”

区域：南山　长度：约14公里

小河弯弯向南流。它穿过繁华都市、奔向自由大海，两岸花草树木丛生，水中鱼儿乐不自知，所见所闻风

情万种。

从长岭陂到深圳湾公园，这是深圳最大的滨水慢行系统。绿道上游的主题是“学院之道”，绿道串起了南科大、清华科研院、哈工大（深圳）等高等院府，科教氛围浓厚，萤火虫森林、嬉游草坪、阅读花园、河畔剧场……都是亲子游的好去处。中游“城市森林”是附近居民的后花园，森林舞台、山地森林、水岸森林……满目苍翠。下游紧邻时髦的万象天地和科技园的高新企业，“活力水岸”名不虚传。

福田河绿道/“郊区”小径在闹市

区域：福田　长度：6公里

寸土寸金的福田中心，深圳两条“中轴线”在此相交。一条是贯穿东西的深南大道，一条是南北走向的福田河绿道。

从笔架山公园到深圳的Central Park——深圳中心公园，绿道沿着小小的福田河延伸，贪婪地汲取着“都市绿洲”的生态资源。在这里，所有生灵都享受着深圳的美好环境。草坪野餐、河道戏水、跑道慢跑、树荫乘凉、花园歌舞……市民们在福田绿道享受着简单又开心的休闲生活。抬眼望去，透过绿意盈盈的树梢，市民中心的会展中心、博物馆，华强北的赛格广场、中航城……都在不远处闪烁着光芒。

香蜜公园绿道/为爱打call的甜蜜绿道

区域：福田　长度：约6公里

曾经的深圳农科公园，现在的香蜜公园，四季鲜花盛放不断。一条绿道更宛若一串祖母绿项链，妖娆地缠绕其间。

绿道串起了公园的每一个角落，栈道、林荫步道、亲水平台、游戏

场、体育中心、小广场、书吧应有尽有，龙眼园、荔枝园香气馥郁，玫瑰园更将爱情花语娓娓道来。这里因地制宜地设立了福田区民政局婚姻登记处，一旁有中式和西式两座婚礼堂，总能在这遇到你侬我侬的甜蜜爱人。漫步绿道，你还能走进下沙纪念园，在下沙居民的祖先遗址、清代黄凯帮及其夫人邓氏的古墓前，翻开深圳古代史的一章。

大运绿道/永不落幕的青春活力

区域：龙岗　长度：约8公里

2011年深圳第26届世界大学生夏季运动会落下了帷幕。但你仍可以在大运绿道运动，让你的青春活力“Start Here（大运会口号）！”

绿道南段围绕着神仙湖巧妙铺开，沿途如诗如画的水光林色，渲染着自然山水的生态魅力。北段通往大运中心，你会先在一座小山头上，远眺其“水晶石”的独特造型——大运中心的“一场两馆”都拥有半透明的外立面，阳光照射下如同巨型发光体，生生不息。当你走近，又会发现“一场两馆”的中心有一个漂亮的人工湖——充满张力的场馆和安静的水面，正好围合出一座解构主义的现代园林。

野趣马峦山

横亘在坪山区和深圳东海岸之间的马峦山，不如梧桐山高大，但远离市中心的位置让它保留了更多的野趣。

马峦山和国内其他许多“郊野公园”大不相同，真山真水铺就着真正的“郊野”之乐。你可以沿着纵横交错的登山小径探索它的密林幽谷和野性生灵，可以在山顶俯瞰蔚蓝的大鹏湾和大、小梅沙，也可以在偏僻的山村偷得半日闲。或是赶在一场降雨后，待深圳最壮观的瀑布展现出最漂亮的一面。

爬山观瀑

马峦山的最高峰海拔不过590米，这让爬马峦山的难度比爬梧桐山（943.7米）小了很多。这座郊野公园设有7个出入口，4个在北麓的坪山区境内，3个位于南麓的盐田区。山间步道建设比较完善，只要不离开主要游览路线，路标和网络地图

扫码观看
720 度航拍全景

可帮你在岔路口寻找到正确的方向。

马峦山最有名的景观是瀑布，碧岭瀑布群步道正是打开这一秘境的绝佳入口。沿着石阶登高，一道道姿态各异的瀑布在山涧里错落起伏，掩映在树荫中的一口口清潭又增添了戏水乐趣，很适合带孩子来玩。步道沿途还有许多“坪山全域自然博物”的科普知识牌，爬山之余也能增长见闻。坪山高铁站外乘M480路，地铁3号线荷坳站外乘833路、永湖站外乘366路公交到达马峦山西北门，由此进山即为瀑布群。这条步道的终点在东部华侨城旁的三洲田水库，单程约3公里，往返需2—3小时。注意周末和节假日，马峦山西北门的停车场车位很紧张。

落差达30米的马峦山大瀑布是深圳最大的一座瀑布：降雨过后，水量得到补给的瀑布宛若一道银河，凉意扑面而来，飞溅的水珠又在日光的照拂下幻化出缤纷多姿的彩虹。瀑布下面的水潭没有围栏，游玩时需注意安全。直奔大瀑布最方便的入口是比亚迪附近、大山陂水库南侧的北门，之后近3公里的盘山公路不允许外来车辆驶入，需步行1小时左右。坪山高铁站外乘坐M479路公交可到马峦山北门。

野性户外

坐拥丰富的溪瀑资源，马峦山当然也是深圳户外爱好者的溯溪目的地之一。山峰南麓，叠翠湖水库上游的溪涧，也就是叠翠谷便提供了一条野趣横生的溯溪路线。深圳漫长的炎炎夏日里，这里是属于亲近自然者的天堂，大家在溪水间踩石跳跃，一路逆流向上，回首眺望，大鹏湾海天一色的美景也时不时地从树荫间显露。这条路线的起点在小梅沙后山的叠翠湖水库，先沿登山台阶前往观海平台，再走一段下坡路即到溯溪入口。由此开始沿山涧爬高，前半程溪水相伴，过一道瀑布后水声渐远，即可结束溯溪、原路返回；也可沿土路继续上行，终点是马峦山顶的庚子首义旧址，这里离马峦山大瀑布也很近。这条路线全程约6公里，上行约需3小时；返程除原路返回，也可绕行梅亭方向下山，或看过大瀑布再穿越到马峦山北门。乘坐M196、M380等公交到小梅沙，沿叠翠湖路向北步行即可开始这段溯溪徒步之旅；自驾车可直接开到叠翠湖水库旁。

一条沿马峦山西北麓的穿越路线，也在近年来赢得了深圳户外圈的钟爱。由于能望到横跨山间的三洲田水库，这条路线还享有“深圳千岛湖”的美誉。徒步入口在坪山区的10号桥，由此沿土路开始爬山，第一座登顶的山峰是打鼓嶂，直走可去“千岛湖”的最佳观景位置；返回打鼓嶂继续前行，最终可从园山这侧下山，沿途的悬崖、溪瀑等风光也是可圈可点。这条路线全程约12公里，需5—6小时。

山村乡野

马峦山不仅是自然宝地，也是客家先民们的家园。层峦深处，马峦村的罗氏先祖于300多年前迁移至此，虽然改革开放后村民们陆陆续续搬到了山下，但一座座岭南风格的客家古民居也就此凝聚在时光中。漫步其中，始建于清康熙年间的罗氏宗祠，用“豫章世泽，三栋家声”的门联，追溯着罗氏从江西豫章经惠阳三栋迁移而来的家族史；罗氏大屋更因曾在1900年打响了推翻清王朝封建专制统治的第一枪，而以庚子首义旧址的名义让人缅怀着那段风云史。无论是从北门前往马峦山大瀑布，还是经小梅沙登顶，你都能顺利抵达这座古村。

和沉寂的马峦村相比，马峦山东麓山脚下的金龟村依旧鸡犬相闻。如今这里已辟有金龟露营小镇，稻田、橘林、鱼塘和露营地、艺术民宿相映成趣。村里还有一座金龟自然书房（周二至周日10:00—18:00），由自然学者南兆旭老师作为主理人，各种自然主题的藏书可让你在体验乡村生活的同时也汲取到知识。坪山高铁站外乘915路，地铁3号线双龙站外乘818路、南联站外乘M220路、荷坳站外乘833路均可到达金龟村。

马峦山南麓山腰处的洞背村也能重温昔日的山村生活。这里环境更为清幽，斑驳的老房子大都被逃离都市生活的艺术工作者租赁，小村因此也多了几分文艺气息。洞背村背后的山路很值得一走，穿梭在成片的荔枝林和杨梅树中，你还能一路走到马峦山大瀑布。在大鹏新区的葵涌和溪涌，你都可以乘坐M456路直达洞背村；自驾可选择深圳“最美海滨公路”的深葵路。

春季到马峦山赏花

1月中旬至2月中旬梅花梅亭（小梅沙入口）

3月禾雀花、金樱子花碧岭瀑布群（西北门）

4月桃花桃花谷（北门）

深圳最美沙滩西涌

大鹏半岛的西南方位，长近 5 公里的西涌是深圳最长、面积最大的沙滩，也是大家公认的最美沙滩。它依偎在三面山岭的怀抱之中，形如新月，面朝碧蓝的西涌湾，这里极具碧海金沙的度假风情，但因为位置相对偏僻，一直以来保持着比较原生态的渔村环境。

前往西涌的山区公路上，鲜艳的林荫仿佛将绿意滴在了路面上，湿润清新的空气扑面而来；蓝宝石般的大海突然出现在远方，而后公路又重新钻入了山林之中；直到车子停稳，海洋的气息在召唤着你，难抵诱惑地直奔岸边，将全部身心都交予大海的节奏中。在大鹏中心、南澳办事处搭乘M232路公交，终

扫码观看
720 度航拍全景

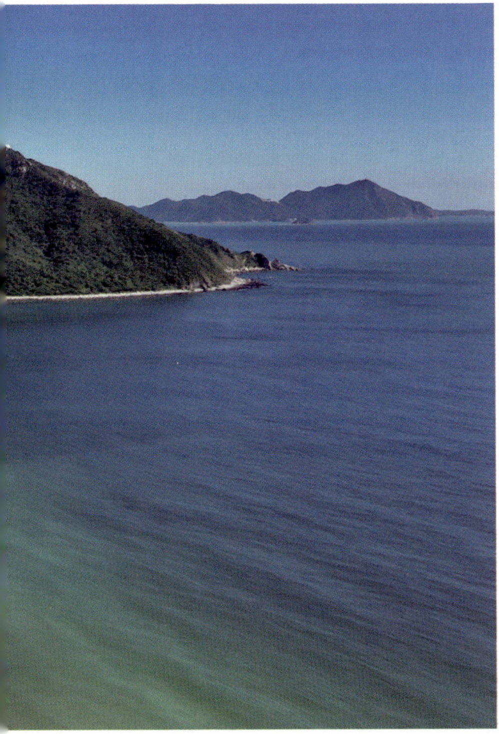

点就在西涌，4处浴场都设有相应的公交站；5月至10月周末加开的大鹏假日接驳专线5路也可带你直达西涌。

西涌旅游度假区

长达5公里的沙滩，简单走一遍都要2小时，更何况这里的沙滩很柔软，海水很蔚蓝，身后的山野也披满了郁郁葱葱的树林和农田——西涌是深圳最美的沙滩（没有之一），无须置疑。如今，这片天生丽质的沙滩已经在华侨城集团的开发下，变得更加干净、安全和规范。虽说少了过去村民自营时的一些野趣，但对于大多数旅行者而言，西涌终于可以提供度假的氛围了。

门票：单次全票28元；单次半票14元；一日多次全票35元；一日多次半票20元；夜场票15元

从西到东，西涌海滩被划分成了4个浴场。1号浴场设有游泳区，还提供有滑沙等游玩项目，也可乘坐快艇（调研期间暂停）前往西涌湾中的小礁石——情人岛玩玩潜水，或去远一些的惠州三门岛一探究竟；1号浴场还紧邻西涌河的入海口，能观赏淡水注入海水处“泾渭分明”的分界线，北侧的一座天后宫也可顺路拜访。2号浴场不能下海，不过却是西涌的沙雕艺术陈列区，能看到妙趣横生的沙雕作品。3号浴场的主要功能是游泳。4号浴场是冲浪区，聚集了10余家冲浪俱乐部——西涌的离岸风在国内沿海实属上乘，浪的质量常年都很好又比较稳定，因此被一些冲浪爱好者认为是国内仅次于万宁日月湾的冲浪胜地。你能在这里看到不少劈波斩浪的冲浪高手，也可以请一位专业教练，带你体验或全程学习这项风靡全球的户外运动。炎炎暑假是海边最热闹的时节，这时的西涌固

定开启了滨海音乐露营季，4处浴场分别设有电音、怀旧、蹦迪等不同的主题派对，房车露营、帐篷露营、车尾箱集市、星空影院等时髦玩法也在锦上添花。

除了在收费的沙滩区域看海玩水，西涌的乡野风情也可略加留意。鹤薮村离3号浴场入口很近，小村承接了旅游集散地的功能，一家家清新时尚的民宿、酒吧、咖啡厅纷纷开业。4号浴场外是新屋村，各家冲浪俱乐部自营的客栈集中在这里。1号、2号浴场入口外的沙岗村和南社村同样是客栈、餐厅的聚集地，沙岗村口还有一座古朴的协天宫，门外有榕树和龙眼树“树包树”的小景观。最偏远的西贡村仍旧没有发展商业，保留着更纯粹的岭南古村的气息，田野湿地间飞过的白鹭也最多。

西涌日出也是很多旅行者来此的目标。最佳观景台位于海湾西侧的小山头上，需先沿横穿西涌的南西公路到尽头，再从军事禁区旁的小路爬上去。建议提前和客栈老板打好招呼，请他安排车辆接送并带路爬山，这样在日出前1小时出发就可以了。

深圳市天文台

从西涌沙滩向东眺望，能看到一座拥有圆形穹顶的白色建筑坐落在海湾尽头的山顶上，它就是深圳市天文台。月朗星稀时专家会在这里观测宇宙，白天的开放时段，综合楼、科普厅和天文楼向游客们展示着天文世界的无穷魅力。而从天文台直接向下

免费；周二至周日9:00—12:00，14:30—17:30

到海岸边、铺设在山脊线上的天梯步道，也凭借着山海无边的壮观风景，成了人们竞相留影的地方。夏季夜晚，天文台一带常有萤火虫出没，夜深人静之际，斑斑点点的萤火跳跃在夜空中，梦幻无比。注意，参观天文台需提前在微信公众号“深圳天文”上预约，每天限额240人。

天文台的接驳中心离4号浴场入口很近。工作人员会在这里查验游客们的预约资格，接下来即可乘坐接驳车（10元），或沿着公路步行2公里前往位于山顶的天文台。当东西涌穿越路线对外开放时，你还可以从4号浴场继续沿海岸线徒步一段，至山崖拐角处的穿鼻岩，再经天梯步道前往天文台。即使你没有预约天文台参观，这段步道也是可以自由进入的。

大鹿港

和西涌只隔一道山峰的大鹿港，是大鹏半岛因没有现代交通连接而游客少至的诸多海湾中的一个。在户外爱好者的口中，这里的礁石、沙滩、海水之美都有口皆碑；对于游客而言，从西涌徒步至此的路线难度不大，很适合攒足体力一行，看看户外人眼中的深圳美景是什么样子的。

徒步入口在西贡村，这里设有森林防火检查站，继续向前需保证随身没有携带打火机等火种。接下来你会先翻越一座小山，长约2公里的林间土路并不难走，上山下山各一半，沿途还分别有XG（西贡线）和EG（鹅公线）的路标石碑帮你确保行走在正确路线上。最后1公里从山腰处下到海岸边，一些石壁需要手脚并用地攀爬下去，有些难度，但只要集中注意力，四肢抓牢踩稳，就可以安全通过。从西贡村到大鹿港，单程耗时需1.5—2小时。

户外穿越在大鹏

沿着礁石丛生、悬崖迭起的深圳东部海岸线，户外爱好者的徒步穿越活动在这开展得不亦乐乎。大鹏半岛有多条知名穿越线路，除了声名远播的东西涌穿越，供专业户外人士挑战的红排角、大鹿港穿越线路外，也有多条供市民休闲徒步的穿山线路。

户外运动安全第一。大鹏半岛地处南国海滨，为了防晒伤和中暑，遮阳帽和防晒霜必不可少；算好时间，日落后仍滞留在山上或者海岸十分危险；手机APP“两步路”或“六只脚”也请提前安装，并加载好相关路线；按照已有道路前行，能最大限度地避免遇到蛇虫。

东西涌穿越

能拥有这样一条经典的海岸线徒步路线，是深圳的骄傲，也是内地一线城市的幸运。这里几乎集齐了海岸线穿越的所有要素，柔软的沙滩、巨大的礁石、连绵的砾石滩、陡峭的岬角、鬼斧神工的海蚀地貌、密不透风的灌木林，伴随着碧海白浪一路铺开，壮美的景色绝不会辜负穿越一路上的艰辛。

路线综述

东西涌穿越，路线全长大约5公里，耗时4小时起。户外爱好者大都从东涌出发、在西涌结束，这就是“正穿”——难度较高的几处悬崖都在前半程，可谓“先苦后甜”；到了穿鼻岩还可借道天梯步道，欣赏天文台风光后再沿公路直接撤到西涌。也有人为了避开下午夕阳的直射而选择“反穿”，即从西涌前往东涌，将夕阳甩在身后。

穿越途中的路况以礁石、砾石滩和崖壁为主。你需要在大石块上跳来跳去地前行（有彩色箭头引路），也必须忍受砾石滩的硌脚难行；而每走完一片小海湾，你还得施展一次攀岩功夫，翻过崖壁和小山脊，再下到又一片海湾。因此对于恐高者或体力较弱者，不建议尝试东西涌穿越。

由于大鹏半岛的地质成因和火山爆发息息相关，你能在路上看到不少相关地貌。最典型的是褶曲岩脉：上亿年的火山运动和地壳活动，将岩层像面团一样挤压拉扯，使岩石呈现出变形、弯曲、断裂、位移等各种形态，就像脉络一般。

2017年秋季起，东西涌穿越须提前在微信公众号“大鹏文旅通”上提前24小时报备，每日最大承载量为2100人；截至目前这一规定尚未强制执行，但我们仍建议你按照规定提前报备。

穿越途中

从东涌村出发，跨过河口处的小桥，从桥另一头的登山栈道向上，便可以开始东西涌穿越的征程。

登上小山头，请先记得回头眺望东涌湾的景致。左手边紧贴海面的山崖叫作大排头，视野很好，时间充足可拐过去一看。沿着穿越径继续向前，钻过一片枝叶繁茂的灌木林，第一个挑战来了：这是一段直跌山下的崖壁，要拉着铁链、踩着石窝，小心翼翼地下到穿越路上的第一片海湾。

东西涌穿越安全贴士

关注天气：风雨、高温天气停止计划，最好再避开涨潮时段，可在网上查询

结伴而行：穿越路线开发程度有限，沿途路况比较复杂，切勿单独行动

下载轨迹：手机安装好“两步路”等户外软件，并下载东西涌穿越的轨迹

带够装备：速干衣裤、徒步鞋、遮阳帽、手套、护膝必备，登山杖派不上用场

做好补给：请携带足够的饮用水（1L起），途中也有村民自发摆设的小补给点

及时止步：一些礁石和崖壁上写有游艇电话，体力不支可联系船来接人撤离

接下来翻越几处岬角（大都不必直接从最陡峭的崖壁翻过，靠近树林的地方有土路，注意寻找），走过几个遍布礁石和砾石的海湾，你将攀上途中最高点的鬼仔角，一块落差高达20米的山崖横亘足下——这是东西涌穿越危险系数最高的一段，好在你刚刚走过几处类似的路，已经积累了一些经验。

下到崖底，你将看到一个海蚀洞——这是海蚀作用长年累月、岩石不断碎落而形成的天然洞穴，流传着海盗藏宝的故事。穿越路程至此已走完了一半。

继续向前，拥有圆形穹顶的深圳市天文台越来越近。再度攀上一片落石堆积的山崖，你将来到天文台脚下的穿鼻岩。这里能看到一块海蚀平台，是海崖继续受海蚀作用不断后退、残留的岩体被侵蚀而形成的平台状地形；低洼处的潮池，退潮后总有一些海洋生物来不及撤走。

在这里，你可以沿天梯步道的台阶路爬向天文台，也可以继续沿海岸线前行，西涌洁白的沙滩已经闪烁在远方。最后一段路比之前走过的要简单多了。当海胆养殖场出现在身边，马上就要踏入柔软的西涌海滩，东西涌穿越也即将顺利完成。

挑战山野

群山相连、高峰入云，大鹏半岛是徒步爱好者的福地。庞大的山体、错综的路况、多变的天气带来了很多

不确定性和危险，近年来户外事故也频有发生。没有专业的组织和足够的经验，我们并不建议你独自出发，以身试险。

七娘山穿越：户外爱好者在七娘山及其支脉踏出了许多登山野径，为了不走回头路，他们又走出了五花八门的穿越路线。地质公园博物馆旁的七娘山矿泉水厂就有一条登顶主峰的土路，3公里路程先是溪谷，最后转到山脊线直奔峰顶；七娘山北麓的高岭古村、杨梅坑，南麓的沙坑、铁扇关也各有登顶小路，杨梅坑河、大鹿湖河等冲出的山涧更提供了难度颇高的溯溪登顶路线。目前最受欢迎的穿越走法是从鹿嘴出发，经望郎归、丁心湖、马料河下到东涌的12公里路程，道路明显但岔路多，耗时约需7小时。你也可以用一段长达7公里的穿越将七娘山主峰观景台和大雁顶观景平台（途经川螺石、三角山）串起来：主要路况是草甸和灌木丛中的黄土小径，耗时约4小时；再加上两条科考线，全程15公里，需7—8小时。

排牙山穿越：横亘在大鹏所城北侧的排牙山素有“深圳第一险峰”之称，户外人把来这里徒步称为“刷牙”。南麓的东山寺、大磨坑水库、大坑水库，北麓的盐灶水库、龙子尾水库……都是常走的进山口，可组合出南南、北北、南

轻松爬山

下面三条路线属于大鹏新区官方推荐的“七滩八径”。路况和七娘山、大雁顶的两条科考线一样明显；难度不大，比两条科考线要容易不少。一般只要避开恶劣天气、携带充足饮用水即可轻松完成。

插旗山登山径：入口在南澳市民广场东侧，出口在南西路和枫新路岔路口东侧（枫木浪村北），全长约3公里，全程石阶铺道，耗时约1小时。

英管岭登山径：入口在南澳水头沙北侧的水沙路尽头，出口在大澳湾的云海山庄，全长约3公里，石阶为主，山顶有一些土路，耗时约1小时。

鹅公—西贡穿越：由大鹿港径的鹅公线和西贡线两部分组成，全程几乎都要行走在林间土路，全长约5公里，耗时约2小时。

北等多条穿越路线。各种走法9—14公里不等，耗时6—10小时。另有一条相对轻松的大鹏古道，全长10公里（山中路段6公里），4小时即可走完。这曾是大鹏人挑火水油（煤油）前往惠阳等地的古商道，走的是大鹏坳、洞梓水库，不用翻越险要的山脊。

三水线：号称深圳驴友本地路线的“毕业课”，又因途经三杆笔（木）、火烧天（火）、土地庙（土）、金龟村（金）和水祖坑（水）而被称为“五行线”。难度（翻越108个山头）和强度（全长约18公里）兼备，起点在深圳和惠州交界处、离坝光白沙湾公园很近的小桂村高山脚，终点是坪山区的水祖坑村，走完全程约需10小时。

海岸穿越

海岸线穿越是大鹏户外的王牌。为了应对层出不穷的峭壁，你最好佩戴手套，再掌握一定的攀岩技能。注意有些过于陡峭的悬崖需要从背后的山路绕行。了解近期的潮汐时刻也很有必要。在有手机信号的地方，礁石和崖壁上总会涂有游艇的电话，可让你在体力殆尽时联系撤退事宜。最后请记住：结伴而行。

七星湾—桔钓沙穿越：全长约5公里，但绝大部分沿海路段行走在崖壁上，对体力和平衡性的要求都较高，因此要比东西涌穿越难一些。耗时约需4小时。

大鹿港穿越：由大鹿港出发，向北经西长角灯塔可到柚柑湾，5公里海岸线耗时约5小时，意犹未尽还可继续沿海边徒步1公里到鹅公湾再结束；朝南经黑岩角、牛奶排到西涌河口的路线更长（7公里），遇到一些无法步行的陡崖还需要泅渡，难度很大。

红排角穿越：号称深圳难度最大的海岸线穿越路线，成规模的红色砂砾岩更让这里的风景迥异于大鹏其他海岸线。为了保证安全，通过几处陡崖时最好拉起安全绳，或干脆乘坐游艇绕过。全程环线约16公里，耗时9小时起，踩沙、攀崖、翻山路途多变。

海角七恋：名字有多浪漫，路线就有多虐。这条全长约21公里、耗时10小时起的穿越路线，融合了海岸线穿越、山谷溯溪、山脊线徒步等多种户外体验。从鹿嘴出发，先沿海岸线徒步，抵达深圳版图最东侧的海柴角，之后从马料河口溯溪上大雁顶，再经三角山前往七娘山主峰，最后沿科考线下到地质公园博物馆。

在深圳玩海

划一艘皮划艇，从杨梅坑穿越到大辣甲岛；驾一艘大帆船，从深圳远航到巴黎。六块腹肌的型男教练，在东涌海滩向队员们传授着冲浪的技巧；雀鲷科小丑鱼游弋在鹿角珊瑚丛中，在鹅公湾海底和潜水员擦肩而过。年轻的深圳玩起海来，也走在了时代的潮头。

乘风破浪的哥哥姐姐

都市白领和“浪里黑条”，如此截然相反的两个身份，在深圳可以轻松地融合在一个人身上。

大鹏半岛的东涌和西涌，不仅拥有令人惊艳的碧海金沙，还是内地不逊于海南万宁和山东青岛的冲浪胜地。这里离一线城市又是那么近，不用想办法凑假，抽个周末就能过去，享受驾驭浪花的美妙快感。就这样，科技园周一到周五的互联网产品经理，在周六和周日摇身一变，便可化身为大鹏半岛的弄潮儿。

冲浪是一项很容易上瘾的海上运动，在欧美国家更早已发展成为一种亚文化。“浪人”（surfer）是不少年轻人梦寐以求的职业。随着风口浪尖跌宕起伏，将激情和汗水尽情挥洒；休息间隙来一杯冰爽啤酒，冲浪板安静地躺在脚下。这样的日常为很多人所羡慕，而择一处海滨过几天“浪人”的生活，也成了一种很流行的度假方式。

走遍世界的中国人把冲浪带回了国内。沿着漫长的海岸线，一个个“浪点”被执着的发烧友找到，这其中就包括了深圳的东、西涌。根据他们的长期总结，西涌最东侧的4号浴场，在夏天西南季风及台风、冬季东北风的影响下，一年四季均可冲浪，对于入门和进阶选手而言都是不错的选择；东涌也是全年有浪可冲的好地方，夏季的浪相对西涌会较小一点，冬季会有频繁的高质量右手浪。

在已故深圳市政协常委同时也为冲浪爱好者的杨子江与其他有识之士的积极奔走下，深圳的冲浪运动发展得特别快。国内首个冲浪运动协会、首家海岸救生及训练机构在深圳成立，国内首部《海岸安全救生手册》在深圳编撰，国际性和国家级的多个冲浪比赛在深圳落户……

今天的东、西涌，好几家冲浪俱乐部驻扎于此，成员都是热爱冲浪的资深户外人，其中还不乏国家级运动员。他们转型为专业教练，在自己玩海的同时，也向更多人传递着这项运动的独特魅力。从零基础体验课到女子冲浪营，从SUP桨板冲浪到尾波冲浪……大鹏半岛俨然成了中国的一大冲浪中心。也许过不了几年，“去深圳冲浪”也将成为这座城市的一个旅游口号。

千帆竞发的星辰大海

2008年北京奥运会的帆船比赛需要在600多公里外的青岛开展。而在2011年深圳大运会，帆船、帆板等公开水域项目的竞赛，在本市境内就可

以完成。470级、男子激光级、女子激光镭迪尔级等帆船，NP板RSX、T293等帆板……它们都从大鹏半岛七星湾的海上运动基地扬帆启航，乘风驰骋于大亚湾的碧波深处。

深圳也是中国第一个国际性大帆船赛事“中国杯帆船赛”的诞生地和举办地。这座城市和帆船还有着更多的故事。也许是受邻居香港在英占期间帆船传统的影响，深圳人较早接触到了这项运动；而通过多年来的努力和传承，深圳也诞生了不少帆

船英雄。

2005年，由6名深圳人和1名香港人驾驶的“骑士号”双体帆船完成了1.1万海里、穿越半个地球的航程，并作为唯一的民间团体和刘翔等人一同入选了当年“CCTV体坛风云人物”的候选名单，“创举和勇气”是官方对他们的评价。

2018年8月荣获世界著名帆船杂志《海马》*(Seahorse)*“世界最佳水手”赞誉的陈锦浩，他的职业生涯便是从深圳市帆船帆板队开始的，“陆上易建联，海上陈锦浩”是对这两位深圳职业体育人的最佳总结。

今天的深圳是国内帆船帆板领域不可轻视的一股势力。在2020年第11届环海南岛国际大帆船赛上，由从事金融、制造、IT、文化、教育等行业的业余选手组成的深圳中帆航海队最终赢得了总冠军。把航海生活还给广大的深圳市民——这样远大的梦想，值得这座造梦之城期待。

深圳竟然可以潜水！

国内一二线城市大多可以在本地考取PADI（国际专业潜水教练协会）的执照，但开放区域的部分很可能要去东南亚或者海南岛“旅考”。深圳却是一个例外：大鹏半岛的西涌湾、杨梅坑等处就有不错的潜点，虽说水质和景观与世界级潜水地有很大差距，但也能看到奇形怪状的珊瑚和不少海洋生物，完成开放水域潜水的全部体验。

再好一些的潜点在大、小三门岛和大、小辣甲岛。它们虽然离大鹏半岛很近，但其实已经属于惠州惠阳。设立特区之时，这些小岛没有被划进深圳的行政版图，但也早已被深圳人玩成了本地景点。

带孩子旅行

1090 座城市公园，2000 多公里的徒步绿道，广泛分布的社区图书馆和城市书房，惬意的海滨栈道与阳光沙滩，全国第一座儿童友好型城市……深圳是一个特别适合带孩子来玩儿的地方，只是很多人不知道而已。

计划行程

深圳气候温暖，全年适合旅行，唯一需要留意的是台风天气，每年秋季（9月至11月）常有台风登陆，请提前留意天气状况，避免台风天出行。

住宿

市区住宿建议选择南山区华侨城创意文化园和福田区莲花山公园附近的酒店。华侨城创意文化园绿树成荫，文艺与生活相融，咖啡馆、艺术空间、个性小店聚集在此，便利店、超市、餐馆选择也很丰富。莲花山公园位于福田区中心地段，旁边就是深圳书城、图书馆、音乐厅，无论是散步、觅食、游玩都很便利。如果你打算带孩子去东部沿海一带游玩，大梅沙和小梅沙附近有各种档次的酒店、民宿，旅行时间充足的话，一定要去大鹏半岛，那是一个会让你对深圳另眼相看的地方，较场尾海滩、金沙湾附近都有许多酒店、民宿可以选择。

餐饮

除了在酒店附近觅食，南山区的欢乐海岸和宝安区的欢乐港湾值得专程前往，二者都是与公园或广场结合的街区型商区，不仅餐饮选择丰富，还有许多孩子会感兴趣的场所。欢乐海岸拥有海洋奇梦馆，它是一个迷你的海洋世界，你会见到各种各样的水母和其他海洋生物。欢乐港湾东岸立着深圳最高的全天景轿厢摩天轮，港湾西岸有一座硬件设施会让小朋友欢呼连连的童乐园。

3天行程计划

带孩子旅行是十分考验大人的，挑选孩子感兴趣的景点，而非大人觉得对孩子有益的景点，是愉快出行的关键。不要期待他们在一次旅行中能增长多少见识，大家玩得开心就好。

第1天

先去华侨城创意文化园闲逛，园区面积大，绿荫如盖，骑行或散步其中都很惬意。生态广场附近有大面积的草坪、小池塘，低年龄的小朋友很喜欢在这里玩耍，藏在居民楼身后的燕晗山郊野公园十分幽静，这片小小的山林对孩子来说是玩捉迷藏和打仗游戏的天然场所。年龄大一些的中学生可能会对创意园区的艺术小店、设计商店、有情调的咖啡馆更感兴趣，可以造访本地标志性的独立书店旧天堂和音乐现场B10现场。

深圳著名的主题游乐园欢乐谷位

于华侨城创意文化园西侧，无论是幼儿园的小朋友还是中小学生都能在此玩得开心。面积覆盖一面山坡的“森林攀爬”和带有遮阳网的滑梯沙池，适合幼儿园和低年级的小朋友。更加刺激的金矿攀爬架和矿山车会让高年级的小学生大呼过瘾。中国第一座悬挂式过山车，亚洲首座W形水花过山车深受青年人的喜爱。园区内每年5月至10月开放的玛雅水公园是消暑的好去处，有适合不同年龄层孩子游玩的设施。

餐饮选择：华侨城创意文化园区内有不少网红餐厅和新派中餐，润园四季椰子鸡拥有绿植环绕的户外就餐区，普语堂出品地道的客家菜。出欢乐谷向南步行约300米可抵达大型购物中心益田假日广场，美食区在B1层。

第2天

沿福田中轴线游览。乘车抵达莲花山公园，这座位于城市正中心的公园有草坪、湖泊和郁郁葱葱的亚热带植物，沿弯弯曲曲的绿道到山顶广场，可以俯瞰福田中心区高楼林立的壮观城景，广场中立有一尊邓小平铜像，常有人在此拍照打卡。莲花山公园与深圳书城的顶层花园相连，书城内有深圳著名的24小时书吧和一家开了多年的独立书店尚书吧。深圳图书馆和音乐厅位于书城西侧，东侧是当代艺术与城市规划馆。图书馆由日本建筑师矶崎新操刀设计，光线充盈的玻璃屋中庭带来美妙的视觉感。音乐厅楼上藏着一家星巴克，地理位置极好，一面看高耸的天际线，一面观葱翠的莲花山。经过中心书城继续向南可以抵达深圳博物馆，馆内民俗文化展厅生动介绍了深圳地区的广府文化和客家文化，模型布景细腻精致，深圳博物馆也常与国内其他博物馆联合举办重量级文物展，可以提前通过深圳博物馆的微信公众号了解展览信息。

傍晚适合去深圳湾公园，通常会赶上一场绚烂的晚霞和日落表演。深圳湾公园沿海滨蜿蜒十余公里，东起福田红树林生态公园，西南可抵达蛇口海上世界文化艺术中心，沿海滨骑行十分惬意，濒海临风，看看深圳的城市天际线，或隔岸远眺香港。

餐饮选择：深圳书城内餐饮选择

与孩子有关的活动信息

滑板　宝安区欢乐港湾西岸有一座海滨滑板营，依奥运场地标准建立，分街区式和碗池区，满足不同水准的爱好者练习。

版画制作　龙华书城六楼的观澜版画工作坊可以制作版画，有专业的老师授课，也会定期开展面向小朋友的公益版画课堂，比如版画冰箱贴、风铃、花灯制作等，在公众号“观澜版画”上可获得课程信息。

城市速写　“速写深圳”是由几位深圳建筑师和志愿者创建的公益组织，每周选一处城市角落，大家一起作画，参与者只需关注“速写深圳”微信公众号，了解活动信息，自行前往目的地即可，无需任何费用。跟随“速写深圳”，通过绘画去观察深圳的有趣角落，不失为一种特别的旅行方式。

丰富，南北口味的餐馆都有，还有受孩子们欢迎的必胜客、肯德基，也有中学生喜欢的gaga鲜语和奈雪的茶。

第3天

往东走去看深圳的海，时间不多的话就去大梅沙海滨浴场，从市区乘坐公共交通工具前往约需70分钟。大梅沙是深圳面积第二大的海滩，长达1400米，宛如一弯新月镶嵌在大鹏湾畔，需要提醒的是，每逢节假日，大梅沙海滨浴场便人多如下饺子。大梅沙东侧有一片沙滩只对大梅沙国际水上运动中心和大梅沙游艇会酒店的客人开放，并不拥挤。大梅沙国际水上运动中心是深圳最专业的海上运动教学机构之一，许多当地人专程来这里体验海上帆船、桨板活动，花200元左右的学费既能享受专人带你玩耍，又能坐拥一片安静的沙滩，不失为一种避开拥挤的选择。你可以通过微信公众号“大梅沙国际水上运动中心训练基地”了解课程信息。

不要错过盐田海滨栈道，这条沿海修建的栈道全长近18公里，共分为5段，其中大梅沙至小梅沙路段是海滨栈道的精华，海景风光无限好，尤其是小梅沙至揹仔角路段，栈道在山崖下方临海蜿蜒，眼前海水碧蓝，远处海岛青翠，如果是傍晚在此，可以在栈道上等待晚霞。栈道沿线有一处小沙滩，有入口前往，沙滩平缓，少有游客，很适合孩子们玩儿。沿栈道一路向东可抵达望海图书馆和揹仔角灯塔，望海图书馆由几个集装箱建成，拥有无敌海景，揹仔角灯塔是拍照打卡的好去处。

实用信息

海滨栈道大梅沙至小梅沙段，除了几处休息亭几乎没有遮阳的地方，这条线路也不容易找到便利店补给，请注意做好防晒，以及带足饮用水。

餐饮选择

大梅沙海滩北面的居民区有许多海鲜大排档，大梅沙奥特莱斯内也有丰富的餐饮选择。你也可以打车前往距离大梅沙海滩约8公里的盐田海鲜美食街，可以在餐厅点餐，去旁边的海鲜批发市场采购食材交给店家代加工也行。

户外活动

虽然深圳的气候全年适合户外活动，但不热不冷的1月至3月、11月至12月，在户外玩耍更加舒服。夏季出行请务必做好防晒，全年出行最好都带上防蚊剂。

登山徒步

想徒步又不想远离市中心，那就直奔塘朗山郊野公园，沿荔云登山道行走，约2小时能抵达山顶的极目阁，可以俯瞰脚下的城市和远处的海湾。不想登顶也没关系，可以沿公园的小路深入山林走走，常常能与野生猕猴相遇。你也可以选择梧桐山森林公

园，公园与罗湖中心区的直线距离只有10公里。梧桐山有十多条登山道，其中泰山涧沿途有溪流相伴，适合孩子们玩耍，这条线路全程几乎晒不到太阳，其间还会经过一两条瀑布。

稍稍远离市区的徒步径推荐阳台山森林公园和大顶岭绿道。阳台山森林公园跨龙华、宝安、南山三个区，从宝安区石岩片区入口进，沿登山径可以直接抵达大阳台山顶，约需1小时40分钟，大阳台山顶有一览无遗的观景视野，放眼望去，山峦起伏、水库秀美。大顶岭绿道从北往南纵穿山林，是一条休闲徒步道，沿途可以欣赏到凤凰花、蓝楹花、使君子等多种亚热带花树，靠近绿道入口悬空架起的浮桥极具视觉冲击，是一座新晋的网红桥。

如果你想彻底远离市区，带孩子体验深圳的郊野，可以前往马峦山郊野公园，这座公园还保留着野趣。马峦山最特别的景观是瀑布，你可以带孩子走碧岭瀑布群步道，入口处就有一条清澈的溪流，孩子们可以在此撒欢儿。沿石阶登高会遇见姿态各异的瀑布挂在山间，步道沿途还有许多“坪山全域自然博物”的科普知识牌，可以顺道认识一下马峦山动植物。

海上运动

海上桨板易上手且安全，十分适合亲子游玩。6岁以上的孩子就能学习桨板，父母可以和孩子一起学，就桨板而言，体重更轻、平衡能力好的孩子学起来比成人上手快，在学习的过程中，孩子们能体验到“轻松赢过大人”的成就感。6岁以下的小孩可以穿上救生衣，坐在爸爸或妈妈的板上游玩。大多数人经过1小时的学习

儿童友好型城市

在罗湖田贝有一座彩虹天桥，灵感来源于儿童画中的彩虹桥，天桥立面采用186块彩色渐变亚克力板，同时还配备儿童扶手、橡胶地垫，一到晚上天桥还会散发出彩虹光芒，这座彩虹天桥正是深圳建设儿童友好型城市的细节之一。

儿童友好型城市是联合国儿童基金会在1996年提出的概念，指致力于充分落实儿童权利，建设适合儿童成长环境的城市。评定一座城市是不是儿童友好型城市有诸多标准，比如住宅区与小学的距离需在0.8公里以内，居住区周边0.4公里内应有儿童游乐场，社区需提供分龄游乐区，给孩子创造玩水、玩沙的机会，还有儿童健康服务，本地商业、艺术、文化对儿童的关注度等多重考量。目前全球有3000多个城市、社区通过了儿童友好型城市的认证。

2016年深圳提出建设中国第一个儿童友好型城市的目标，将儿童友好融入城市项目设计，目前深圳已经建成妇女儿童之家713个，各类儿童友好基地360个，公共场所母婴室1142间，几乎每个社区都设有儿童游乐场和图书馆。

与练习便能掌握划板技能，独立撑板在海上划行。大梅沙国际水上运动中心和大澳湾水上运动基地都提供专业的桨板教学。

西涌海滩的自然环境适合学习冲浪，每年5月至10月，西涌海滩常出现适合入门者学习的小浪。西涌离岸风冲浪俱乐部是一家专业的冲浪培训机构，创始人中有两位是国家冲浪队前队员，可以通过公众号“离岸风冲浪”了解教学信息。

城市公园

深圳有“千园之城”的称号，这座城市拥有1238座公园，几乎每一座公园都有专门设计儿童游乐区，如果不想去登山和徒步，去公园溜达也不错。香蜜公园在福田区的中心地带，这座在原农科院的基础上建立的城市公园，拥有溪流、湖泊、起起伏伏的草坡，还有一大片荔枝林，蜿蜒的空中栈道与地面步道平行，带来立体的视觉空间。园区内设有三处为不同年龄层儿童打造的游乐场，树林深处还建有一座安静的图书馆，有一层楼专门开辟为儿童阅读区。位于南山前海湾的桂湾公园沿河道修建，风景秀丽，不少当地人喜欢在此搭建帐篷野餐，公园的游乐场建在跨河大桥的下方，桥身挡住骄阳，孩子们可以在桥下愉快地玩耍。

探寻改革开放的足迹

深圳是因改革开放而诞生的新城，在短短40年间，由一座只有3万人口的小县城，摇身变为拥有近2000万人口的国际化大都市。依循改革开放的足迹探索深圳，去“开山炮”炸响的蛇口，去罗湖老区探访昔日的高楼神话，去福田中心区追寻深圳一路向西拓展特区版图的故事，你会发现，“来了就是深圳人”并非一句简单的口号，深圳的确由每一位深圳人创造。

第一天，探访蛇口

蛇口是走在改革开放最前沿的地区，在深圳还没有成为特区之前，蛇口已经被划为“特别区域”，由招商局在此负责建立国内第一个出口加工基地，这在全国奉行计划经济的1979年无疑是石破天

惊之举，因此蛇口工业区从一出生就被赋予了要打破陈旧，为改革开放探路的使命。如今的蛇口，已经从一个勇于开拓热土的青年骑士，成长为淡定沉稳的中年绅士，享有十分闲适的生活气息。

乘车去蛇口，往东滨路以南走，周边建筑住宅以小高层为主，街道上树木高大，树荫繁茂，路边文艺小店、有情调的餐厅琳琅满目，让你仿佛置身于一座海滨度假小镇。海上世界是蛇口绕不开的名片，一艘原为法国建造的豪华游轮“明华轮”，成为蛇口的地标之一，1984年1月26日，视察南方的邓小平登上明华轮，亲笔写下“海上世界”四个大字。由此，海上世界以明华轮为主体，在游轮上开设了酒店、餐厅和酒吧，打造出一个以海洋为主题的美食、娱乐、购物中心，成为深圳最早的旅游品牌。“时间就是金钱，效率就是生命”，这句著名的标语就立在离海上世界不远的微波山下，可以顺道造访。

沿滨海栈道散步，便能看到绝佳的风景线，一直走到女娲滨海公园，公园旁边挨着的是深圳唯一建在海上的艺术馆——海上世界文化艺术中心，它由三个巨大的白色盒子叠加而成，分别面向大海、山峦与城市，拥有开阔的外部视野与宽敞的内部空间。

承载着第一批打工人集体回忆的四海公园值得专程前往，二十世纪八九十年代内地几乎没有免费的公园，四海公园是第一批免费面向市民的公园之一，过去曾是打工人最爱去的休闲地之一，全新改造后的四海公园尽显岭南园林的书卷气，大小庭院遍布。

蛇口创造了内地的很多“第一”：从三洋公司开始，诞生了最早的一批“三资”企业；拥有内地第一家免税商店和第一家五星级酒店——南海酒店……曾经的日资三洋厂房经过改造翻新，成为文艺气息十足的创意园区“南海意库”，吸引了多家建筑设计、形象设计、艺术工作室以及餐厅、咖啡馆和画廊入驻。

不要错过位于渔村路的蛇口海鲜市场，临海而渔的老蛇口人，在这里留下了人间烟火气，毗邻蛇口渔港的优势，让它足以撑起深圳海鲜市场的半边天，也保留着旧时渔市的人情味。

40年前，蛇口的带领人袁庚在香港的招待酒会上推介蛇口，对还是一片荒滩的它加以憧憬描述——那里有绵绵细沙的海滩，海滩上有风吹瑟瑟的树林，那是中国版的夏威夷。当时的人们觉得太过梦幻，如今回看，这个梦想却已照进现实。

第二天，去罗湖找寻深圳记忆

深圳建市之初，最先开发的就是罗湖，罗湖可以说是深圳的“老城区”，与其他任何城市的老城区一样，罗湖凝聚着众多当地人的共同记忆。时间倒退几十年，回到二十世纪八九十年代，那时人们管去罗湖叫去“深圳”。

昔日的罗湖以香港为师迅猛发展。走在罗湖街头，很容易看见香港的影子，蔡屋围商圈高楼密集，集中着众多金融、保险、证券机构，是罗湖的“中环”；夜晚的春风路与旺角相似，越入夜越热闹，店铺招牌霓虹闪烁，相互映衬；进入向西村，大排档一家连一家，人们坐在棚下推杯换盏，它会让你想到庙街，同样有高楼盖不住的烟火气。

1984年有一首名为《夜色阑珊》的歌曲火遍中国，来自深圳的歌手周峰唱出：“深圳的夜色，绚丽明亮，快快地飞跑，我的车儿穿过大街小巷，灯光海洋……”罗湖中心区的街景在歌声里穿插播放，国内首座摩天楼国贸大厦引人注目，这座于1982年开建的高楼，以“三天一层楼”的口号叫响了深圳速度。国贸大厦的高层餐厅也曾代表了深圳的高光时刻，虽然360度旋转餐厅已经不再时髦，却增加了带着时代感的怀旧乐趣，玻璃上标注出周边可见的深港景观，每一处都代表了罗湖四十年间的变迁。

被当地人称为“地王大厦”的信兴广场是罗湖的另一座地标建筑，这座竣工于1996年的高楼，也是“深圳速度”的代表，平均9天建起4层楼。

与许多彰显豪迈的摩天楼一样，信兴广场也在高楼层设置了观光中心，朝向梧桐山与福田中心区的视野让人眼前一亮，旁侧京基100的玻璃钢外墙折射出新派摩天楼的风采。

深圳人大多逛过东门老街，当深圳还是“深圳镇”时，东门老街就是周边一带最繁华的商业区，改革开放之后，东门继续发挥它作为商业街的优势，内地第一家麦当劳坐落于此，各大百货商场云集，东门在很长一段时间内成为本地年轻人消遣周末时光的首选地。如今的东门虽然少了过往的人气，但在白马服装批发市场淘货仍旧有大商场无法给予的逛街乐趣，一家家小的服装店藏身于此，许多本地原创品牌入驻其中，在此能淘到设计独特，绝不会与人撞衫的服饰。

春风路是另一条凝聚着深圳人集体回忆的老街，有着属于20世纪的浪漫。过去，提到唱K、喝酒、宵夜，深圳人都会想到春风路，即便是现在，很多居住在深圳其他区域的人还是爱去春风路一带吃宵夜，这种感觉就像美国人跨年时要跑去时代广场一样，有一种氛围在，去那里才对味。春风路上有深圳第一家椰子鸡火锅店“肥佬椰子鸡”，24小时营业的新发烧腊茶餐厅对于罗湖来说，是“老地方”一样的存在，走过路过，总要进去坐坐。

第三天，福田中心区

罗湖区因为东临梧桐山天然屏障，深圳的发展必定要面临西拓，福田中心区的规划在深圳建市之初就已经出现。1984年，深圳正式委托中

沿深南大道观赏城市脉络

深南大道不仅是深圳的三条东西向主干道之一，更是深圳的第一条城市道路，这条全长25.6公里的大道的最初段在1980年建成通车，因连接了当时的深圳墟与南头两个镇而得名。想要快速了解深圳城市建设的脉络，顺着深南大道即可一窥关键。不必操心“拉链式通行”，乘坐M133路公交即可一路欣赏窗外风景，绿色又快捷。

从地铁新秀站A口/公交新秀小学站上车，路过深圳古玩城的仿古建筑后，即可看见黄贝岭村张氏宗祠的气派建筑。公交经过东门老街时，周围的商业氛围给人以回到千禧年时的穿越感，继续往前经过的信兴广场和京基100都分别刷新过深圳摩天楼的高度，远处在建中的城建大厦也呈现出穿破云雾的姿态。

跨过作为罗湖区与福田区分界线的红岭中路，荔枝公园角落广场上的邓小平画像引人注目。对于特区来说，这也是唤醒深圳进入春天的标志之一。经过市委大门时，留意花坛中的孺子牛雕像，它象征着建设特区时的“开荒牛”精神。

继续往前，窗外的电子科技大厦暗示公交已来到华强北地界，高楼旁侧20层的电子大厦略显不起眼，其实这座建于1982年的大厦是深圳经济特区的首栋高层建筑，正是以它为中心，周边才逐渐形成了华强北电子商圈。繁忙的公交车停站“上海宾馆东”得名于站台旁的上海宾馆，这座有着蓝色弧形顶的11层建筑也见证了深圳的发展史，在1985年开业时，过了宾馆往东便是一望无际的稻田。

公交继续行驶至市民广场前，广场上大鹏展翅般的单体建筑是2006年建成使用的深圳市民服务中心，它标志着福田区开始肩负起深圳的行政服务功能。公交掉头往南的线路正好给你提供了一个难得的视角：先眺望整齐开阔的北广场，再绕过大道中央的“水晶岛”绿化带，欣赏另一侧如同一朵绿云般的南广场。

在市民广场东公交站下车，这次“绿色环保游车河”之旅也告一段落，进入南广场逛逛这座小山丘上的绿意公园吧。

国城市规划设计研究院为深圳经济特区做总体规划，设计师们已经为未来深圳中心西进，预留了一块想象的空白。30多年过去后，如今，当外地旅行者问当地人，“深圳的中心在哪儿”，很多人会脱口而出“福田中心区”。深圳市委大楼坐落在福田中心区，市民中心周围环绕着福田CBD摩肩接踵的高楼，竭尽所能地展现着这座城市的现代与繁华。

你完全可以沿福田中心区中轴线漫游，这条中轴线从莲花山一直往南延伸到会展中心。坐落在城市中心的莲花山不仅给市民提供了亲近自然的好去处，沿林间步道登上山顶还可以俯瞰CBD城景，山顶广场立有一尊邓小平铜像，许多旅行者在此拍照留念。沿莲花山南麓的市民广场出入口方向，可去往深圳书城屋顶，经空中连廊抵达深圳市工业展览馆和当代艺术与城市规划馆，前者方便你了解改革开放以来深圳的工业成就，后者详细介绍了深圳从建市至今的城市建设规划、城市更新、城市设计和建筑设计，在这里你能看到四十年间不断刷新纪录的摩天楼模型，以及城中村改造的效果对比图。之后可以前往位于市民中心东侧的深圳博物馆，想要在短时间内全面地了解深圳，深圳博物馆是一处绝佳窗口，馆内分设四个展厅，介绍深圳古代史、近代史、改革开放史和本地民俗文化。

请务必留一些时间给园岭，园岭一带曾经拥有深圳最重要的两片工业区——上步工业区和八卦岭工业区，如今工业区的角色从历史舞台上退去，八卦岭一带聚集着不少小而美的文艺美食小店。不要错过位于红岭中路的荔枝公园，它是深圳最早的公园之一，保留了许多市民的童年回忆，公园东南角广场内，有一幅面积达300平方米的邓小平画像，画像名为《小平同志在深圳》，从1992年开始吸引着无数人前来拍照打卡，留下经典特区合影。荔枝公园北面的园岭新村内藏着多家独立咖啡馆、艺术小店，这片小区也是深圳最早的公务员小区之一，进入小区像是穿越回20世纪80年代，这里有你完全想象不到的深圳画面——老楼被高大的树木掩映，人们慢悠悠地从树下走过；三三两两的人聚在改衣服的小铺子前闲聊；四五位老太太坐在家门口的平台上，围着一张方桌话家常；有人在一楼大门外种了丝瓜，瓜藤顺着竹架往上爬，将花和果实高高挂——时光匆匆向前，将园岭留给了生活。

在这些地方，也能寻到深圳历史

华强北博物馆 这座有趣的博物馆可以回答你关于深圳电子工业的全系列问题。

越众历史影像馆 这家民营展览馆通过挖掘散落在民间的历史影像资料，探究大历史背景下小人物的命运，人文、自然环境的变迁。

宝安劳务工博物馆 国内第一座展现打工群体历史与生活的专题博物馆，建在深圳第一家“三来一补”企业的旧厂房内。

1510公益图书馆 图书馆内收藏的老物件都与深圳历史有关，比如老东门改造时从墙面上拆下来的雕刻画，南海酒店被收购时淘回来的酒店地毯和灯具，大运会结束后弃用的广告牌等，许多物件背后都有一个特别的深圳故事。

袁庚祖居 这是一座五开间三进两天井、青砖黛瓦的岭南民居建筑，如今主要陈列着袁庚生平介绍的图文，屋前的小巷也被冠上了“改革开放胡同”的名字。

从中英街到沙栏吓

去逛中英街的时候，遇见了沙栏吓村，沙栏吓那天的样子明媚安逸，细小、生动的琐碎，自然散落在街头巷尾，我明明是在深圳，却像去到一座我并不知道的海滨小镇，意外收获在地旅行的欣喜。

2020年夏季的一天，那天我的目的地十分明确，去逛中英街。那阵子频繁在一些书里看到对“中英街”的描述，勾起了兴趣，季羡林先生曾经在1984年去到中英街，在散文《深圳掠影》里，留下这样的描述：“街道两边全是商店，鳞次栉比，一个紧挨着一个，货物塞得满满的……街上的人也挤得满满的，几乎都是来买东西的。”也有文章说，二十世纪六七十年代，中英街华界悬挂着气宇轩昂的红色标语，而英界则是五彩斑斓的广告牌，形成鲜明的对比。我很好奇，这条曾经闻名全国的街道，40多年后是什么模样呢，是否还有当年的影子？

中英街的时代印记

中英街位于深圳市盐田区沙头角的尽头，陆路与香港新界北部相连。去中英街需要办理“沙头角边境特别管理区通行证”，通过身份证信息在盐田区官网免费办理就好，非常方便。

我去探访它的那天，是深圳最常有的天气，天空湛蓝，云朵白得发亮，可能是因为临海的原因，虽是夏天，并不感觉热，似乎有连续不断的风吹在身上。

前往沙头角边境区域的游客，需要接受海关的安全检查，居住在边境地带的居民有专门的居民通道，只需出示居住证前往即可。从安检处的排队人数来看，去中英街的人还真不少，有一些为游客，也有不少人手拉一辆小推车，打算去中英街购物。免税商品和港货一直是中英街的对外名片，二十世纪八九十年代，中英街无疑是香港购物天堂的缩影，大量的黄金首饰、电子产品、时尚服饰、进口零食从这里流向全国各地。

安检过后，经过一座跨河大桥去到沙头角河南面，继续往前走几分钟就是中英街了。中英街界碑立于道路北头，你很难忽略它，错走到别的路上去。不少游人在界碑前合影，这块界碑确实是历史的见证，街道的西侧属于香港，东侧属于深圳，在1997年香港回归之前，一条实则存在却看不见的国境线将街道一分为二，两边各有警察巡护。

水马栏杆的位置大致在一个成人的头部，走在中英街上，两侧居民中有熟人相遇，也会隔着栏杆冲对方扬手打招呼，甚至停下来喊叫着寒暄几句。

我抵达中英街的时间是当日上午接近11点，香港一侧的商铺开门的极少，放眼望去几十家店铺似乎只有一两家营业，大多关着门，商铺二楼几乎都有晾晒衣物，也有绿植，看得出房屋长期有人居住。据说中英街香港一侧区域，港方有意作为历史街区保留下来，可能会进行旧改，不知道这是不是许多店铺暂时关闭的原因，有待查证。不过香港一侧的房屋确实保存着二十世纪六七十年代的模样，房子大多两三层楼高，带铁皮斜坡屋顶，商铺招牌也很有时代感。深圳一侧的商家几乎都开着门，经营电器、金器、百货、化妆品、食品等。由北向南走过中英街时，甚至遇见一家新开业的商铺，门口有舞狮队正在表演。

金器、电器商铺顾客不多，百货商店内倒是熙熙攘攘，中英街及周边街巷内，几乎三五步路便有一家百货店，购物架前站满顾客，各自提着购物篮挑选所需物品，店铺外结过账的客人正将物品塞入随身携带的购物推车或行李箱内。中英街背面的巷道内，有一家自1980年代便开业的老店“实惠百货”，除了来买货的人，有不少游人专程前来打卡。有些杂货铺极具时代感，地面铺着马赛克地砖，有着简易的铁制货物架，闸门处贴着多张印有财神图案的挂钱，在此拍摄年代剧根本无需布景。

我走进一家杂货铺，细看货架上的物品，都是熟悉的港货：嘉顿饼干、蓝罐曲奇、公仔面、无比滴、黄道益活络油……从货架上取下一瓶鸿福堂竹蔗茅根水去柜台买单，这个牌子的饮料深圳的便利店并不常有，有异地感，手握它像是去了一趟香港。

沙栏吓，处处有细节

中英街不足500米，由北向南走到头后，顺着环城路步行至海东路。海东路是一条临海步行道，挨着沙头角海，隔海可以远望对面新界的山丘，步行其间非常舒服。道路的另一侧是一座座整齐排列的，别墅一样的独栋房屋。与城里统一规划建造的独栋建筑不同，这里的每一栋房屋都十分生动，除了在层高上保持大体一致外，每栋楼宇都各有特点，有的屋顶开有大面积天窗，有的二楼建有开阔的露台，有的修三角形屋顶和拱形窗。与城里的别墅房屋多空置不同，这里家家户户有人居住，院子里晾晒着衣物，屋内有聊天的声音传来。

我开始对生活在沙头角海边这一片区的居民产生极大的好奇，决定四处走走看看。绕别墅区一圈回到环城路上，沿环城路一路向北，道路两旁临街的位置，多是三层楼高的独栋民居，一幢挨一幢，许多人家大门口都有错落的绿植点缀，一瞬间我觉得自己像是走进了一座不认识的东南亚海滨小镇，而不是在深圳。

西起中英街，东至海东路，居民区的范围大致如此，区域并不算大，相当于逛一座大型的城市公园，随意在街巷里行走，走到路口，根据街景拐进自己想拐进的巷道就好，实在很有city walk（城市漫游）的乐趣。

从居民楼前的门牌信息，我知道了我所在的区域是沙栏吓村，中英街深圳段也属于这个村子。除了中英街，村里的街巷大多很安静，主路整洁宽敞。在一条路的拐角处，我看见了一座白色的小楼，楼高两层，带一座不小的院子，麻石整齐堆砌围成院墙，顶端留一圈罗马柱栏杆。高低错落的植物从院子蔓延至二楼阳台，整座房屋洋溢着一种蓬勃的烟火气和琐碎的温情。

继续往前，在另一个路口站定，眼前一栋房屋的一楼，门口以及临街的一面墙壁，围合着木制格栏，门口、窗前，植物大盆小盆，层层叠叠挤在一起，沐浴在阳光下，藤蔓植物爬上格栏，还有大把的空间让它们肆意伸展，一辆粉色的电动车和一辆粉色的儿童自行车，并排摆放在绿植前，这幅景象让我有些恍惚，像在看一部台湾电影。

最意外的遇见是在一个快餐店和一家水果店的转角。那是一个十分寻常的快餐店，中午时分，店里客人多，店门外的座位上也坐满了人，店员端着盘子进进出出，应答着各桌客人的问话。那也是一家十分普通的水果店，普通到门外连店名都没有挂，只是整齐摆放着一些水果，午间的水果店是安静的，一个客人也没有。就在这样的热闹与安静中间，就在快餐店与水果店的转角，有一处精心布置的植物角，小小的空间充满生气。藤蔓往高处引，成为一楼窗户的装饰。一楼窗子的防护栏上，错错落落挂满蕨类和多肉植物，蕨类的叶子张牙舞爪，野性十足，多肉个个鼓鼓囊囊，十分可爱。窗台下放一个花架，高高低低摆着矮牵牛、长寿花、茉莉、月季、栀子等等，有些正开着花，还有几个小巧的庭院摆件藏在花叶下。真不知道是谁的心思，怎么这么巧，让我这样一个陌生人可以在一个快餐店和一家水果店的转角，见到人们对生活，简单纯粹的爱。

大的街道走遍，再钻小巷道，也有琐碎的美，有人在阳光正好的地方晒了一小方枸杞子、龙眼、红枣、陈皮……喜庆又丰盛。沙栏吓天后宫和吴氏宗祠也在巷子里，两处都有好看的墙画和木雕。

根据吴氏宗祠内陈列的村史资料记载，沙栏吓村是一座有300多年历史的客家村落，吴氏先祖迁至沙头角时，选择在海边地势较低的地方居住，故取名为沙栏吓（同下）。族史上还记载，由于沙栏吓村地理位置特殊，与香港新界接壤，自古就是通往内陆的盐运古道。深圳刚刚建市后的几年，正值改革开放浪潮最盛之时，许多沙栏吓村的村民通过在中英街开设商铺走上了发家致富之路。

走在祥和又生动的沙栏吓，我觉得旅行给人带来的欣喜，有时并不在景点，而在散落在街头巷尾的琐碎的美，这种美似乎无处不在，却极容易被忽略掉，然而旅行给人们一个契机，让你以一种好奇的眼光重新看向生活，看到平凡里的光。

具体游玩点

福田区

无论是行政意义，还是地理位置，福田区都是深圳的中心，流畅的福田中轴线方便你用城市徒步的方式了解福田中心区，你可以从莲花山开始游览一直向南步行至会展中心，深圳图书馆、博物馆、音乐厅均分布在此。深圳几座知名的城中村也在福田，闲逛其中你会看到咖啡馆、修鞋铺、精致餐厅、苍蝇小馆等丰富的业态，而牌坊、碉楼、祠堂和村中心的大树又在提醒你记得这些岭南村庄的传统模样。走进外表毫不起眼的电子科技大厦，一间间店铺内，各类电线、主机板像菜市场里的蔬菜一样整齐地排放在摊位前，欢迎你来到全球知名的电子产品元宇宙——华强北。

市民中心和莲花山

深圳博物馆历史民俗馆

（88125550；微信公众号：深圳博物馆；福田区市民中心A区，近金田路；免费，凭身份证入场；10:00—18:00，周一休馆）

想要在短时间内全面地了解深圳，这座位于市民中心东侧的博物馆正是一处绝佳窗口。馆内分设4个展厅，介绍深圳古代史、近代史、改革开放史和本地民俗文化。其中民俗文化展厅内陈列有大量精致的模型，这些模型搭建的场景重现了已经消失的街景与民俗，行走其间很有怀旧的趣味。

遛娃的家长别错过一楼的世界野生动物标本展厅，厅内收藏有从北极冰原到非洲大陆的野生动物标本，让孩子不出深圳就能认识动物和大自然。此外，深圳博物馆在寒暑假期间也会专门推出针对青少年的主题展，可通过微信公众号了解信息。

地铁2/8号线或4号线到市民中心站，出B口即到深圳博物馆。

深圳市当代艺术与城市规划馆

（82760159；微信公众号：深圳市当代艺术与城市规划馆；福田区福中一路2009号；免费，临展可能另售门票；凭身份证入场；10:30—17:30，周一休馆）

这里又被称为“深圳两馆”，展馆建筑由奥地利蓝天组操刀设计，外墙由大面积的玻璃网格构成，将另一座金属巨蛋般的建筑包裹在其中，形成“馆中馆”的空间结构，建筑本身就十分值得欣赏。

展馆分为当代艺术馆和城市规划馆两个部分。金属巨蛋内的当代艺术馆目前没有常设展览，但不定期有不同主题的国际大展，例如2019年至2020年的“觉醒：文艺复兴至20世纪的宫廷珍宝”。

北侧的城市规划馆从3层至5层，详细介绍了深圳从建市至今的城市建设规划、城市更新、城市设计和建筑设计，在这里你能看到40年间不断刷新纪录的摩天楼模型，以及城中村改造的效果对比图。

南侧4层至5层是展馆内的重磅常设展览“大潮起珠江：广东改革开放40周年展览”。在改革开放的大潮中，深圳作为领头弄潮儿带领广东乃至全国走进新时代，展览中用翔实的图文和模型讲述了这40年间的蓬勃发展。

乘地铁3号线或4号线至少年宫站出A2口即到，或者逛完深圳博物馆后步行5分钟来继续看展。

深圳市工业展览馆

（88121155；微信公众号：深圳市工业展览馆；福田区市民中心B区黄塔2—10楼，近福中路；免费；9:30—17:30，周一休馆）

在广场上眺望形如大鹏展翅的市民中心，很难想象圆柱体的黄色塔楼中还藏着一座未来科技感十足的展览馆。走进2楼外围展厅，这里的图文和实物陈列简介了改革开放以来深圳的工业成就。上至4楼从露台进入塔楼内部，被红色灯线缠绕的核心圆柱如巨大电池般镶嵌在展馆中央，每个楼层都由冷蓝灯板组成的巨大数字标示出，科幻感十足。

顺着圆柱外的玻璃钢旋梯一路往上，即可在各层展厅中看到与机器人、电子信息、先进设备、节能环保和工业精品设计相关的展览。别错过圆柱对面的胶囊电梯，在外拍摄能拍出科幻大片，进入乘坐还有几分穿越到未来的错觉。

参观结束后不妨绕到4楼露台北侧，这里视野开阔，可以一路眺望莲花山、音乐厅和展览馆的漂亮屋顶。在周末，展馆门前的广场就会变成市民的练舞基地，从街舞到民族舞，甚至还有戏剧，不同年龄段的舞蹈团体都自得其乐。

离展览馆最近的地铁站是市民中心站B口，入口靠近福中路上的市民中心北门，从斜坡通道往上即到，也可从莲花山风筝广场正前方的深圳书城屋顶空中连廊走过来。

关山月美术馆

（83063086；微信公众号：关山月美术馆；福田区红荔路6026号；免费，凭身份证入馆；9:00—17:00，周一休馆）

与南山区华侨城的何香凝美术馆遥相呼应，这座造型简洁优雅的美术馆建在莲花山脚下，馆内收藏了岭南画派一代宗师关山月的821件作品，其中绝大部分来自画家本人的捐赠，欣赏这些画作的同时，也可以了解到岭南画派对中国传统山水花鸟画的传承与革新，以及岭南画派诞生的历史背景。展馆2楼的两个常设展厅内陈列有画家的作品，展馆不定期举办特展，将作品按不同主题分类布展做陈列，因此隔段时间去看展，也会有新的发现与收获。

乘地铁3号线或4号线至少年宫站出F2口即到美术馆，或者从市民中心一路看馆逛过来。

莲花山

（福田区红荔路2062号，市民中心出入口；免费；6:30—23:00）

这座城市中心的小山绿意盎然，给市民们提供了亲近自然的便捷好去处。无论在风筝广场放风筝，或者在草坪上搭帐篷野餐，还是沿林间步道登上山顶，顺着邓小平铜像凝视的方向欣赏CBD城景，都是深圳独特的城市体验。深圳人的秋天里怎能少了市花簕杜鹃。每年11月，市花簕杜鹃盛开，到莲花山公园赏花成为全城期待的嘉年华。这种俗称三角梅的植物花形简单，却能在阳光下营造出花团锦簇、姹紫嫣红的张扬。

其实，莲花山西麓还藏着一处省级文物保护单位：南宋黄默堂墓。顺山脚往北京大学深圳医院方向步行，看见高大的石牌坊就能找到这座在闹市中被茂密树林环抱的古墓，装饰有唐风须弥座的石墓为宋朝时的原物。墓主黄公正是下沙村的开村始祖，而在香蜜公园及梅林山南麓都有上下沙黄氏的墓地，由此可以估算黄氏家族在当时的田产范围有多大。

华强北的来历

改革开放后，建设部、电子工业部、航空工业部、核工业部、纺织工业部等中央部委的部属企业陆续到深圳投资建厂。作为深圳“三来一补”贸易的重要组成部分，电子产品来料加工也吸引了众多国资企业进驻特区。

1979年，深圳华强电子工业公司作为第一家企业落户当时的上步大队，这家企业集合了之前驻扎在粤北山区的3座军工厂。工厂门前的道路被命名为华强路，这条道路划分出了“华强北”和“华强南”，如今的华强北早已不是厂房云集的工业区，不过依然能从中航城、北方大厦和核电大厦等名字里回想当年的工厂格局。

20世纪80年代初，中国航空技术进出口公司在此建立了上步工业区，工业区便由各部委投资的国营电子工厂组成。1982年，中国电子进出口公司深圳分部在华强北建立了第一座高楼——电子大厦，这座大厦也是华强北电子产品商圈的原动力之一。

1988年，深圳电子集团公司改组为赛格电子集团，并设立了赛格电子配套市场，这是中国首家电子产品交易市场。到了90年代，上步工业区中的工厂逐渐外迁，电子产品市场取而代之，华强北转型成为电子产品商圈，直至今日仍然吸引着海内外客商。

在华强北做生意的第一代商人中，潮汕商人的占比非常高。不过，不同于大众印象中携资本而来的潮汕富商，在华强北“一米柜台”做生意的潮汕商人中不少是小本起家。特区建立时，数十万潮汕农业人口来到深圳，他们或参与城市建设，或进入工厂生产线。因地缘便利接触到电子产品货源后，善于经商的潮汕人在电子市场租下批发档口，将电子产品远销至全国及“新马泰”，甚至远达日韩和欧美。

距离莲花山市民中心出入口最近的地铁站出入口，是少年宫站E口。

华强北和周边

华强北博物馆

（83202020；微信公众号：华强北博物馆HQB Museum；福田区振华路现代之窗商业广场3楼；免费；10:00—18:00，周一休馆）

跟随穿格子衬衫戴黑框眼镜的IT族群的方向，迈步通过如同电子主板般灯光闪烁的地下通道，欢迎来到华强北，过去30年间全球知名的电子产品元宇宙。虽然近年来这里的商业风向已开始往潮流美妆转变，不过DIY爱好者们仍然可以走街逛铺把组件购齐，整件事就像逛超市选购食材和配料那样简单，而且还能讨价还价。

然而，从农田间的工厂发展到高楼林立的电子市场，华强北经历了什么？这座有趣的博物馆可以回答你关于深圳电子工业的全系列问题。除了内容翔实的图文资料，以及引起一代人回忆的古早游戏机、CD机和手机，你还可以走进“一米柜台”模型，想象自己是当年营业款要用麻袋装的电子元件老板，或者在生产线上给自己组装一台功能天马行空的定制手机。出口处的卫生间内装饰有别出心裁的电子产品艺术品，打卡拍照别错过。

特别推荐

深圳博物馆古代艺术馆

（福田区同心路6号；免费，凭身份证入场；10:00—18:00，周一休馆）

市民广场东侧的深圳博物馆新馆投入使用后，荔枝公园南侧的博物馆旧馆作为古代艺术馆向公众开放。馆内的常设展览主要有陶瓷、铜器、书画和墓志碑刻拓片，其中曹操墓“七女复仇”影像展颇有由小见大的奇趣。与新馆相比，旧馆室外园林怡人且游人更少，能给你带来在深圳逛博物馆看展的愉快体验。

乘地铁1号线或9号线至红岭南站，出A口后步行即到。

乘地铁7号线至华强北站出E2口，或2/8号线华强北站出A口，步行即到现代之窗商业广场，乘观光梯上3楼即到。

荔枝公园

（福田区红岭中路1001号，东门；免费；6:00—23:00）

紧邻两区分界线红岭中路，荔枝公园在行政上属于福田，氛围却更接近罗湖。始建于1982年的公园保留了深圳农业时代的荔枝树林，也保留了许多市民的童年回忆。

东门内的仿古建筑荔香阁被上百株荔枝老树环绕，盛夏时节荔枝挂果，亭亭如盖的绿树上满是艳红的果实。公园中央的荔湖由走廊与小桥相连，湖岸步道边棕榈树下绿草成片，小坐休息和野餐都十分惬意。逛到公园东南角的广场时，还可在面积达300平方米的邓小平画像前拍照留念。乘地铁3号线或9号线至红岭站F口，出站就是公园东门。

梅林山南麓

香蜜公园

（福田区农园路30号，公园西门；免费；6:00—22:00）

这座市中心面积颇大的公园与城市保持着刚刚好的距离，虽然抬头就能看到中心区的高楼冒尖，不过跨过湖畔湿地的小桥时，常能遇到水鸟贴着你的肩膀飞过去，走在公园深处时，甚至听不见四围道路上车流的喧嚣声。

在福田区还农田成片的年代，这里是农业科学研究中心的所在地，之后作为福田农科生态公园向公众开放，在2017年华丽蜕变为香蜜公园。现代化的公园理念和高科技的规划细节，使得这座公园呈现出摩登与自然相结合的可爱面貌。

这里的香蜜公园绿道很值得称道，绿道由公园大路、小径和空中栈道共同组成，将公园的大部分景点立体化串联起来，形式丰富，走法也很自由。无论是行走在花香湖边的亲水木平台上，零距离欣赏水杉和小叶紫檀带来的绿植倒影风光，还是登上空中栈道，从空中欣赏欣欣向荣的树冠，都能非常轻松地亲近自然。

只挑一个小角落，公园也到处是亮点。游客服务中心曾是深圳文青据点青藤茶社的所在地，如今则有自然书吧提供鸟语花香的阅读体验。花

在梅林绿道寻找行山乐趣

深圳多山，“行山”之风又从邻居香港传播过来。在遍布深圳的2800余公里绿道中，梅林绿道可能是最为老少皆宜的那条“行山径”。

绿道全长约8公里，起始两端都有相当方便的公共交通，途中也只需翻过一个不高的小垭口，即使平时不怎么锻炼也可在3小时内走完。路上风景可圈可点：山林遮天蔽日，水库碧波如镜，还会经过见证特区发展史的“二线关”。在这段徒步中，你也可以完成从深圳“关内”到“关外”的时空穿越。

第一段：梅林水库到岔路口 从地铁9号线下梅林站D口出站，沿梅丽路北行到底，十几层楼高的水库大坝是你迎来的第一个小挑战。沿着石梯爬到坝顶，澄澈的梅林水库铺展在眼前。右行离开大坝，踩着石块铺砌的道路，便正式踏入了梅林绿道的征途，不远处就是一个岔路口。

第二段：岔路口到涂鸦墙 在岔路口左拐，一段长约3公里的上坡路从这里开始。路段位于水库北侧的山上，设有多个观景台，可隔水回望福田CBD。沿途总有蹁跹起舞的凤蝶、蛱蝶为你鼓劲，短冬的梅花、春季的禾雀花，以及全年盛开不绝的各种野花，都是迷人的景色。翻上制高点的垭口，两侧出现了沿山势蔓延的铁丝网，这里便是二线关，曾隔离了深圳的经济特区和非特区。继续向前走几步路，一面涂鸦墙出现在路边。

第三段：涂鸦墙到长岭陂 最后4公里几乎都是下坡路，继续穿行在林荫道中，伴着燕语莺啼的鸟叫声，步伐会变得格外轻快。当你最终和南坪快速、平南铁路和地铁5号线高架完成三次立交穿越后，本次徒步终点就在眼前。只要抵达5号线长岭陂站，便能乘坐地铁返程。

围绕梅林绿道，还可以走出不同的精彩路线：

重访二线巡逻道 走到涂鸦墙时离开绿道主道，以二线关的隔离网和界碑为线索，徒步往西走塘朗山或者往东去梅林关：往两个方向的小道共同组成昔日的“二线巡逻道”。

徒步手作步道 在开始的岔路口选择右拐，前行不远就能来到深圳首条“手作步道”梅林山郊野径示范段的西端入口。不同于传统步道用冰冷的石阶铺路，手作步道最大限度地保留了原生样貌，土石覆盖，陡峭处用断木垫脚，整条步道仿佛从自然中生长而出，对徒步者的膝盖也更友好。这条步道全长3.8公里，途中会攀上海拔386米的大脑壳，东端出口在梅林公园芳香区，最终可从上梅林站搭乘地铁离开。

蜜湖畔总是有笑意盈盈的新人，因为福田区民政局婚姻登记处就在湖岸，由中式和西式两座颁证厅组成的婚礼堂见证了新人的浪漫仪式，旁边玫瑰园内鲜花环绕，成为拍摄婚纱照的美丽背景。公园深处的龙眼园内，成片的龙眼树已有近四十年树龄，每年夏季都挂满果实，通过公园举办的活动，市民可以认养一棵树，把果子送给绿化护林从业者。龙眼林间有碎石铺成的步道，走在上面石头咔咔作响，很有野趣，顺步道走到林间的石溪旁，这里精巧复原了山溪自然景观，是遛娃的好地方。

在公园最北面，足球场、网球场和塑胶跑道共同组成了体育中心，体育中心周边的栈道有着欣赏红棉树鲜花绽放的好角度，一段栈道也作为足球场看台，充分利用空间的同时也为观看比赛提供了好视角。

地铁2/8号线香蜜站B口距离公园北门最近，也可乘地铁7号线到农林站C出口，步行5分钟从南门开始走绿道逛公园。

南山区

这里有深圳最早的主题公园，为多少中国人实现了“环游世界”的梦想，这里也诞生了最成功的创意文化园区，提升了这座城市的艺术底蕴。从蛇口港的晚霞满天到塘朗山的四季常绿，从欢乐海岸的水上3D秀到深圳湾公园的观景栈桥，从南头古城的街巷老店到赤湾左炮台的斑驳城台，从北到南，你能在南山发现更多有趣的去处。你也可以像深圳人那样，找个周末，骑辆单车，沿着深圳湾海岸线骑行半日，吹吹海风，等待一场海上日落。

南山东

世界之窗

（26608000；微信公众号：深圳世界之窗；华侨城深南大道9037号；门票：成人/儿童/夜场220元/110元/100元；10:00—21:00）

这座著名的主题公园从开放以来不知让多少国人实现了“环游世界”的梦想，直到今天，来自世界各地的微缩地标建筑与雕塑仍然吸引着人们前往，毕竟，花张门票钱就能在埃菲尔铁塔和埃及金字塔前留个影，还能去“遥远”的美洲欣赏壮观的尼亚加拉大瀑布，还有来自各国的美食和异域风情的歌舞表演为你的环球旅行助兴。

世界之窗园区分为亚洲区、欧洲区、非洲区、美洲区、大洋洲区等区域，分布着60多处全球著名景点和地标建筑，上一刻你还在泰国泰王宫里欣赏东南亚风情，下一刻你就来到了英国田野神秘的巨石阵中，精心选择拍摄角度的话，你能在很多著名景点前拍到以假乱真的“到此一游”照，这正是人们来世界之窗游玩的最大乐趣。

建议进门后拿份地图，先规划好想去的“国家”和路线，以免错失心仪的景点。至于小朋友，则能在游园小火车和大峡谷探险漂流等游乐场中找到属于自己的快乐，或者再去阿尔卑斯冰雪世界来一场奇幻的冰雪之旅。

如果不执着于在每个地标建筑前拍照，你也可以购买夜场门票入场，同样可以逛遍全球，还能欣赏到压轴的大型音乐舞蹈史诗《盛世纪》和烟花秀。

特别推荐

城市湿地观鸟去

在世界之窗与锦绣中华南边，有一片狭长的湿地，这就是目前唯一一处在城市腹地的国家级湿地公园华侨城湿地公园。公园虽小，却为深圳的700余种生物提供了一个繁衍生息的家园，每年11月到次年4月，都有数万只候鸟南迁北徙在此停留栖息。

园内特别设立了两处观鸟小木屋翩影轩和觅幽阁，透过窗口眺望，不但可以看到20多种国家保护鸟类，也能欣赏到红树林和芦苇荡组成的风景。沿着栈道向前，还有多处露天廊桥、陆上观景台和水上观景台，部分配有望远镜，可以远距离观察到停留在湿地中的鸟儿。对鸟类有兴趣者还可以去湿地生态展厅看看，里面有详细的湿地动植物介绍。

入园观鸟要注意，一是尽量穿颜色暗淡的衣服，不要大声喧哗，以免惊扰鸟类，二是做好驱蚊和防晒措施，不要太接近水面，注意安全。特别提醒，为保护湿地公园内的生态环境，11月到次年4月候鸟季每周二、周四至周日，每天仅开放200个入园名额，5—10月非候鸟季每周二、周四至周日，每天开放300个入园名额，需要在微信公众号“华侨城湿地”上预约参观。

锦绣中华

（26600626；微信公众号：锦绣中华民俗村；华侨城深南大道9005号；门票：成人/儿童220元/110元；时间：9:00—21:30）

如果说世界之窗是实现“环游世界”之梦，那它的姐妹公园锦绣中华就能让你在一天之内“走遍中国”，微缩园区按中国版图在相应区域复刻了敦煌莫高窟、乐山大佛、岳阳楼、黄鹤楼、故宫、布达拉宫等名胜古迹，也营造出江南水乡、桂林山水、塞外草原等山水风光，还有5万多处栩栩如生的陶制人物和动物点缀其间。欣赏过大好河山，再去民俗村中感受丰富多彩的少数民族风情，你能在这里体验惊险的独龙族溜索（11:30—17:30），也能欣赏到传统的彝族、黎族歌舞，还可以品尝到各地美食。记得留出时间去观看重头戏《大漠传奇》（每日15:00）和《东方霓裳》（每日17:00）。

园区景点众多，如果时间较紧，可以选择班车（30元/人）、电瓶车（300元/小时）、游船（20元/人）等交通工具快速游览，如果时间充裕，那就步行悠游全园。

欢乐谷

（26949184；侨城西街1号；微信公众号：深圳欢乐谷；门票：成人/青少年/儿童220元/180元/120元，夜场85元；10:00—22:00）

1998年建成开园的欢乐谷应该是最早的国内版迪士尼乐园，曾经给深圳人带来太多欢乐时光。2022年5月，冒险山上的太空梭游乐机正式退役，还引发深圳人一大波回忆杀。园区包括魔幻城堡、冒险山、金矿镇、香格里拉、飓风湾、阳光海岸和玛雅水公园等九大主题区，根据主题设置了环翼飞车、疯狂的“矿山车”、水花四溅的“金涛骇浪”以及令人失声尖叫的太空梭等游乐项目，要一一体验这些刺激肾上腺素的项目，你可能要花点时间耐心排队。对小朋友来说，有人造沙滩的阳光海岸和童话般的魔幻城堡可能更受欢迎，城堡中上演的《幻城历险记》（每日16:00）能让他们沉浸到魔术秀的奇幻世界中。5月1日至10月7日，玛雅水公园盛大开放，仿佛置身于南美雨林中的各种水上项目，既能体验刺激又能享受清凉。

提醒一下，九大园区中各个时段都有精彩的现场演出和沉浸式互动表演，记得规划好游玩时间和路线，以便欣赏到更多的现场演出。

欢乐海岸

（86122833；微信公众号：欢乐海岸；滨海大道2008号；免费；10:00—22:00）

这是一座看得见海洋的购物天堂，也是适合孩子们探索海洋的欢乐世界，因为建筑设计师别出心裁地在购物中心里打造了一座海洋奇梦馆（购物中心二楼；门票60元；周二至周五10:00—17:00，周末及节假日9:00—18:00，周一上午闭馆），五彩斑斓的珊瑚礁和水中摇曳的水母群，向孩子们展示着神奇的海底世界。

购物中心以南的心湖，是一处人工打造的红树林生态湿地，岸边椰林摇曳，水清沙幼，红树林恣意生长。狂欢广场旁的水秀剧场每晚上演大型多媒体水秀《深蓝秘境》（门票80元；每天20:00），讲述人类和红树林、海洋共同创造欢乐世界的故事，音乐喷泉与烟花共同营造出如梦似幻的视听盛宴。

OCT创意展示中心

（86122410；欢乐海岸白石路8号；免费；10:00—21:00）

OCT创意展示中心是欢乐海岸的地标建筑，整体建筑似一枚闪亮的银蛋，在蓝天白云的映衬下非常上镜。它出自中国新锐建筑师朱锫之手，灵感来自象征海洋的水滴和卵石，也契合欢乐海岸的海洋主题。馆内不定期举办各种创意设计展，入口有点隐蔽，你要仔细寻找才能“破壳而入”。

曲水湾和曲水街则是以“找回深圳消失的渔村”为设计主题，蜿蜒水系组成了古镇式的美食街区，你既能在这里品尝到地道的潮汕卤水，也可以在未来风的喜茶LAB里点一杯春季限定的果茶。

特别推荐

沿着海岸线骑行

南山区有着美丽的海岸线和滨海大道，沿海岸线骑行是深圳人最热爱的城市运动之一。我们建议你从蛇口半岛的海上世界文化艺术中心开始，沿海边骑行绿道一路向北，经过防波堤公园，来到渔海栈道，港湾内停泊着归航的渔船，对比强烈的是它们身后的林立高楼。接下来向东骑行，运动公园内的大小白色游艇非常上镜。继续向东，就进入深圳湾公园，东角头沿海而建的滨海连廊上有座纯白灯塔，一路骑上伸入海中的栈桥观景平台，可以与身后的深圳湾公路大桥合个影。

穿过婚庆公园、弯月山谷，向北来到流花山，起伏的山坡上开满各色鲜花，不妨找个地方坐下来休息片刻。骑过小桥，向东而去，沿途有多个观景平台可以停下来欣赏深圳湾海景，如果时间充裕，还可以在白鹭坡书吧找个阅读位，看看书，玻璃窗外就是深圳湾风景。骑行的终点是红树林海滨生态公园，可以看到生长在水中的红树林及栖息其中的各种鸟类。

这条骑行路线全长约18公里，全程均在绿道内骑行，路况良好，一辆共享单车就可完成全程。值得提醒的是，周末和节假日9:00至17:30，深圳湾公园禁止共享单车入内，但可以骑行山地车和公路自行车。沿途设有休息点、公共厕所，但少有便利店，请带足饮用水。部分路段没有树木遮阴，夏季骑行要做好防晒措施。

深圳湾公园

（滨海大道；免费；24小时开放）

身边是碧波荡漾的深圳湾，海风、椰树、飞鸟与红树林一路陪伴，美丽的深圳湾公园是深圳人户外运动、赏花观鸟、亲近海洋的好去处。

深圳湾公园是深圳最大的海滨公园，13公里长的海岸线串起12个不同的主题公园。自行车道与步道全程临海，另一侧则有城市天际线景观相伴，可以看到城区多个地标性建筑，不经意间，壮观的深圳湾公路大桥、如春笋般的平安中心大厦就会出现在你的视线里。观桥公园伸入海中的观桥栈道平台拥有开阔的视野，是欣赏日出和落日的最佳位置。弯月山谷和流花山则是赏花好去处，四季都有不同的鲜花盛开。公园最东端是与福田相邻的红树林自然保护区，有机会可以抓拍到栖息在红树林中的大白鹭、琵嘴鸭的身影。

深圳湾公园也被誉为候鸟天堂，通常可以见到苍鹭、大白鹭、白鹭、反嘴鹬、红嘴鸥等鸟群觅食，每年11月，深圳人最爱的黑脸琵鹭也会飞临此地；潮汐退去时分，常有大群鸟类在滩涂上列队飞行，盘旋觅食，非常适合近距离观赏和拍照。观鸟季的周末，观鸟协会志愿者会在公园A区亲水平台引导市民进行观鸟活动。

深圳湾公园有多个入口，旅行者最方便到达的是地铁9号线深圳湾公园站入口。一路之隔就是欢乐海岸，不妨在逛完公园后去欢乐海岸看看。

深圳雅昌艺术中心

（83366138；微信公众号：雅昌艺术中心；深云路19号雅昌大厦；门票200元（可抵扣店内消费）；10:00—19:00）

这是读书人梦寐以求的天堂，高达30米的巨大书墙上，收藏了来自世界各地的书籍珍本。沿着悬空的之字形楼梯走过书墙，每一个角度都值得拍照留存。从一楼到五楼有不同主题的藏书，每一间书房都设有舒适的阅读座位，你有机会看到许多珍贵的原版书和昂贵的艺术画册，舍不得买，看看也好。部分古籍善本需要戴上书店提供的丝质手套才能翻阅。

不必担心200元门票略贵，你肯定能在这里找到想买的书，星空咖啡馆和一楼文创柜台处也可使用门票抵扣。这里还会不定期举行读书会和书展，可在微信公众号上查询活动实时信息。

南山南

蛇口海上世界

（26890000；微信公众号：海上世界；蛇口望海路1128号；免费；24小时开放）

一艘退役的法国豪华游轮，摇身变为海上世界的欢乐中心，这就是深圳人的创意。1983年，深圳政府买下这艘退役游轮，改名为“明华轮”，1984年1月26日，视察南方的邓小平登上明华轮，亲笔写下“海上世界”四个大字。由此，海上世界以明华轮为主体，在游轮上开设了酒店、餐厅和酒吧，打造出一个以海洋为主题的美食、娱乐、购物中心，成为深圳最早的旅游品牌。

曾经人们来到深圳，无不以登上“明华轮”为荣，如今的海上世界更是进阶为一座应有尽有的滨海时尚国际文化街区。因填海工程形成的内湖四周是各色餐厅，南海小厨、海燕餐厅都有临水下午茶位，每晚湖面上都会上演水秀（周二至周四、周日19:30、20:00、20:30，周五、周六19:30、20:00、20:30、21:00、21:30），“明华轮”上既有新斗记粤式茶餐厅，也有奥利弗意大利餐厅，记得早点去占临水餐位，可以一边品尝美食一边欣赏水秀。“我爱SK（蛇口）”的街头塑像前永远有人拍照打卡，周末的湖畔海上市集更是吸引无数人前来淘宝，海上世界文化艺术中心取代“明华轮”成为海上世界的新地标，为旅行者提供了一个欣赏艺术设计的好去处。

海上世界文化艺术中心

（26671187；微信公众号：海上世界文化艺术中心；蛇口望海路1187号；入馆免费，部分展览需购票；场馆10:00—22:00，展馆周一至周五10:00—19:00，周末10:00—21:00）

由日本建筑师槙文彦设计的海上世界文化艺术中心，由三个巨大的白色盒子叠加而成，分别面向大海、山峦与城市，拥有开阔的外部视野与宽敞的内部空间。中心一楼是与英国国立维多利亚与艾伯特博物馆（V&A）合作的V&A展馆，不定期推出以设计为主题的年度大展。此外园景展厅、玻璃空间与二楼的联合国教科文组织展馆也经常举行各种小型艺术展览。

除了欣赏艺术展览，中心内也有艺术商店、咖啡馆、境山剧场等可以消遣时光，屋顶平台更能欣赏到山海景观。中心前的海滩上，有座袁庚雕像，他是蛇口工业区和深圳经济特区的开拓者。走到海边栈道，可以继续游览女娲滨海公园。

南海意库

（微信公众号：南海意库创意产业园；蛇口兴华路6号；免费；24小时开放）

20世纪80年代留下的6幢三洋株式会社厂房，在2005年被改造为一处全新的创意产业园，这就是南海意库。老厂房采用屋顶绿化、垂直绿化、景观水池等多种生态绿化技术，变身为6幢立体的绿色生态建筑，绿色低碳的公园生态办公环境与“包豪斯思潮”风格的老厂房又吸引到多家建筑设计、形象设计、艺术工作室以及餐厅、咖啡馆和画廊入驻。

漫步南海意库，就仿佛置身于一个绿意盎然的清凉世界。“时间就是金钱，效率就是生命”的标语牌提醒着人们蛇口工业区的历史，旧轮胎、自行车以及废弃机器改造而成的装置艺术品，又在不经意间流露出浓厚的文化创意氛围，就连街头小小的饮品铺，都装饰着可爱的涂鸦。找家咖啡馆坐下来画幅油画，或者在蛇口画廊看场艺术个人展，路过街头雕塑合个影，周末来意集市集逛逛，深圳人已经习惯在这里找到属于自己的一段悠闲时光。

南海意库紧邻海上世界，可以成为你南山悠闲游的补充。在南海意库公众号上可以查询园区旗下画廊、艺术空间的活动信息以及意集的具体开放时间。

赤湾左炮台

（27848856；赤湾左炮台路；免费；24小时开放）

赤湾左炮台始建于清康熙八年（1669），雄踞蛇口半岛顶端，守卫着赤湾与伶仃洋海面。1839年，湖广总督林则徐布防珠江口，曾重修赤湾炮台。可惜的是，赤湾炮台并没能在第一次鸦片战争中发挥重要作用，如今只剩下一尊锈迹斑斑的铁铸大炮，以及1985年竖立在此的林则徐塑像，供人们缅怀那段往事。

经过修复的赤湾左炮台，立在鹰咀山巅，三面临海，炮台城墙上两株大榕树气根遒劲，盘绕于古石墙上，也是很好的拍照背景。左炮台北面的林则徐全身铜像是国内最大的一尊林则徐铜像，顺着他的目光望去，就是文天祥曾经感叹过“人生自古谁无死，留取丹心照汗青”的伶仃洋。铜像旁边的炮台城墙，已经成为深圳人眺望蛇口港和欣赏海上日落的好地方。

赤湾天后宫（天后博物馆）

（26826521；微信公众号：南山博物馆；赤湾六路9号；免费；8:00—17:30，周一闭馆）

特别推荐

南山还有这些创意园

深圳拥有的创意文化园区数量，在全国数一数二，除了华侨城创意文化园和南海意库，南山区还有其他几处创意园也值得一逛，不妨把它们安排进你的南山行程吧。

高北十六创意园

（科技园北区高新北六道16号）

由旧工厂改造而成，面积不大，小巧精致，复古工业区、湾区青年墙等地方很适合街拍，亮黄色的集装箱尤其上镜。园区内举办的虫洞集市更是它的特色，创意小铺、旧物仓复古照相馆、手工体验坊等可以花点时间细细去逛。

3号艺栈

（深圳大学西南门）

位于深圳大学校园内，相对其他园区略显袖珍，只是由一幢普通的四层楼工业厂房改造而来，却汇集了数十位艺术家在此开设工作室，你能在这里欣赏到不少小众的艺术作品展。

G&G创意社区

（蛇口荔园路9号）

由曾经的南星玻璃厂改造而成的艺术社区，这里有令人惊叹的艺术展览和稀奇古怪的潮玩市集，也有不少可爱的咖啡馆和酒吧，集装箱小店和园区内种植的大片芒草很适合拍照。

蛇口价值工厂

（海湾路8号）

前身是进驻蛇口的第一家外资企业广东浮法玻璃厂，改建为价值工厂创意园后因为周星驰电影《美人鱼》在此取景而更加出名，高大的柱形仓库被改造成创客空间，洋溢着浓浓的复古工业风，园区中有多处保留至今的熔窑柱头，斑驳废墟与彩绘涂鸦的组合沧桑感十足。

特别推荐

小南山上看日落

位于蛇口半岛南端的蛇口港，是华南地区重要的集散中心和中转口岸，在小南山上可以欣赏到落日金晖下整个蛇口港的繁忙景象。

登顶小南山有两条路线。你可以从小南山公园东门进去，沿盘山公路向上，约30分钟可到山顶广场观景亭。这里是拍摄夕阳西下的蛇口港的最佳位置，整个前海尽收眼底，江中的大铲岛、西孖岛和伶仃岛都清晰可见，脚下五彩斑斓的集装箱码头和林立的货运天车在满天彩霞的映衬下非常壮观，宝安国际机场频繁起降的飞机不时从你的镜头里掠过，随手一拍的照片，都可以在朋友圈里赢得点赞一片。

另一条登山路线相对辛苦，但更有攀登的乐趣。从华英路往西，可以看到一座巨大的环形玻璃栈道，走到上面已经可以看到蛇口港一角。沿栈道向北走一段距离来到小南山公园南门，这里有一条登山步道，全由陡峭石阶构成，但穿行在茂密林中的感觉非常舒适。约20分钟来到赤湾烟墩，这是明朝洪武年间在此修建的防御工事，登上墩台，可眺望远处赤湾风景。沿西边小路往山下走一点，就是山顶广场观景亭了。建议事先查询好当日深圳落日时间，提前来到这里，等待欣赏夕阳无限好的前海风光。

特别推荐

开往春天的樱花专列车

阳春三月，小南山下、华英路旁的樱花公园又迎来盛放的花季，一辆粉色樱花专列已经“开”进公园，游人可以登上车厢，坐在窗边欣赏樱花，车厢内的纯白内壁配搭浅色木质桌椅，很适合拍照。下车后沿着花海步道一路向前，除了粉色樱花，还有簕杜鹃、桃花等点缀其间。沿着木栈道拾级而上，一千余棵樱树打造的樱花林就在你的身边。游览过樱花海，还可以继续向西，登上小南山看海上日落。

妈祖，又称天妃、天后，是中国南方沿海地区信奉的一位海神，妈祖信仰鼎盛时期，沿海各地都兴建有妈祖庙（天后宫），赤湾这座天后宫始建于宋朝，现存建筑主体为明代重建，近年又有修缮，宫门外有新塑天后像，可惜因为填海工程的影响，天后面对的不再是渔船扬帆的海面，而是繁忙的赤湾集装箱码头。

不要错过天后宫前殿的四根青石龙柱，雕刻极为精美，正门台基前面的浮雕纹样石刻，相传为宋代末年赤湾天后宫原建筑构件。天后宫正殿为重檐歇山顶，殿内上方有雍正、乾隆、光绪皇帝御书金匾，显示了赤湾天后宫的地位，殿内供奉着面容慈祥的妈祖像。寺庙侧厢是新建的天后博物馆，展出了与妈祖信仰相关的历史习俗，其中关于郑和下西洋、开创海上“丝绸之路”、在赤湾祭祀的内容值得一看。

天后宫隶属南山博物馆，免费开放，但需在南山博物馆微信公众号上预约参观。

宋少帝陵

（微信公众号：南山博物馆；赤湾少帝路13号；免费；24小时开放）

曾经引领中国生活美学潮流的两宋王朝，最终覆灭的时间终点，定格在深圳赤湾。关于这段历史的唯一印记，仅存小南山下的这座宋少帝陵，墓主正是南宋最后一位皇帝、宋少帝赵昺。据史载，元朝大军入侵，朝臣带着宋少帝逃至南海边，崖山战败后，宰相陆秀夫带着少帝投海殉国，宋朝就此灭亡。赤湾渔民在海边发现一具身着龙袍的幼童尸体，将其安葬，遂有这座宋少帝陵。如今的宋少帝陵淹没在居民楼中，仅存一座简陋小墓，没有丝毫帝陵气派，墓旁另有陆秀夫负帝殉海雕像。不过，墓前香火一直不断，当地人相信来此为孩子祈福非常灵验。

宋少帝陵离天后宫很近，步行可至，两地均属南山博物馆管辖，免费开放，但需在“南山博物馆”微信公众号预约参观。

青青世界

（26646988；微信公众号：青青世界；荔湾社区月亮湾青青路1号；成人/儿童 80元/40元；周六至周日8:30-18:00，周一至周五8:30-17:30）

深圳对主题公园的打造确实得心应手，借助

南山的森林生态，他们也能为孩子们营造出一个充满趣味的“青青世界”。

穿行在热带雨林中，走过彩虹桥，寻找凶猛的亚马孙河海象鱼；重返侏罗纪公园，与20多种形态各异的恐龙捉迷藏；在蝴蝶谷观察破茧成蝶的过程，欣赏翩翩起舞的蝴蝶；在瓜果公园认识各种奇瓜异果，与父母一起在“城市农夫”自留地亲手种植蔬果……对孩子们来，青青世界正是他们了解森林生态世界的最佳课堂。如果有时间，建议在青青世界酒店造型可爱的树屋里住上一晚，体验静谧的森林之夜。

南山北

南山博物馆

（86700071；微信公众号：南山博物馆；深南大道2093号；免费；周二至周日10:00—18:00，周六夜间18:00—21:00）

虽然只是一座区级博物馆，但南山博物馆在文博圈中口碑极佳，它是国内同级别博物馆中建筑面积最大的博物馆，每年的专题展览做得尤其出色，不少文博爱好者会专程来此看展打卡。

南山博物馆于2014年建成，馆藏文物数量近1万件（套），二楼常设展“南山故事”分别以“古代南山”“近代南山”“南山改革开放史”三个主题展示了南山地区从深圳历史的源头到成为中国改革开放先锋的鲜活历程。透过那些珍贵的史前石器工具、秦汉古越族青铜器、明清海防文物和海上丝绸之路文物、广府民俗文物，你能清晰了解到，深圳的前世今生并不只是一座小渔村那么简单。

建馆至今，南山博物馆与其他博物馆联合举办了超过30场专题展览，“金玉王侯”“三国志文化展”“西出阳关新疆文物精品展”“最日本的表情——浮世绘”等展览布展出色，展品丰富，吸引全国各地文博爱好者前来打卡。2019年，陈郁故居纪念馆、南头古城博物馆和天后宫博物馆加入南山博物馆“阵营”，更加丰富了南山博物馆的内容。关注“南山博物馆”微信公众号，可了解各家博物馆的简况、专题展信息以及预约参观时间。

南头古城

（26669990；微信公众号：南头古城；南山大道与深南大道交叉路口；免费；24小时开放，场馆10:00—17:00）

你可能无法以常规的古城概念来对应眼前你所看到的南头古城，这座标榜已有千余年历史的古城，其实只剩下一个古城的名字和尚存一丝沧桑的南城门同东城门，城内建筑与深圳其他城中村没有什么区别，入目即是狭窄的街道和两侧拥挤的水泥楼房。幸运的是，如今的南头古城经历一番改造之后变身城市创意街区，已经成为南山的一处新景观。

值得啰嗦一句的是南头古城城中村在改造中保留了明代南城门、“九街”格局以及20世纪80年代的“握手楼”等，在公共空间的划分中开辟出南头文化中心和南头议事厅，为村民提供了重塑公共生活的空间，又将更多老旧楼房改造为艺术文化空间。最终这一改造项目入围了2020年《三联生活周刊》发起的“三联人文城市奖”公共空间和社区营造两个奖项。

从南城门走进今天的南头古城，中山南街两侧全是咖啡馆、餐厅和文创小店，部分有历史文物价值的老房子，则被改造为不同主题的展览馆，南街44号的“南头1820”以多媒体方式

特别推荐

最牛街道办

街道办事处应该是中国最小的城市基层行政单位，但在深圳南山，管辖面积不过14.23平方公里的粤海街道办事处，却名扬天下，被公认为“中国最牛街道办”。

最牛街道办的底气，来自在它管辖的“弹丸之地”内诞生了马化腾、许家印两位全球华人首富，拥有100余家上市互联网公司，创造了2509亿元以上的生产总值，排名列入世界前十。就在20世纪80年代，粤海街道所在区域还只是市郊外的一片荒地。1985年，深圳市政府创办的内地第一家高新科技园区——深圳科技工业园选址此地，就此为它带来数十年的繁华。如今的粤海街道，不少高新科技企业都把总部设在此地，街区内高楼林立，你能在这里找到各种风格的大厦建筑，不少都出自建筑设计大师之手。对喜欢建筑摄影的旅行者来说，粤海街道值得专程前往。同时，科技园里的社区咖啡馆也是打卡的重点，深圳不少网红咖啡馆都在这里，不妨抽点时间一一体验。

展示古代南头古城的生活场景，很适合带小朋友一起欣赏，位于南街与东街交会处的同源馆（10:00—20:00）更以艺术的展示方式讲述了珠江口区域山海同源的往事。城中尚有新安县衙、东莞会馆、报德祠、纪念文天祥的信国公文氏祠等古迹，不妨逐一探寻。如果对南头的历史感兴趣，你还可以去古城牌坊西侧的南头古城博物馆看看（周二至周日10:00—17:00），展厅稍显狭小，文物也不算多，但清晰梳理了南头古城作为明清时期新安重镇和珠江口军事要塞的那段历史。

当然，吸引更多深圳人来这里的还是那些热闹的小店，传统的九街糖水铺与时髦的喜茶手造店里都是人头攒动，你可以在襟江酒店品尝地道的粤式早茶，也可以在好好味面家点一碗怀旧的小面，至于年轻人，更喜欢在街头巷尾那些可爱的涂鸦和艺术装置前拍照打卡，累了就找家咖啡馆或茶饮店坐下来。夜晚来临，你可以选一家民宿住下来，体验一下古城中热闹的夜生活。

中山公园

（南山大道3109号；免费；6:00—22:00）

逛完南头古城后，别急着离开，往北走几步就是中山公园，这里还保留着一段南头古城北城墙遗址，掩映在繁茂的植被中，是深圳为数不多的古老建筑工事遗迹之一。中山公园本身也颇有历史，1925年由香港绅士胡钰先生为纪念孙中山先生而建，是全深圳第一座开放的公园，园区绿树成荫，草坪连绵，安放着雕塑家钱绍武主持雕刻的全国最大的孙中山先生石雕头像，四周是众多雕塑界名家制作的深圳地区有影响的历史名人雕像群。大草坪上独自屹立的一株弯腰树常常吸引游人与它合影。

南山婚姻登记中心

（南头街与常兴路交叉路口西南处；周一至周五9:00—11:30，14:00—17:30）

建筑艺术爱好者不要错过与南山博物馆相距不远的南山婚姻登记中心，这座街头公共建筑可能是深圳最早的网红打卡点之一，曾与平安国际金融中心、深圳当代艺术与城市规划馆、深圳市民中心等45处城市公共建筑共同入选《深圳当代建筑（2000—2015）》。

南山婚姻登记中心（南山婚礼堂）只是一处基层行政机构，每天处理着程式化的日常工作，但设计师别出心裁地把婚姻登记处转化为浪漫的公共空间，新人沿着一条连续的螺旋环路，一步步走过水池到达婚礼堂，完成办证、宣誓、合影等步骤，建筑主体外表的铝金属饰面用细腻的花格透出若隐若现的室内空间，内墙则由透明玻璃幕墙构成私密的呵护空间。这样的空间设计，赋予了新婚夫妇神圣与美好的一次体验，同时也为城市创造了一个留存永久记忆的温暖空间。

罗湖区

罗湖的历史不长也不短。笋岗村中的老围、祠堂与大树仍依稀描摹出岭南乡村的风貌，东门步行街延续了深圳墟的贸易传统，藏在街头的书院与附近城中村的祠堂互相呼应，引人去回想：六百年前这里的生活是什么样？

在罗湖，广九铁路是推动城市化的主动脉。布吉河由北向南流淌，滋养出沿岸的村庄和集镇，清末通车的广九铁路顺布吉河岸延伸，给深圳墟带来商业繁荣。特区成立后，铁路沿线的村庄骤然长高，农田里迅速“生长”出工厂、货仓和批发市场。把罗湖的市场当作展览馆来逛，也能从细节处看到改革开放给深圳带来的巨大变化。

洪湖周边

洪湖公园

（罗湖区文锦北路2023号；免费；6:00—23:00）

布吉河从龙岗的甘坑李朗丘陵间发源，一路南下到罗湖渔民村汇入深圳河，流经笋岗和水贝的河段因泥沙淤积而形成湖泊。1985年，这个湖泊被整修建成洪湖公园向市民开放。在“千园之城”深圳，洪湖公园以首批市民公园的怀旧优雅氛围吸引着游人来享受悠闲。园中的植物也颇有亮点，夏季荷塘里一望无际的碧叶红花，冬日湖岸边恍若北国的落羽杉林，都是洪湖公园中难以复制的风光。岭南韵味的黄瓦亭台处处点缀，再加上横跨洪湖一角的芙蓉桥红色弧线作为背景，漫步游园时，随手就能找到拍出精彩照片的好角度。

公园西侧的布吉河堤是一道全长2公里的石墙，大约从2004年开始，深圳、香港与澳门三城联动，涂鸦艺术家们纷纷来到这道石墙上搞创作，某些作品借用墙砖残缺共同组成小景，某些涂鸦作品则足有数十米宽。经年累月后，所有作

特别推荐

珠光宝气的水贝街区

田贝、湖贝、水贝……洪湖公园附近不少地名与“贝”有关。其实在深圳尤其罗湖一带，用“贝”字来命名的地方很多，语言学认为在村落的命名习惯中，“贝”意即“背”，描述了先民迁居至此组建村落时的自然环境。也有民俗学解释：贝壳是古代的钱币，村名里带“贝”字，有招财祈福的美好愿望。

美梦成真，如今洪湖公园东面的水贝街区已然用珠光宝气闪耀全球。站在京基水贝的高楼下，很难想象从前这里老屋、大树和碉楼的岭南老村景象。在改革开放的历史浪潮中，“三来一补”贸易带来了契机，罗湖区的制造业开始迅速发展。1981年，位于罗湖的深圳市酱料厂与香港东方首饰厂签署协议，开始以来料加工的方式制造金银珠宝首饰和工艺品。到了2004年，水贝成为“深圳市黄金珠宝产业聚集基地”，加之广九铁路带来的物流优势，以及罗湖口岸的贸易通关便利，这里加速发展成为全国知名的珠宝集散地。

如今在水贝街区的临街铺面，几乎见不到珠宝行业之外的其他任何商店，那些在普通街区常见的餐馆和便利店，在水贝则以珠宝鉴定培训机构和首饰包装批发店等形式出现。水贝国际中心、水贝壹号、水贝万山、金展珠宝广场……数座大厦集珠宝公司写字楼与商铺于一体，数以千计的珠宝商家展柜处处金碧辉煌，整个街区已经是一座巨大的珠宝展览馆。

如果想在更安静的环境里欣赏和了解珠宝，深圳珠宝博物馆（82235656；罗湖区水贝一路金展珠宝广场3—4楼；免费，租借导览器20元，押金100元，临展可能另售门票；10:00—17:00，周一休馆）不容错过。展馆雍容华贵又深藏不露，就连洗手间的地砖都闪闪发光。“自然之宝”展厅用优美又直观的陈列向大众科普了珠宝矿石的基本分类，“设计之光”展厅中除了金玉白度母和金玉绿度母两尊镇馆之宝，还收藏有众多国内和国际珠宝名家的作品，“深圳之路”和“湾区之梦”展厅则展示了珠宝行业在深圳的渊源与未来。

乘地铁3号线或7号线到田贝站C出口，步行5分钟即到深圳珠宝博物馆。或者乘3号线至水贝站，从北到南慢慢逛逛这个街区。

品在墙上共同呈现出褪色与新鲜的时空重叠，在公园里悠闲散步之时不妨过来看看。

在湖边跳舞唱歌，是公园附近居民的日常娱乐项目，可以试着透过他们演唱的时代金曲来猜测，他们是喜欢粤语金曲的广府人还是偏爱闽南老歌的潮汕人。

乘地铁7号线到洪湖站B出口，即到洪湖公园东门。

笋岗村

（罗湖区宝岗路90号）

从20世纪80年代开始，笋岗因广九铁路而成为仓储集散地，如今已沉寂的“笋岗火车站”在当年拥有“深圳北站”的名字与地位。火车站西侧相连成片的货仓建筑便是曾被誉为“中华第一仓”的笋岗仓库。随着广九铁路货运的分散，笋岗的商业地位不复当年，到了2022年，仓库改建的笋岗文具玩具批发市场宣告歇业，这也使得一代深圳人感到留恋。

许多深圳人都到笋岗逛过市场，却未曾穿过牌坊踏进真正的笋岗村中。其实这个村并不是一座普通的深圳城中村，老围、祖祠和大榕树，岭南乡村的必备元素在村中一件不缺。

笋岗的开村历史可以追溯到600年前。位于村东北角的笋岗老围又名元勋旧址，这与村寨始祖何真对明朝的开国功勋有关：元末明初，割据广府的何真率军归顺朱元璋征南大军。其后何真之子从东莞迁至笋岗筑寨据守，到四世孙时重修围寨，如今仍存的三纵六横巷道格局就是在当时建成的。笋岗居民早已搬离老围，不过在农历初一、十五时，不少居民仍然会回到围内祭拜土地公与土地婆。2022年时，元勋旧址正在进行维护工程，之后或会活化为文创街区，到访者即将能以时髦的视角来打量这座历史悠久的广府老围。

老围寨门外往北是天后宫，据传始建于明朝初年，如今雕砖描金的建筑都是在现代重修的。广府何氏家族祭拜海神的原因有些难以查证，不过如今庙宇仍然香火旺盛。

从天后宫一路往南可找到何真公祠，这座黄色琉璃瓦顶与墙面的祠堂在20世纪90年代由潮汕施工队建成，因此带有潮式建筑风格，除了在何真诞辰时举办祭祖仪式，祠堂在平日也是居民乘凉的休闲场所。祠堂正门直面广九铁路和笋岗彩虹桥，近处铁道上绿皮火车停靠，新线上和谐号列车高速驶过，共同构成罗湖特有的时代截面风景画。

乘地铁7号线至笋岗站出C2口，过马路往北就能看到笋岗村的牌坊，进村后一路前行，就是居民们乘凉聊天的大树广场。

深南大道沿线

信兴广场

（82462232；微信公众号：地王深港之窗；罗湖区深南东路5002号；观光中心门票80元；10:00—22:00，最晚入场时间20:00）

虽然“地王”的头衔已经易主，但老派深圳人还是喜欢用“地王大厦”这个名字来称呼信兴广场，或者干脆形象地把它昵称为“大哥大”——这座大厦落成于20世纪90年代，是用“深圳速度”建成的老牌摩天楼的代表之一，形状也有些类似“大哥大”这种带着同时期特色的电子产品。

与许多彰显豪迈的摩天楼一样，信兴广场也在高楼层设置了观光中心。与平安国际金融中心116层的观光层相比，这里位于69层的观光中心的高度并不出众，不过朝向梧桐山与福田中心区的视野却让人眼前一亮，旁侧京基100的玻璃钢外墙折射出新派摩天楼的风采。

除了俯瞰脚下城市景观和远眺香港北区，在观光层的“深港之窗”展厅中，你还可以回顾1984年中国与英国签署《中英联合申明》的历史时刻，并且了解“深圳速度”在罗湖几座高楼上的体现：1982年开建的首座摩天楼国贸大厦以“三天一层楼”的口号叫响了深圳速度，信兴广场的建设速度则是平均9天建起4层楼。

乘地铁1号线或2/8号线至大剧院站D出口，从信兴广场大堂乘电梯至40层，再转电梯至69层。

东门老街

虽然呈现出的商业形态已不再时髦，但对于深圳来说，东门老街仍然是具有历史意义的商业中心。1990年，内地第一家麦当劳在东门步行街开业，不少“深二代”小孩的生日愿望便是去麦当劳开派对。

东门与深圳墟

其实，“深圳”地名的由来与东门老街紧密相关。“深圳”意即灌溉稻田的深沟，奔流至此的布吉河汇入深圳河，河流给村庄带来水源，先民们从河中引出沟渠灌溉稻田，并把河道作为通路来运送物资。从明朝中期开始，这里因货物交换的便利而逐步形成了商业市镇，“深圳墟”这个名字最早出现在清朝康熙年间的《新安县志》的记载里。如今的东门步行街，大概相当于深圳墟的东街到东门一带。

1911年广九铁路通车后，深圳墟成为贸易关口附近的货物集散地，出关的国货与进关的洋货汇集到街道上相连成片的店屋中，深圳墟的商业得以飞速发展。也由于近现代这里商业的繁荣，改革开放初从宝安县划线分关时，才选择了“深圳”来作为整个经济特区的名字。

步行街上的仿古建筑在喧闹中尝试还原当年的风貌，藏在新白马批发市场门前的思月书院（罗湖区人民路二横街79号；免费；9:30—17:30）才是货真价实的古建筑，不过是从靠近旧时深圳墟上大街的南庆街上搬迁来的。书院建于清康熙年间，最初是罗湖望族张氏的祠堂，以明朝成化年间水贝开村始祖张思月来命名。在1925年省港工人大罢工期间，书院曾被用作联络罢工事宜的接待站。如今书院作为展馆开放，院落本身也很安静美丽。

乘地铁1号线或3号线至老街站A出口，即可由西向东慢慢逛这条热闹的步行街。如果过东门中路继续往东走湖贝路，还能在改造中的湖贝旧村里找到一座怀月张公祠，南面的向西村中则有新建的爱月张公祠，祠堂供奉的开村始祖都是张氏的同族兄弟。

黄贝岭

（罗湖区深南东路1036号）

对于深圳人来说，黄贝岭可能意味着凤凰路上复古港派风格的食肆，或者罗湖最大城中村中房价低廉的“握手楼”。如今的黄贝岭已有深业东岭的商场和住宅来呈现出都市风貌，而村中仍然保留有罗湖老村特有的生活气息和传统习俗。

南北向的黄贝岭三路是新旧商业的分界线，左侧的深业东岭聚集了时髦连锁的都市商铺，右侧的黄贝岭老村则排列着传统家常的城中村小店。走在黄贝岭三路上窥视老村，十余排矮楼夹出纵横交错的深长小巷，顺着相似的巷子望进去，目光穿过两旁的晾晒衣物和水表管网，巷子尽头的空间如窗口般呈现出不同的景观，有时是带着古意的灰墙瓦顶，有时还有行道树冠冒出绿意。

两层高的张氏宗祠洁白又气派，在深南大道上行车时可一眼看见，进村后要找到宗祠略有些曲折，顺着黄贝岭三路走到底，钻进靖轩实业股份有限公司的停车场内才能找到：与深圳墟周围的旧时村落一样，黄贝岭的开村始祖也来自清河张氏，辗转迁至东莞后，在明朝成化年间到此开村。1992年，深圳推进农村城市化，将村委会改为股份公司以投资管理集体资产，黄贝岭便用开村始祖张靖轩的名字来作为公司名。

大树脚下祭祀大王爷的神位香火旺盛，另一侧黄贝岭广场内就是祠堂所在地。祠堂平日不开放，但在重阳节时会非常热闹，这里保持着“重阳秋祭”的习俗，在每年重阳节举办仪式，供奉香烛和烧大猪来祭祀先祖，之后在祠堂外的广场上摆盆菜宴请此时回村探望的同族亲友。而在大年初一时，黄贝岭的舞狮队会从祠堂前出发，热热闹闹绕村一圈，庆祝春节迎接新年好运气。

乘地铁2/8号线至黄贝岭站A口，即可看见村口的高大牌坊。

罗湖美术馆

（82340049；微信公众号：罗湖美术馆；罗湖区南极路6号院内；免费；9:00—17:00，周一休馆）

不要忽略这座小而美的美术馆，门前院落中凤凰树投下绿荫，构成一个开放式的市民活动空间，即使只来逛逛也好。作为美术馆，这里目前没有常设展览，不过临时展览常换常新，众多展览的主题也呈现出各自的精彩。

展馆的空间利用颇有巧思，斜坡打破了上下两层的明确界限，地下层使用大玻璃窗采光，周围树木的光影投在墙壁上，构有自然共同参与的画作。在夏日的晴朗午后，万科深南广场的金色外墙反射到展馆的地下层和下沉庭院中，给这座美术馆罩上一层非常梦幻的奇妙光泽。

乘地铁2/8号线至湖贝站，出A口步行5分钟即到罗湖美术馆。

宝安区

宝安可以说是深圳的源头，深圳地区在东晋时立县，当时的县名就叫“宝安”，属东莞郡管辖。“宝安”“新安”都曾是历史上深圳地区所在县一级行政单位的名称。宝安区留有不少历史遗迹，铁仔山发掘的古墓群年代跨战国至明代，出土了大量文物。位于凤凰山脚的古村落，为文天祥侄孙带领后人创建，在此能窥见深圳一带明清时期的民居样式，难得的是，古村并没有全然人去楼空，还保有一些生活气息。

凤凰山森林公园

（福永凤凰山大道；免费；6:00—19:00）

凤凰山的好处，有点像自助餐厅，能提供丰富的选择，满足不同的需求。老人、孩子、中青年人、户外爱好者都能在凤凰山里找到适合的玩法，获得不错的体验。

如果带小孩出行，可以选择沿溪步道，溪水不深，大多地方水深刚刚漫过脚踝，小朋友拿一个捞鱼网，提一只小水桶就能玩一个下午。如果你的孩子不喜欢戏水，就去公园停车场南侧的凤栖谷和凤凰山人才林公园，两个片区步道、坡道相连。凤栖谷是一片洼地，形状像一个敞口大碗，面积不小，能容纳上百顶帐篷，不少人在此野餐、放风筝。凤凰山人才林公园沿湖修建，绕湖一圈约1.5公里，许多小朋友骑着自行车和滑板车沿湖撒欢儿。

沿溪步道坡度起伏不大，同样适合老人散步，步道终点可抵达凤岩古庙，从步道入口至古庙约需30分钟。凤岩古庙为佛教寺庙，实质是一处景点，并没有人在此修行，因为一些历史渊源，这里一向香火旺盛，常有游客来此拜佛请愿。盘山公路与沿溪步道并行，同样可以抵达凤岩古庙，不喜走石阶路的游人可以选择走盘山路上山，道路两旁香樟林立，春天里整条路充盈着香樟树的花香。

如果你想爬山锻炼一下，凤凰山虽然不高（最高处为306米），但登山坡道并不平缓，足够平常运动量少的人，收获气喘吁吁的运动效果，从山脚至最高处“飞云顶”约需50分钟。登山道大多路段草木葱茏，夏季免受暴晒之苦。飞云顶由于植物遮挡，观景视野并不算好，它的特别之处是“巨石”，圆滚滚的巨大石头随意散

有来头的凤凰山

凤凰山在岭南一带小有名气，自宋元以来便是风景名胜，与凤凰山有关的故事大多与文天祥的侄孙文应麟有关。“望烟楼”虽然是一座现代的观景楼，但它的名字在几百年前就已经出现。据说，文应麟十分记挂百姓疾苦，常常爬到大茅山（今凤凰山）高处俯瞰山脚村落，见到有人家中无炊烟升起，就派族人送粮到户，接济穷人。为了方便眺望，他派人在山腰修建了一座瞭望楼，久而久之邻里乡人称之为“望烟楼”。

位于山腰的凤岩古庙也是文应麟出资修建。传说一日文应麟闲游凤凰岩，当晚夜里做梦，梦见观音叮嘱他在凤凰岩处建一座寺庙，文应麟醒后从其叮嘱，修建了凤岩古庙。古庙建成以后，民间乡里对这座庙宇一直推崇有加，从明朝至民国，古庙每每衰旧，就有官绅百姓集资重修，使得这座庙宇延续至今，香火不断。

落，凹出造型，有一种天然的萌趣。好的观景点都在登山途中，站在“望烟楼”最高层能远眺铁岗水库。沿山脊北线往飞云顶走，过镇山亭后，登山道绕出树林，远处连绵的山脉以及七坜水库尽收眼底。抵达飞云顶后不必走回头路，可以沿北面的1号登山道下山，沿途有几处路段视野开阔，可以俯瞰城市与水库。

凤凰山也是户外爱好者的乐园，他们大多对整片林区十分熟悉，走野路在山林里穿行，山林深处有一些角落岩壁陡峭，常有户外机构在这些地方进行降崖、野攀训练。

凤凰古村

（福永凤凰中心街凤凰南区）

凤凰古村在凤凰山北侧。通往凤凰山的永凤路路东，有一座非常显眼的六层古塔——文昌塔，古村就在塔的东北面，从文昌塔步行过去约10分钟。

凤凰村的开村先祖是文天祥的侄孙文应麟。元初，文应麟举家迁到岭下村（今凤凰村），率家族仆人开垦荒地，建立家园，逐渐形成村落。到明清时期，凤凰村及周边已经形成较大规模的民居建筑群。如今的凤凰古村仍然保有60多座明清古建筑和90多座民国时期的民居建筑。

古村分南区和北区，村内房屋排列规整，由小巷道连接。规模较大的建筑多集中在南区，其中修缮一新的文氏宗祠和茅山公家塾最为显眼，这两处都是三进院落，门楣、廊柱、外墙有讲究的石刻、木雕和壁画装饰。茅山公家塾前厅墙壁上有一幅古壁画《八仙图》，被确认为深圳目前保存最好，绘画水平最高的民宅壁画。

南区作为古村的“门面”，多多少少有一些冲淡古意的过度修饰，看过南区的标志性建筑后，不妨顺着巷道往北区走，那里的建筑虽然外表较南区要破败些，但建筑本身的历史、生活痕迹尚存，有值得探寻的趣味。

与南区一样，北区大部分房屋已无人居住。少数老宅大门敞开，可以走进去细看屋内结构。大多数房屋上着锁，透过只剩框架的窗户，能看见屋内的样子，有一家屋子狭窄的客厅里，张贴着多张奖状，离奖状不远有一排黑色的字迹，写着“十点半接阿芳放学”。有些老屋建筑装饰十分生动，一座大门都已没了的宅院，门楣至屋檐处饰有线条流畅细腻的波浪纹石刻，自然褪色、古朴灵动。多座老屋，外墙上饰有壁画，斑驳中笔劲的姿态和风韵犹在。这些建筑装饰的细微之处，在重新修复时，往往很难被保留下来。

走到北区尽头，这里依然有人居住，有租住在此的清洁工人，也有住惯了老地方暂未搬离的老人。晾晒的衣物，屋旁郁郁葱葱的菜地，聊天的老人，趴在地上眯起眼睛的橘猫，都给这片古村带来活泼的气息。周边村子里的生活气息也有蔓延到古村来，村口广场常有老人聚在一起下棋，小孩子成群结队骑着自行车在新村和旧村里穿行，这些“动态”的画面都让古村更加鲜活起来。古村未来也会被纳入旧改的范畴，几年后可能会有新的状态和变化。

巡抚街及周边

巡抚街位于西乡的中心区域，西乡是宝安的老区之一，明朝东莞所城（今南头城）建成后，西乡便逐渐形成，有丰厚的历史积淀。巡抚街一带留有多处历史建筑，也有老街区的生活气息。

巡抚街因为有一座“巡抚庙”而命名，巡抚庙(王大忠丞祠)在巡抚街和真理街的交接处，始建于清代，是为纪念广东巡抚王来任修建的祠堂。

清朝初年，朝廷颁布“迁海令”，将东南沿海一带居民内迁三十里至五十里。这一政令让沿海一带的居民苦不堪言，流离失所，时任广东巡抚王来任冒死写下进谏书，力陈迁界之害，最终他因拒迁边民被罢官还京。广东沿海一带不少地方都修有巡抚庙来纪念王来任。

过巡抚庙，向东进入真理街，这条街道过去是西乡最热闹的商业街，俗称“西乡庙街”，如今也挺热闹。“庙街”北头有一座庙——北帝古庙（真理街24号），古庙始建于明万历年间，里面供奉着道教中的水神“北方真天精武玄天上帝”。西乡过去靠海，原住民以捕鱼为生，自古有对水神的信仰和崇拜。每年农历三月初三，北帝庙前都会举办盛大的庙会，届时真理街一带彩旗飘飘、锣鼓喧天，舞龙队、醒狮队、麒麟队、戏曲队轮番表演，恭请北帝爷出庙游街。巡游队伍中，飘色表演是重头戏，三五个小孩一组，扮成各路神仙，悬空而立，演绎八仙过海、西天取经、观音送子等民间故事。仪式结束后沿真理街摆开席位，邻里街坊坐在一起共享大盆菜宴。庙会的庆典仪式、节目、宴席都由附近各村一起筹办，邻里氛围浓，对西乡人民来说，每年过完“三月三”才算过完年，庙会通常从农历二月二十八开始，持续至三月初六。

由巡抚街向西进入鸣乐东街，步行约百米，路北有一座“绮云书室”（鸣乐东街80号），它是深圳现存最大的私人书室建筑，建于清光绪十一年（1885），为西乡郑氏家族开创者郑姚修建，从这里走出过中国第一位女博士、女律师郑毓秀。绮云书室过去在西乡一带十分有名，木雕、石雕、砖雕工艺精湛，可惜中华人民共和国成立后被租给皮革厂当厂房，又租给粮站做仓库，过去精美的建筑装饰大多被破坏，也有一些不知去向。如今绮云书室已被重新修缮，正在升级改造中。

宝安图书馆

（宝兴路1号；周二至周日9:00—21:00）

宝安图书馆因为大门前蓄有一片水池，图书馆倒映其中，也被称作“水上图书馆”。深圳的每一座图书馆都有比较鲜明的建筑特色，宝安图书馆拥有“波浪形”墙体，像微风在湖面吹起的褶皱，吸引了不少建筑摄影爱好者前来打卡。室内以白色和原木色为主，通体透光设计，整体呈现出朴素清新的气场。儿童阅览室设在一楼，未满12岁的儿童禁止去到二楼以上，客观上极大程度保持了图书馆的安静。

宝安劳务工博物馆

（石岩街道上屋居委永和路6号；周二至周日9:00—18:00）

国内第一座展现打工群体历史与生活的专题博物馆，建在深圳第一家“三来一补”企业的旧厂房内。博物馆通过民间搜集的方式，获得了许多生动的展品：工友离别时互赠的礼物；青年情侣之间表达爱意的手作信物；写下“暗恋之苦”的修机记录簿；留在日记本里自我勉励的话语。劳务工阶层孕育了深圳的“打工文学”，工人中有不少优秀的诗人、作家、画家，博物馆内也有专门的展厅展示他们的作品。

龙华区

2011年底位于龙华中心的深圳北站投入使用，多条地铁线在此中转，通往深圳各区，龙华成为重要的交通枢纽，因时代需求变身为“宇宙的中心”。龙华散落着各种各样的生活方式，城中村里有像小卖部一样平凡存在的咖啡馆，迎接街坊邻里的串门，老小区内藏着老派复古的二手书店，龙华新中心地铁红山站附近，有个性的年轻人在高层公寓楼里，守着自己的唱片店。观澜另有节奏，鳌湖及周边的村子生活慢悠悠的，将生活与艺术的气息杂糅在一起。

观澜古墟

（观澜街道新澜社区新东街一带；地铁4号线观澜站B口出，步行约1公里可抵达）

观澜古墟（当地人俗称观澜老街）的范围是新东街往西至观澜古寺一带，地图导航可以直接定位在“观澜古寺”，寺庙在老街的最西头。

古墟出现在清乾隆年间，清朝末年时已经发展为粤地重要的商贸中心，有“小香港”的称号。清朝末年，观澜古寺大榕树前的码头成为观澜河上重要的水运码头，是外国商品进入宝安、惠阳、粤北地区，以及内地商品出口的中转站，许多外地商客慕名来此经商，古墟上骑楼林立。新东街往西至观澜古寺一带被叫作“卖布街”，是当时洋布、省布（本地产布）的主要买卖地，洋布全部从香港过来，毗邻宝安一带的人都来这里买布，如今的卖布街上，老楼的墙壁上还有“苏杭绸缎”“车衣”等字样。

观澜古墟整体保存完好，许多清末至民国时期的炮楼、商铺、客栈、民居都有保留下来，如今正在进行整体修复改造，修缮的建筑保留了原有建筑本身的风格和模样，旧改完成后将继续作为商业街使用。墟市入口处的“红楼”是街区最显眼的一座建筑，门楣上刻着“公益酒家”，当地人告知，这里曾是民国时期的夜总会。红楼是一座很有看头的中西合璧式建筑，浅红色的外墙、罗马柱、圆拱形的阳台、玻璃窗棂，是巴洛克式的西洋风格，灰塑、墙雕图案又是传统文化的展现。墟市最西头，立在观澜河畔的观澜古寺始建于清乾隆年间，名士邓坤来到宝安龙岗顶上（今观澜街道），见河水滔滔，流水回澜，取地名“观澜”，并在此建了寺庙。清光绪十四年（1888），当地百姓重修古寺，20世纪50年代，古寺被拆毁改建为厂房，如今的寺庙是新修的建筑，继续承接世俗香火。

观澜版画村

（观澜街道牛湖社区大水田裕新路169号；地铁4号线观澜湖站A口出，转M285路在版画基地站下车）

观澜版画村是在大水田村的基础上改建而成，大水田村是一座拥有300多年历史的客家村落，保存有220多栋清朝末年的客家民居和3座炮楼。改造后的大水田村，东区为国内艺术家工作室，也设有展馆、版画工坊；西区为国际艺术家村。十多年前版画村刚刚成立时很是热闹过一阵，不过现在空荡荡的，可看的内容并不多，大多数版画工作室只是在门外挂了艺术家工作室的招牌，常年大门紧锁，没有人在此创作和生活，整个村子目前只有东区秋水巷9号的梁国富版画工作室和春沐巷3号的洪涛&何润成版画工作室有艺术家常驻。

2021年底建成开放的齐凤阁版画史学馆（周二至周日10:00—18:00）给版画村带来了一些生气，也是村内最有看点的地方。版画史论家齐凤阁先生将40多年收藏的珍贵版画捐赠给观澜湖版画基地，一楼展厅定期举办捐赠版画展览，你可以看到诸多版画名家的手稿，欣赏不同历史时期的版画作品，民国时期的版画收藏尤为丰富，史学馆人少，画作精彩，你完全可以将游览版画村的大部分时间都交付在这里。

出版画村沿着裕新路向西步行约800米可以抵达中国版画博物馆（裕新路125号；周二至周日10:00—17:00），作为国内首家版画博物馆，这里常常有重量级的国内外版画作品展，博物馆一楼的手艺工作室定期举办免费的公益课堂，邀请名家授课，带领学员欣赏版画作品并动手制作一幅版画，博物馆展讯和公益课堂讯息发布在公众号“观澜版画”上。博物馆也是建筑设计爱好者必打卡的地方，它由主持过北京水立方和深圳平安金融中心的设计机构CCDI悉地国际设计，博物馆主体抬高架在山丘之间，在空中折起，形成开阔的架空层，外部由曲曲折折、反光时呈现波浪纹路的楼梯连接，很多建筑迷来此从各个角度欣赏线条之美。

观澜湖旅游度假区

（观澜街道广培社区高尔夫大道1号；地铁4号线观澜湖站A口）

观澜湖旅游度假区包含观澜湖高尔夫球场和观澜湖生态运动公社两个片区，度假区最舒服的打开方式是，挑一家区域内的酒店入住，这样你便可以享受免费门票和度假区的一切配套设施，酒店穿梭巴士会准点将你送至就餐、游玩的目的地。观澜湖高尔夫球场依山傍水修建，自然环境十分适合度假，位于球场内的观澜湖度假酒店是深圳的老牌五星级酒店，适合家庭出游。开在观澜湖新城MH Mall的硬石酒店，为硬石集团在大陆的首家酒店，酒店最大的特色就是其品牌贯穿如一的音乐元素，酒店的每一层走廊都是展室空间，你可以近距离观赏160多件巨星藏品，比如猫王在1966年的电影*Frankie and Johnny*中所穿的游行礼服，The Doors乐队吉他手的签名吉他……酒店的位置在高尔夫球场和观澜湖生态运动公社中间。观澜湖生态运动公社（亲子票128元，成人票98元）是一座大型的游乐场，有游乐场常见的摩天轮、碰碰车、旋转马等项目。MH Mall北面有一栋楼为观澜湖手艺工场（高尔夫大道观澜湖新城一期7栋），二至四楼有玻璃、陶艺、金器、扎染等多个手工艺体验中心，适合亲子互动。

阳台山森林公园

（大浪片区近地铁6号线阳台山东站A口，石岩片区公交车767/M372/M442龙腾路场站；6:00—19:00）

阳台山地理上跨龙华、宝安、南山三个区域，最高峰大阳台（587米）在宝安石岩片区，次高峰小阳台（455米）在龙华大浪片区。阳台山是深圳西部面积最大的山脉，登山入口和线路多，不同的线路各有看点。

龙华大浪片区最方便乘坐公共交通工具抵达，游客大多选择从大浪入口进入阳台山。大浪片区主要有两条徒步道，一条是东纵东环路，沿路可以直接上到小阳台顶，一路在山林里穿行，绿荫遮阳，几乎不用戴防晒帽，山里种了很多木荷树，春天里朵朵白花挂枝头，从登山入口至小阳台顶约需1小时。另一条徒步道是龙华环城绿道，绕着山脚下的水库修建，没有台阶，全是坡道，全程约16公里，适合日常健走，也是自行车爱好者遛车的好去处。龙华环城绿道上有好几个岔路口可以上山去往小阳台，其中龙溪谷入口是不错的选择，沿途很长一段路一直伴着溪流，也有地方可以下到溪水里玩耍。

登顶小阳台，四周望一望，心里可能会有一丝丝不甘心升起，小阳台顶的巨石上刻着“羊台叠翠”四个大字，这也是阳台山声名在外的美景，可事实上你却并没看到“叠翠”，小阳台顶视野并不开阔，人还是被围在山林里，即便站在巨石上往外看，视野也十分受限。小阳台顶有登山径通往大阳台，如果你还有时间和体力，请不要犹豫，果断地往大阳台顶去，从小阳台顶至大阳台顶路段，忽而入山林，忽而出山林，出山林时远山叠翠的景象尽显。大阳台顶有一览无遗的观景视野，这里也是深圳西部地区的最高点，放眼望去，山峦起伏、水库秀美、云朵可爱，之前的不甘心和不满意全都消散，只想坐在山边的石头上略带刺激地往下看，然后尽情拍照。从小阳台顶至大阳台顶约需1小时。

从宝安区石岩片区入口进入，沿登山径可以直接上到大阳台顶，约需1小时40分钟。

阳台山还是羊台山？

你看到过“阳台山”，地铁6号线的站名有“阳台山东”，也看到过“羊台山”，阳台山森林公园宝安石岩片区入口的牌坊处，以及小阳台顶，有“羊台山”和“羊台叠翠”的字样，到底是“羊”还是“阳”呢？

历史书上最早的地名是“陽臺山”，出自明嘉靖年间《广东通志·东莞县》，里面记录有：“西南五里曰陽臺山，山巅之南稍平，型若几案。”中华人民共和国成立后，陽臺山简化为阳台山，后来又演变为羊台山。本地文化学者廖虹雷考证发现，阳台山不仅是传承已久的历史地名，在抗战期间还是东江纵队的重要根据地，1942年，东江纵队从香港营救的部分文化人士，就曾居住在阳台山革命根据地。2020年6月，为尊重历史传承，深圳市政府批准并公布，将羊台山恢复原名阳台山。

龙华书城

（龙华广场一路，龙华区图书馆对面；10:00—22:00）

龙华书城是深圳的第6座书城，深圳的书城都很好看、很舒服，你完全可以在里头找一个座位待上一整天，而龙华书城格外好看，格外舒服。

书城共六层，每层依据不同的书籍类别布置阅读空间。五楼有一面跨越两层楼的书墙，书墙边建有楼梯连接五层和六层，阳光透过巨大的玻璃窗倾斜进来，整个空间通透、明亮、有温度。六楼艺术阅读区有借鉴江南园林的造景手法，用月洞门和漏窗作为“画框”，巧妙地布景，格外凸显艺术氛围。四楼青少年阅读馆利用一层层拱门将大空间分隔成相对独立的小区域，制造出恰当的私密感，屋顶竹竿交错悬挂灯具的设计也十分别致。在书城，看书看累了就起身到处转转，看不同楼层的布置和设计，巧思无处不在。书城六楼的观澜版画工作坊可以制作版画，有专业的老师授课，定期也会开展面向小朋友的公益版画课堂，比如版画冰箱贴、风铃、花灯制作等，在公众号“观澜版画”上可获得课程信息。

龙岗区

龙岗位于深圳东北部，这里有面积广大的山地，为从中原迁徙而来的客家人提供了温暖的栖息地，至今还有数百座客家围屋散落于此，鹤湖新居、大万世居就是其中的代表，甘坑客家小镇更是人们体验客家民俗文化的好去处。不过，最吸引旅行者的还是龙岗的大芬油画村。这是深圳创造的一个传奇，一座城中村在20多年时间里发展为全球最大的油画生产地，人们在这里欣赏世界名画，也拿起笔来完成人生中第一幅油画。

鹤湖新居（龙岗客家民俗博物馆）

（84297960；南联社区罗瑞合北街1号；免费；周二至周日9:00—17:30，周一闭馆）

深圳客家人的历史，都收藏在这座活着的博物馆里，它的前身就是鹤湖新居，一座始建于清代的客家围屋，迄今已有370多年历史。

鹤湖新居是中国保存最完好的客家围屋之一，外观像一座坚实的石头城堡。从易守难攻的正门进去，回头可以看到门内石头牌坊横额上镌刻着“聚族于斯”四字，正是鹤湖罗氏家族兴建围堡、聚族而居的初心。

围屋格局紧凑，由内外两围相套而成，号称“九厅十八井，十阁走马廊”。中心建筑是罗氏宗祠，上有“大夫第”匾额，是道光皇帝赐予罗瑞凤第三代子孙罗兆熊的。前后分别有上天街与下天街两处公共区域，两围共有300多间房屋，堪称深圳客家围屋的“第一豪宅”。注意看，内围横屋有一组窗户非常特别。明清时期，东南沿海一带用打磨成薄片的蠡壳代替窗纸制作成窗屏，具有“透光不透亮”的特点，叫海镜窗。鹤湖新居里的这组海镜窗满堂四扇，木质菱形格窗框内镶嵌的蠡壳状如鱼鳞，经历数百年依旧闪烁七彩虹光，非常珍贵。

鼎盛时期的鹤湖新居曾居住着1000多位罗氏族人，但现在已是人去楼空。部分房间被开辟为客家民俗展览室，进门右侧是岭南客家建筑展厅，可以了解到深圳地区的客家建筑风格及现状。其他还有龙岗客家与罗氏源流、客家婚俗、客家服饰、龙岗非遗等展室，虽然实物不多，以图文资料为主，但一路看过来，对你了解深圳地区的客家人历史也有所帮助。

与其他地区的客家围屋一样，鹤湖新居也有着强大的防御功能，外围城墙厚实，四角碉楼矗立，内围暗道四通八达。来到围屋后院，仍然能够看到外围龙厅墙上的烧灼痕迹。抗日战争时期，日军纵火焚烧围屋，罗家人就是从屋顶巧妙设置的走道顺利逃生。

鹤湖新居外是一座半月形的月池，池中安放着喜庆的彩灯，岸边的大榕树上系满了祈福的红绳与木牌，每逢年节，当地客家人都会聚集到这里举行传统的祭祖活动。

背景

深圳客家人从哪里来？

龙岗和坪山是深圳客家人最主要的聚居地，至今仍保留着数百座客家围屋，像龙岗的鹤湖新居、茂盛世居以及坪山的大万世居等，建筑规模宏伟，保存非常完整。那么，深圳客家人从哪里来？

客家人并不是一个独立的民族，他们实际上是汉族的一个民系，先祖生活在黄河流域中部，因躲避战乱屡屡南迁，来到广东、福建等地，努力与当地人相融共存，但始终自认“客居他乡”，所以他们被统称为“客家人”。

第一批客家人应当是从公元4世纪时就开始南下，而今天生活在广东沿海地区包括香港的客家人，主要是在明末清初时期迁入。当时，明朝残余势力不断地从台湾派出战船攻打沿海各省，清军死伤惨重，康熙下令沿海居民一律向内陆退迁三十里至五十里，史称“迁海”，从而造成沿海地区渔业和农业损失惨重。此后，为了恢复生产，清政府又提出了“复界”法令以吸引外来人口，大批客家人由此来到，其中一部分最终扎根深圳沿海。他们筑起城堡式围屋，聚居其中，恪守氏族家训，也保留了不少客家独特的生活习俗。深圳客家人的历史和风俗，你可以在龙岗客家博物馆、甘坑博物馆和甘坑家风家训馆等地有所了解。

甘坑古镇

（28800089；微信公众号：甘坑古镇；吉华街道甘坑社区甘李路18号；免费；全天开放，场馆9:00—18:00）

有着300多年历史的甘坑古镇，是深圳客家人聚居地之一，至今仍保留着排屋、炮楼等客家建筑。不过，虽然打着客家小镇的旗号，古镇中真正能体现客家传统文化的地方并不多，在深圳华侨城集团的开发下，甘坑已经成为一处商业化程度很高的旅游小镇，人们来这里更多的是为了吃喝玩乐。

古镇城门明显是重建的，旁边挂着醒目的美式快餐LOGO（标志），进门右侧是一条甘味巷，小摊以客家小吃为主，能尝到各种米粄点心和客家腌面、客家擂茶。“七都116”是甘坑的曾用名，曾经的排屋如今全是手工作坊和美食小店，小巷中花木葱郁，随时都能看到身着汉服在这里拍照的小姐姐们。

对客家文化感兴趣的可以重点去看看这几个地方：位于炮楼纪念广场的甘坑炮楼是客家人聚居的标志性建筑，楼内还展出了抗战时期东江纵队在甘坑的战斗事迹。甘坑博物馆内的“甘坑山下凉帽人家”常设展讲述了甘坑这座客家小镇的历史和发展。在家风家训馆，你除了能了解到客家人的家族传承，还能现场体验客家活字印刷的魅力。

漫步古镇，随处可见客家小凉帽的卡通形象。它出自深圳地区客家人常年佩戴的凉帽，外形似竹编平坦的米筛，帽檐上装饰的五彩绸布也是遮挡阳光的“帽帘”。小凉帽是甘坑古镇的形象代言，古镇还推出了小凉帽剧场、小凉帽农场、小凉帽国际绘本馆等主题游乐场所，很适合带小朋友去体验不同的快乐，还可以DIY一顶属于自己的小凉帽。

甘坑古镇其实更像是一处合家欢和亲子游的主题乐园，很容易就能消遣半日时光。如果时间和预算都充足，可以在这里住上一晚，夜里的小镇灯光璀璨，别有一番景致。这里有客家小楼改造的南香楼艺术酒店、童趣多多的小凉帽主题酒店和民国风情的南洋客栈，总有一间房能满足你的甘坑一夜。

深圳红立方

（83088028；微信公众号：深圳红立方；龙翔大道8028号；周二至周四9:30—18:00，周五至周日9:30—21:30）

五座巨大的“中国红”立方体组成了深圳红立方这座龙岗中心城区地标建筑，它同时也是深圳最具艺术气质与未来感的城市公共建筑。

红立方分为科技馆、青少年宫、公共艺术与城市规划馆三大部分。科技馆是深圳目前展区面积最大的场馆，设置了300多组科技展品，其中还包括太空科技南方院特别设计制作的太空空间站、火星基地等，在寰宇之梦、未来之门、科创之路等展厅，孩子们能了解到电子、通信、航天等各种科技知识。

大人们在公共艺术馆也会有收获，在世界设计艺术典藏展、中国设计艺术创新展和龙岗非遗文化体验展能看到来自世界各地和龙岗本土艺术家、设计师的诸多创新作品，龙岗舞龙、坂田麒麟舞、龙岗皆歌、客家凉帽等精彩的互动艺术装置可以让人亲身体验到客家非物质文化遗产的魅力。在城市规划馆，先进的多媒体展示向人们讲述了龙岗的发展与未来。

凤凰山国家矿山公园

（龙岗区平湖街道双拥街；全天开放）

这是都市里难得的一座矿山公园，前身是广东唯一生产辉绿岩的矿场，停产之后留下的矿场遗迹，成为凤凰山国家矿山公园的看点，文史爱

特别推荐

徒步银湖山郊野径

银湖山位于深圳东北部，与东部梧桐山和西部塘朗山一起构成了深圳北部的一道绿色风景。银湖山郊野公园沟深林茂，有开发完整的郊野径，很适合来一次短途徒步，沿途穿越枫香林、杨梅林、漆树林、山乌桕林、簕竻林等，还能看到金毛狗和土沉香等国家二级保护植物。

银湖山常规徒步路线是从坂田徒步到银湖，全长约14公里，正常情况下3—4小时即可完成。起点在正坑水库坂田集团垂钓中心，走过水库，沿盘山公路一路上山，沿途可以看到坂田双子塔、深业上城等城区风景。也可选择“捷径”穿越树林，但都是林间石阶路，相对陡峭，部分路段路边还有长绳帮助上下坡。登上海拔332米的最高点后，开始下山，有两条路可以选择。一是向东走6公里到凤岗花园出口，一是向西走4公里到相思林公园出口。

特别提醒：徒步途中没有公共厕所和小卖部，需带足饮用水和食物；夏季做好防晒和防蚊虫措施。

好者则不能错过藏身公园中的刘铸伯故居。

进入公园，首先看到的是一座巨大的金字塔形矿山公园标志碑，外墙镶嵌的正是产自此地的辉绿岩板材。继续往里走，便是掩映在一片竹林中的刘铸伯故居——守真园。刘铸伯祖籍龙岗平湖，是香港著名华人领袖和企业家，也是一位慈善家，曾出资在平湖捐建学校、医院和平湖火车站。后来他在家乡平湖为母亲修建了一座中西合璧的守真园。如今的守真园经历抗日战火，只剩下部分楼房及残垣断壁。2018年，守真园开辟为刘铸伯纪念馆，内有刘铸伯生平展。

沿凤凰山登山步道一路向上，来到矿业文化长廊，可以看到两侧绿荫中分布着各种矿工群体人像和用矿车、电机等机械零件拼成的雕塑。登顶凤凰山，可以看到平湖城区风光。如果你是在夏天到来，满山凤凰花开，分外美丽。山下一片湖水如翡翠般青绿，那是曾经的露天矿场，经过整治已经变身芙蓉花园式矿场。旁边还有一座矿山博物馆，可以去看看里面展出的100多件珍贵的矿石标本。

坪山区

再往前不远就到了惠州地界的坪山，是深圳的东大门，也是深圳最年轻的一个区（2018年才挂牌成立）。长期以来，这里在深圳人眼中都是偏远乡村一样的存在，但作为比亚迪集团的总部所在地，坪山近年来的发展让人另眼相看，充满了设计感的坪山文化聚落就是明证。这里还是深圳客家文化的重镇，一座座威风凛凛的围屋见证了客家人经营深圳的历史风云；像屏风一样矗立在坪山南部的马峦山，又为这里增添了不少清新亮丽的自然风情。

大万世居

（坪山街道大万路33号；免费；10:00—17:30）

和龙岗的鹤湖新居和茂盛世居等几座围屋一样，这座清代古民居也是客家移民经营深圳东部的历史见证。步入大门，“宗圣”曾子的立像宣告着这里的主人姓曾，曾子对面的端义公像为生活在清雍正至嘉庆年间的曾传周，他正是这座围屋的开基者。在曾传周于86岁高龄仙逝之际，大万围屋已形成了“八阁走马楼，九天十八井”的基本格局。如今这里保存完整，2.5万平方米的总占地面积（相当于3个标准足球场）、1.6万平方米的建筑面积、400余间的房屋规模都很可观，也无怪乎坪山区将这里打造成了客家民俗文化博物馆。

曾子和曾传周塑像的一旁，端义公祠巍然坐落，“东鲁旧家”的牌匾追溯着曾氏一族的渊源。祠堂位于围屋正中央的位置，这正是客家大

坑梓黄氏的客家围屋群

在深圳东部的客家社群中，坑梓黄氏是极具代表性的一个宗族。清康熙三十年（1691）黄氏一世祖黄居中（朝轩公）携家人迁至坪山坑梓，随后的3个世纪中，黄氏子孙开枝散叶、繁衍兴旺，在坑梓和周边区域建立起16座大中型客家围屋，是毫无疑问的当地望族。

凭借着1.6万平方米的总占地面积，龙田世居（坑梓街道秀新社区田段心村）是坪山区规模仅次于曾氏大万世居的客家围屋。它的开基者是坑梓黄氏的第六世传人黄奇纬，建成于清道光年间。围屋拥有“三堂四横加外围”的基本构造，四角碉楼和护塞河更将其打造成一个坚固的城堡。我们调研期间围屋尚未对外开放，只能隔河眺望；东南方向700米开外的新乔世居也是黄氏围屋中比较重要的一座，有兴趣可顺路一探。

清同治年间由第八世传人黄维球创建的盘龙世居（龙田街道老坑社区盘龙路77号；8:30—12:00，13:30—18:00，周一闭馆）规模不算很大（1870平方米），但已作为龙田街道公共文化服务中心对外开放，可入内观摩建筑细节。你能看到“颍川世泽，江夏家声”的堂联。颍川（今河南禹州）指的是西汉宣帝年间的颍川太守黄霸，他被坑梓黄氏尊为始祖；江夏为今湖北武汉一带，汉代的江夏黄氏已成望族。老坑也是黄氏在坪山最早的一处落脚地，围屋西南的客家长廊回顾着这段历史，东北方向700米的洪围黄氏宗祠由二世祖黄居中所建，古建筑保存至今，也可一游。

上述围屋附近都设有公交站，自驾探访更加从容。

中型围屋建筑群的传统特征——居祠合一。堂内雕梁画栋随处可见，一块斑驳的木匾上书“赞政宏才”，这是乾隆皇帝为表彰曾氏一族在惠州水患时大义疏财而诰授御赐的。

如今围屋前半部的民居都已“活化”为客家文化的相关展厅。你可以了解到麒麟舞、打斗叙、舞火龙、油纸伞等客家民俗，也可以探究客家围屋的建筑格局和风水奥秘，并体验木刻版画、蓝染等非遗技艺。留意大门南侧的龙井，一旁的墙根还有一座小神坛供奉着井龙王。而在围屋的西北角还有一个小院落，已作为坪山城市书房的分馆对外开放。围屋后半部分仍未进行旅游开发，人去楼空的景象充满了沧桑感。

围屋外侧也有一些看点。正门外开阔的月池既可取水，也是风水学上的“水口”，还提供了拍摄围屋倒影的好视角。围屋外其他方位树木茂盛，是专门培育的风水林。北侧树林旁有一座明新学馆，曾为大万古学堂，如今则是坪山城市书房的大万明新学馆（10:00—18:00）。也有几座村舍摇身一变，以大万坊“特色文化街区”的身份，为远道而来的造访者提供餐饮。

坪山高铁站外乘M480路、地铁3号线南联站外乘M220路、荷坳站外乘M294路都可到达大万世居。即将开通的深圳地铁14号线，锦龙站出站后可步行抵达大万世居。

坪山雕塑艺术创意园

（坪山街道马峦路1号）

这是深圳市唯一以雕塑艺术为主题的创意园区，也常年担当着深圳文博会的坪山分会场（此时到访能看到精彩的展览）。园区很好地对旧工厂的空间格局进行了艺术开发和再利用，已吸引了数十家从事雕塑、油画、书法等行业的设计工作室和艺术家入驻。更为难得的是，这里还紧邻马峦山北侧的大山陂水库，青山秀水的天然环境激发着艺术工作者的灵感——这一点也是深圳其他创意园区所不具备的。

地铁3号线双龙站外乘坐M546路、荷坳站外乘M294路在曾屋村站下车最近。

大山陂主题公园

（坪山街道体育四路；免费；6:00—20:00）

看完大万世居和雕塑艺术创意园，不妨向南移步，去这个依偎在马峦山北麓、围绕着大山陂水库而建的大公园，享受一下深圳郊野的山水魅力。你可以沿环湖绿道来一段轻快畅意的骑行，也可以在湖心亭吹吹湖风，让柔软的绿意填满眼前。

从大万世居沿体育三路向南步行10分钟即到公园，从雕塑艺术创意园过来更近。

东江纵队纪念馆

（坪山街道东纵路230号；免费；周二至周日9:00—12:00，14:00—16:30）

全称为“广东人民抗日游击队东江纵队”的这支部队，曾被朱德总司令高度赞扬，将其与琼崖纵队和八路军、新四军并称为“中国抗战的中流砥柱”。坪山客家人、少将曾生是东江纵队的司令员，这处客家风格的曾生故居在当时成为东江纵队的司令部，因此被开辟成了东江纵队纪念馆。你可以在这里看到曾生将军昔日生活的复原场景，也能在《前进报》旧址了解到红色年代的救国精神——作为东江纵队的机关报，《前进报》曾在唤醒和鼓舞民众方面起到了巨大作用。

坪山高铁站外乘M479路和939路、地铁3号线双龙站外乘818路和M546路，在三洋湖站下车即到。18号地铁线也设有东纵纪念馆站。

坪山文化聚落

（坪山街道坪山区中心公园西侧）

作为完善城市功能和街区环境的大型公共建筑群，这里已顺利成为坪山新区的地标。放在年轻的深圳来看，这里的美术馆、图书馆、文化馆和大剧院，也能凭借更为新潮的空间设计和陈展形式脱颖而出。

最南侧的坪山大剧院由OPEN建筑事务所的李虎、黄文菁主持设计。它外观简洁，内部则通过公共步道串联起各种功能空间，从而打造出了充满魔力的“戏剧方盒”（drama box）。其中，1200座的综合剧院主要承接“正式”、高端、传统的戏剧演出，260座的多功能“黑匣子”小剧场则定位于各种先锋戏剧，其他诸如空中花园、舞蹈教室、乐器室等也在满足着市民们的文化需求。关注微信公众号“坪山大剧院”可了解到最新演出信息并办理票务。

居中的坪山美术馆（免费；周二至周日9:00—17:00），整体设计出自创造了秦皇岛阿那亚孤独图书馆和海边教堂的建筑大师董功之手。架构性的策略为这座图书馆带来了弹性和生命力，它就像一棵茁壮成长的大树，将展览空间、外部空间和到访者的精神空间连接在一起，高质量、高密度的展览活动又为其注入了丰富多彩的思想内涵。这里已成为当代艺术爱好者在深圳的绝佳去处。一街之隔的坪山区中心公园内还有一座坪山美术馆的分馆，也常有各种临展。关注微信公众号“坪山美术馆”可获取各种展览活动的排期，以及法定节假日的开放时间。

最北侧的坪山图书馆（周二至周日9:00—21:00）由URBANUS建筑事务所的王辉主持设计，并排书脊一般的造型已让人眼前一亮，对“时—空”互文性理念的探索和落实更是独具匠心。这里设有800余个阅览座位，总藏书量不少于120万册，还配备了星光书屋、儿童绘本馆、汉声文化馆、音乐图书馆等功能区域。2021年，在联合国的国际图书馆协会联合会“绿色图书馆奖”评选中，这座图书馆便榜上有名。关注微信公众号“坪山图书馆”可了解图书馆近期举办的专题讲座，以及法定节假日的开放时间。

坪山高铁站外换乘公交915路、M440路、M479路都可到达。待开通运营后，乘地铁14号线到坪山中心站或坪山广场站，再前往坪山文化聚落也在步行范围内。

南中学堂

（石井街道田心社区兰田路东端；免费；周二至周日10:00—18:00）

若非亲眼所见，也许你会很难想象，在一片工厂园区的一处十字路口，转盘中心竟然坐落着一座中西合璧的历史建筑。1931年，开明绅士许让成为了方便当地村民就学，并推广现代化的教学课程，主持建造了这座乡村学校。它拥有白墙黑瓦等传统的客家建筑元素，正面的飞檐雕柱又体现出鲜明的南洋建筑风格，斑驳的建筑掩映在鸡冠刺桐的红色花海中，十分上相。这里已辟为坪山城市书房的分馆，可入内翻阅客家文化等相关主题的社科类书籍。

坪山高铁站外乘坐M422路，在终点兰田路东站下车即到。

水源世居

（石井街道田心社区水祖坑村；免费；周二至周日10:00—18:00）

和坪山其他大中型客家民居不同，水源世居的建成年代较晚（1933年），规模也只是一栋五开间的双层楼房。这里没有煊赫一时的家族往事，近代革命岁月反而烙下了深深的印迹。作为香港秘密大营救的重要中转站，水源世居曾接待了茅盾、邹韬奋、何香凝、柳亚子等文化名人和爱国人士。这里还作为秘密交通站，为东纵游击队和中共地下党传送情报起到了重要作用。如今，水源世居也变成了坪山城市书房的分馆，在宣传爱国主义精神的同时，也为村民们提供了阅览图书的安静环境。

坪山高铁站外乘坐939路，在终点水祖坑站下车即到。

盐田区

这里优质的基岩深海湾诞生了世界上规模数一数二的集装箱码头——盐田港，数不清的远洋巨轮从这里满载货物，驶向五洲四洋。论起湛蓝的海洋，盐田是深圳最有资格言说的那个。海洋不仅为盐田奠定了立区之本，也让这里拥有了深圳首屈一指的自然风光。“深圳八景”之首的“梅沙踏浪”在盐田，华南最美的海滨栈道在盐田，山海大观的东部华侨城也在盐田。

中英街

（沙头角街道中英街）

大名鼎鼎的中英街，是近代史的时代产物，也曾是中国人想看看“外面的世界”的好去处。这是一条长不过百米的街道，在1899年3月18日清政府和英政府按《中英展拓香港界址专条》完成沙头角勘界后，被人为分割成了“华界”与“英界”（“港界”）两部分。香港回归之前，深港两地的边境线便从街道中心跨过，西边属于香港，东边属于深圳，街道两侧的居民就这样生活在截然不同的两个世界。曾经，中英街的一切对于内地人都充满了神秘感，季羡林先生在1984年到访这里后，便留下了这样的描述：“两边全是商店，鳞次栉比，一个紧挨着一个，货物塞得满满的，抬头一看，只见到处都是货物，汇成了一个货物的海洋。”

如今的中英街不复盛况，但作为香港“购物天堂”的缩影，这里仍旧是人气很旺的购物街，每天都有大量的人拉着小车来此采购日用百货、药妆美妆、黄金首饰等免税商品。除此之外，中英街两侧不同的街景也很有趣：香港一侧的房屋保留着旧模样，抬眼望去多是二三层高的小楼，有不少还带着斜坡铁皮屋顶；深圳一侧更加整洁，房前屋后装点着漂亮绿植的人家，营造出悠闲小镇的氛围。

八块中英街界边碑被列为全国重点文物保护单位，不妨在造访中英街时一路寻去，除了位于关口桥下的8号界碑，其他的都不难看到。关口内的“全国重点文物保护单位”标志碑旁是7号界碑，4号界碑掩映在一株枝叶茂密、横跨深港的百年古榕下方，1号界碑埋设在中英街环城路西南端的街心，是当年勘界的起点，如今则立有一尊警世钟，提醒世人铭记那段历史。

警世钟旁，中英街历史博物馆（环城路9号；免费；周二至周日9:00—17:00）的常设展览“百年中英街”，用史料、图文、沙盘、复原场景，展示着中英街的百年风云和人文风俗。出博物馆沿环城路继续向北，小小的沙栏吓天后宫和吴氏宗祠，也是中英街历史人文的见证；不远处的中英街图书馆（周一，周三至周日12:00—19:00）坐落在一座复古的圆形建筑中，一楼的港版图书展示着这里的多元文化。博物馆背后的海东路则是一条临海步道，在这里散步十分惬意，海水湛蓝与对岸新界的青青山脉相连。

由于“一街两制”的特殊管理制度，前往中英街需要办理“沙头角边境特别管理区通行证”。可先在微信公众号“i盐田”上预约办证，再按照预约时段到中英街关口旁的办证大厅免费自助取证；也可以直接赶赴办证大厅，现场取号办证。注意深圳户籍居民每间隔7天可申办一次证件，非深圳户籍居民间隔30天后才能再次申办。另外，通行证为当日有效，需要在当天18:00前离开中英街返回深圳。中英街的免税购物额度为3000元，返回深圳时会有海关查验。

地铁8号线沙头角站外乘坐B662路、B619路公交在中英街关前站下车即到。M196路则将这里和大、小梅沙连接在了一起。

灯塔图书馆

（海山街道海景二路1019号；周二至周日12:00—19:00）

面朝大海，不仅可以春暖花开，还可以书香阵阵。这座位于盐田海滨栈道上的图书馆，因为其灯塔式的建筑造型，一经亮相就成为深圳市民的“网红”打卡点。它的确上相，白色的外观简洁明亮，配上碧海蓝天十分清新；大面积的玻璃又将阳光引入室内，光彩通透；螺旋楼梯通往穹顶阁楼，梦幻无穷。

图书馆的入口外有一段不长的廊厅，镂刻着美国天文学家弗雷德·惠普尔的名言：“书籍，是屹立在时间的汪洋大海中的灯塔。”这座图书馆的定位也是天文主题，三楼陈列的天文科普和科幻类书籍，以及一架天文望远镜，都在阐释着这一主题。除此之外，一、二楼层的人文社科藏书、先进的电子图书瀑布屏和自助图书杀菌机，也能让爱书者在这里找到归宿。注意灯塔图书馆在同一时段仅可容纳35人，如遇馆内人满的情况，读者须在门口排队等候。

在地铁8号线海山站出站，向海滨方向步行10分钟即到。

烟墩山国际友好公园

（盐田街道东海道东端）

通常你只会在路过的公路和高架桥上近距离观望一下盐田港，这个深藏在角落中的小公园，可以让你从另一个角度，隔着一片小小的海湾，静静地观望盐田港即将驶向大洋远方的集装箱“矩阵”。

小山坐落在盐田河入海口的右侧，因明朝在山顶曾建立守护海防的烟墩（烽火台）而得名。围绕着烟墩遗址，小山顶上辟有象征和平与友好的和平广场，山脚入口处的《Seven People》青铜雕塑也颇具设计感，7个高低不一、形状各异的抽象人体，同样寄托着人类唯有和平友好，才能乘帆远航、感知大海的愿望。雕塑设计师为西班牙友人鲁道夫·纳瓦罗，这是因为深圳盐田和西班牙的港口城市——拉科鲁尼亚结为“友好城市”。从山顶的和平广场沿海滨栈道前行，一座等比例缩小复制的西班牙海格力斯灯塔掩映在树丛中。格力斯灯塔是世界上唯一一座还在使用中的古罗马灯塔，这座仿建的灯塔保持了岩石构造的原貌，古朴间让人如同漫步在大西洋沿岸。

地铁8号线盐田路站外乘B927路公交可到。也可以乘坐68路、85路等公交在西山吓站下车，步行过来只有几分钟脚程。

盐田渔港

（盐田街道海边街、海鲜街）

深圳经历了“从小渔村到大都市”的巨变，这座从清代开始便成为疍家渔村的古老渔港，也早已是沧海巨变。几十年前，疍家人便告别了“船居”的习俗，如今的渔民新村安静整洁，白天又总会透露出几分慵懒的气息，但墙头和拐角处突然出现的渔民题材彩绘，还是提醒着过往者这里的渔业基因。夜晚的渔港才会恢复一些往昔的风情，一艘艘渔船从盐田渔港，或是盐田河入海口的避风港出海作业；他们夜出昼归，伴着朝阳回来，带回了鱼虾满载的喜悦，也再一次点燃了属于渔港的时刻。

靠海吃海，渔业传统仍有延续，盐田海鲜街依然是这里对于深圳市民最大的吸引力。海鲜街沿海铺开，海滨栈道将其和渔港分隔开。栈道继续向远方蔓延，攀上山崖，通往不远处的大梅沙。

地铁8号线盐田路站外乘B925路公交，终点下车即到盐田渔港。这里离烟墩山公园很近，可连起来游览。地铁8号线二期设有盐田食街站，开通后将更加方便。

大梅沙海滨浴场

（梅沙街道大梅沙盐梅路；免费；7:00—23:00）

风光秀丽的大梅沙不仅是深圳人周末出游的黄金目的地，也能让许多外地人感叹道："原来深圳竟然有这么美的海滨。"这是深圳面积第二大的海滩，长达1400米，宛如一弯新

盐田海滨栈道

为盐田区湛蓝的沙头角海和大鹏湾镶上一条流光溢彩的边，这就是全长近18公里的盐田海滨栈道。在历经了"山竹"台风的洗礼，全新规划、重新开放后，这条"彩边"变得更美了。越来越多的市民和旅行者慕名而来，或徒步，或骑行，一探这条让人惊艳的海滨风景道。

由西到东，盐田海滨栈道可以分为五段。第一段从沙头角东南侧的沙头角河入海口开始，沿沙头角海北岸直到盐田港西侧，长约1.5公里。起点处隔河相望一座巍峨的古塔，它正位于中英街一侧的深圳社区。前行路过引人注目的《珊瑚颂》雕塑和灯塔图书馆，一旁的盐田中央公园和壹海城是盐田最繁华的商圈。继续行走，全不锈钢锻造的《欢乐海洋》雕塑在日光或霓虹灯的照射下魔幻十足。当盐田港出现在眼前，栈道也将离开海滨。

第二段栈道从盐田港西侧到盐田渔港，长约5.5公里。由于要绕开盐田港的工作区，这段栈道看不到海，且要频繁地借道斑马线，一些路段还会和车水马龙的重型卡车并行，体验感并不好。

告别盐田海鲜街，第三段栈道开始了翻山越岭、前往大梅沙的行程。这一段全长4公里，是盐田海滨栈道的精华，尤以后半段风景为佳。当你来到悦海图书馆路口，栈道也随之分为了两段：一段继续沿山腰缓缓下行，到达远处的海滨浴场，另一段则直接向山崖下方垂直而落，到达一块巨大的礁岩后，再沿岸边，穿过滚滚白浪抵达沙滩。时间有限的旅行者，可从大梅沙开始走一段海滨栈道的精华小环线。即先沿栈道的"高路"前往悦海图书馆，返程时走"低路"，尽享奇礁峭壁、惊涛拍岸的壮观风景。

第四段栈道连接大梅沙和小梅沙，长约4公里。沿线风景和第三段类似，游客量也要少很多。当你绕过情人角，拜过神龛里小小的观音像后，小梅沙的月牙形海滩就出现在眼前了。

小梅沙到终点揹仔角是第五段，长约3公里。随着距离游人如织的大梅沙越来越远，栈道上的游人也愈发稀少。这一段栈道几乎全程贴着海面铺展，除了几处休息亭少有遮阴的地方。当你不畏强光抵达终点，揹仔角灯塔和望海图书馆是最美的犒赏。

除了最开始的一段栈道藏在沙头角社区的深处，盐田海滨栈道几乎和盐梅公路并行，沿途不难找到公交车站，或打到出租车。另外，离开了大、小梅沙和其他社区的栈道部分只在6:00—21:00开放，为了安全我们也不建议你夜间翻越栏杆进来。这些非全天开放的栈道，沿途不容易找到便利店补给，请携带充足的饮用水。调研期间，盐田区的各大品牌共享单车普及度很低，如需骑行可考虑使用盐田区的公共自行车租赁系统。

月镶嵌在大鹏湾畔，巍峨青翠的马峦山及其余脉将其怀抱其中。2018年“山竹”台风横扫深圳时，大梅沙受损严重，但历经重新规划设计和建设，这座公共海滨浴场已经焕发了新颜。

重新开园后的大梅沙变得更加整洁漂亮，碧海金沙依旧，椰林花草争艳，所有游人在面对大海的时刻，也都尽情地释放着欢乐和活力。沙滩西侧，几块礁石露出水面，有一块巨石上书“天长地久”四字，引来情侣合影留念；沙滩东侧，大型群雕《羽翼人》又被当地人俗称为“鸟人”，赤橙黄绿青蓝紫的7个18米人形雕塑各长一对银色翅膀，仿佛在拥抱无边无际的海洋生命。浴场主入口外还有一座高达81米的愿望塔（观景票78元，深海幻境108元，联票138元；周一至周五10:00—19:00，周六和周日9:00—20:00），可登高俯瞰远景，一层的“深海幻境”则是海底探险主题的“元宇宙”沉浸式剧场，用时下最先进的AR、VR和全息投影技术，打造出身临其境的深海探秘体验。同样在主入口外，大梅沙国际水上运动中心提供着快艇、摩托艇、皮划艇、帆板、降落伞、潜水等专业的水上活动，让都市白领和户外爱好者享受来自大海的更多乐趣。

注意，每年旺季期间，即“五一”假期首日至国庆假期结束日，大梅沙公园实行“免费预约入园”管理模式，最多可提前7天预约。你可以在“i盐田”微信公众号上预约，也可以到了现场再预约入园资格。

在2024年地铁8号线二期开通前，公共交通仍需借助公交车到达大梅沙。在地铁8号线盐田港西站外，乘坐308路、M196路、M199路、M520路等公交，均可到达大梅沙海滨浴场。

东部华侨城

（梅沙街道环碧路；大侠谷200元，茶溪谷180元，双谷门票300元起；10:00—18:00）

当你在大梅沙向身后的马峦山眺望，会发现一座梦幻的欧式古堡矗立山巅。那便是国内顶级的大型旅游度假区——深圳东部华侨城。它包含了主题乐园、体育公园、精品酒店和高端住宅等多个区域，毫无疑问，充满着欢声笑语和刺激尖叫的两座主题乐园，是这里的王牌项目。

主体位于山脚下的大侠谷生态乐园，玩得要更野一些。这是一个大型游乐场，寻求刺激就去“激流勇进”乘坐小船，从26.8米的高度钻入水中，让四溅的水花把自己淹没；再去乘坐时速高达95公里的“木质过山车”，随着轨道的剧烈起伏尽情呐喊；去“海上风暴”乘船漂流，去“迪斯科”飞速旋转，都能让你的肾上腺素突然迸发。享受自然生态？“丛林穿梭”将带领你穿梭在满目苍翠的森林中，“火鸟山谷”豢养的火烈鸟等小动物让人喜爱，“梦幻水母馆”也打开了光怪陆离的海底世界。这里还有一座以葡萄酒文化为主题的美洲风情小镇——海菲德小镇，徜徉其间仿若置身国外。接下来可乘坐“丛林缆车”或“云海索道”向山上出发。到达云中部落后，“登峰造极”玻璃观景台是拍摄“网红”美照的好地方。

大侠谷景区到此结束，继续前往茶溪谷度假公园，可搭乘免费接驳车，或乘坐“森林小火车”（票价20元，周末及法定节假日50元）——小火车走的是一条环线，只要不出站就可继续乘坐；为了将沿途的湖光林影慢悠悠地看个遍，不妨坐上一圈半，第二次到达茶溪谷再出站。依托着风光秀美的三洲田水库，茶溪谷的自然风光可谓得天独厚。这里仿照瑞士阿尔卑斯山的同名山地小镇，建起了纯欧洲风格的茵特拉根小镇；又发扬着中国茶禅文化，营造出中式风情的茶翁古镇和茶香弥漫的三洲茶园。配上四季不断的鲜花盛放，茶溪谷的美景雅韵，足以让所有人都沉下心来。这里还有一座华侨城大剧院，每天都有固定的演出上映（票价150元起）。茶溪谷附近还有一座金碧辉煌的大华兴寺，因不在收费范围内而免费开放。

注意，东部华侨城占地面积大，门票又比较贵，最少也请安排一整天时间游览。各大机动游玩项目都要例行检修，检修时会暂停开放；本书调研期间，茶溪谷也因内部改造而暂停开放。另外，景区门票政策经常变化，也常会放出各种优惠套票，可在微信公众号“东部华侨城”上及时获取信息。

在地铁8号线二期开通前，前往东部华侨城最方便的公交方式，是在8号线盐田港西站外换乘M191路、M520路等公交，都可到达大侠谷入口。如果直奔山上的茶溪谷和大华兴寺，可在大侠谷转乘旅游6号线（原909路），自驾车也能直达茶溪谷和大华兴寺——这段盘山公路南起大侠谷，北面可翻山下到坪山碧岭村，因弯多坡急、风景秀美，而在车友圈中享有“深圳秋名山”的称呼。

深圳区域概览

福田区

高楼云集的福田区是深圳的金融中心和行政中心，这里不仅有极具未来感的CBD，还有深圳著名的城中村下沙。

扫码观看福田区
720 度航拍全景

罗湖区

罗湖区是深圳经济特区开发最早的城区，是我国著名的商业区之一。辖区内的文锦渡口岸和罗湖口岸是联系内地和港澳地区及世界各地的重要枢纽。20 世纪 80 年代罗湖区曾创造了闻名全国的“深圳速度”。这里也是深圳市金融、商贸和信息中心，其中金融业占地区生产总值比重达 40% 以上。塑造“时尚罗湖”、提升罗湖国际消费中心建设水平是近年罗湖着力打造的核心内容。

罗湖口岸片区与香港新界一河之隔，从晚清最早的广九铁路罗湖站到改革开放的起点，这里沉淀了百年粤港交往、40 年改革开放的历史印迹，见证了深圳从边陲小镇到国际化大都市的发展奇迹，更见证了内地一步步走向繁荣的历史进程。

扫码观看罗湖区
720 度航拍全景

盐田区

这里优质的基岩深海湾诞生了世界上规模数一数二的集装箱码头——盐田港，也拥有深圳中心区无法比拟的海景风光。

扫码观看盐田区
720 度航拍全景

南山区

深圳的高科技产业汇集在南山，这里有中国第一座加班城科兴科学园，也有独具悠闲气息的蛇口半岛。

扫码观看南山区
720 度航拍全景

宝安区

这片曾经的工厂区经过腾笼换鸟，成为前海湾坚实的后盾。宝安区也是深圳的源头，有诸多历史遗迹和文化传统可寻。

扫码观看宝安区
720 度航拍全景

龙岗区

龙岗和坪山位于深圳东部。龙岗区面积很大，美妙的大芬油画村坐落于此，诸多有特色的客家围屋也在龙岗。

扫码观看龙岗区
720 度航拍全景

龙华区

龙华区在深圳的北部，再往北就是东莞了。龙华顺应时代需求，摇身变为深圳的北中心，高铁站深圳北站位于龙华区。

扫码观看龙华区
720 度航拍全景

坪山区

坪山区是深化深莞惠合作的重要区域，是深圳实施“东进战略”的主战场，地处深莞惠及河源、汕尾“3+2”经济圈地理中心位置，是广深科技创新走廊的重要战略节点，也是深圳的东北门户和辐射粤东、联系海西的战略要冲。坪山区是客家人进入深圳的主要聚居地，也是深圳古建筑保存最集中和完好的区域之一。坪山是深圳最年轻的一个区域，出众的区图书馆、美术馆、大剧院让它成为深圳新晋的文化之城。

扫码观看坪山区
720 度航拍全景

大鹏新区

这是“特区”深圳的又一个“特区”——生态特区，深圳不需要大鹏节奏飞快地搞经济，它专项负责山青海美，建设一座生态平衡之城。

扫码观看大鹏新区
720 度航拍全景

光明区

光明区位于广深港发展中轴，是广深科技创新走廊的重要节点、粤港澳大湾区核心区域之一，也是深圳市第一个功能区，2018 年升级为行政区，是生态型高新技术产业新城。近几年来，随着光明科学城、光明中心区、中山大学深圳校区、光明小镇等重大项目的推进，光明区迎来历史性的重大发展机遇，努力打造为世界一流科学城和深圳北部中心。

扫码观看光明区
720 度航拍全景

深汕特别合作区

深圳市深汕特别合作区位于广东省东南部，粤港澳大湾区最东端，西北与惠州市惠东县接壤，东与汕尾市海丰县相连，总面积468.3平方公里，由鹅埠、小漠、赤石、鲘门四镇组成，海岸线长50.9公里，常住人口约13万人，海域面积1152平方公里。深圳市深汕特别合作区距深圳市东部约60公里，离市中心约120公里。区位优势明显，对外交通便捷，是粤港澳大湾区东部门户，粤东沿海经济带新中心，深圳自主创新拓展区，现代化国际性滨海智慧新城，也是粤港澳大湾区向粤东沿海经济带辐射的重要战略增长极。

幕后

文　　字 | 胡　敏　袁　亮　孙　澍　张小电

监　　制 | 南兆旭

统　　筹 | 周　威

设　　计 | 李尚斌　吴圳龙　王秀玲

项目执行 | 越众文化传播

图片拍摄作者 | 南兆旭　周　威　欧乐天　欧阳箭　胡　敏
孙潇潇　杨　晖　丁彦国　徐　胜

图片提供 | 坪山区图书馆　方向文化　越众剧社　图虫网

全景VR支持 | 深圳市规划和自然资源局

特别鸣谢 | 深圳市城市管理和综合执法局

图书在版编目（CIP）数据

遇见深圳 / 《遇见深圳》编委会编著. -- 深圳 : 深圳出版社, 2023.11

ISBN 978-7-5507-3706-8

Ⅰ. ①遇… Ⅱ. ①遇… Ⅲ. ①旅游指南－深圳 Ⅳ. ①K928.965.3

中国版本图书馆CIP数据核字(2022)第214952号

遇见深圳 YUJIAN SHENZHEN

出 品 人　聂雄前
责任编辑　韩海彬　雷　阳　敖泽晨
责任校对　聂文兵
责任技编　郑　欢
装帧设计　越众文化传播

出版发行　深圳出版社
地　　址　深圳市彩田南路海天综合大厦（518033）
网　　址　www.htph.com.cn
订购电话　0755-83460239（邮购、团购）
印　　刷　中华商务联合印刷（广东）有限公司
开　　本　787mm×1092mm　1/16
印　　张　15.5
字　　数　466 千
版　　次　2023 年 11 月第 1 版
印　　次　2023 年 11 月第 1 次
定　　价　78.00 元